크리에이터의 인생만화

일러두기

- 본문에 등장하는 도서, 만화, 잡지, 애니메이션은 《 》, 영화, 드라마, 게임, 노래 제목의 경우 〈 〉로 표기했습니다.
- 본문 중에는 해당 만화 작품의 스포일러가 되는 내용이 포함되어 있을 수 있습니다.

크리에이터의 인생만화

이 시대
전방위
창작자들의
'최애' 만화
고백담

RHK

들어가는 말

요즘 함께 일하는 동료들과 가장 많이 하는 이야기가 뭘까 생각하면 역시나 콘텐츠에 대한 이야기입니다. 최근에 극장에서 본 영화, 요즘 정주행 중인 드라마, 다음 화를 기다리는 웹툰, 몰입해서 읽는 소설… 어쩌면 다른 사람이 상상한 이야기의 세계를 마주하는 것이, 매일 출퇴근을 반복하는 회사원들의 삶에 어제와 다른 무언가를 더해주는 가장 경제적인 방식이어서 그런 것일지도 모르겠습니다.

누군가 열심히 만든 이야기를 혼자 소비하는 것도 물

론 재미있지만, 그 이야기에 대해 사람들과 나누는 대화가 더 재미있을 때가 많습니다. 분명 같은 이야기를 경험했는데 여기저기서 쏟아져 나오는 나와는 다른 다양한 생각들을 듣고 있노라면, 내가 인식하는 세계가 조금은 넓어지는 듯한 느낌마저 듭니다. 요즘 SNS를 통해 자주 보이는 모임 서비스 광고를 보면, 꼭 저만 그런 건 아닌가 봐요. 꽤 비싼 가격에도 불구하고 책이나 영화에 대해 이야기를 나누는 모임들이 (진짜인지는 알 수 없으나) '마감 임박'인걸 보면 말이죠.

《크리에이터의 인생 만화》는 포스타입에서 2024년 8월부터 12월까지 9명의 크리에이터가 자신의 인생 만화에 대해 연재한 27편의 글을 모아 엮은 책입니다. 이 프로젝트의 시작은 호기심이었어요. 평소 내적 친밀감만 갖고 있던 크리에이터들이 자신이 좋아하는 콘텐츠를 신나서 소개하는 글은 어떨지 꼭 읽어보고 싶었거든요. 포스타입은 특히 다양한 콘텐츠에 대한 이야기가 많은 플랫폼이니 이용자들도 좋아해줄 거라 생각했지요. 관건은 섭외였는데요. 네, 이미 책 표지에서 보셨겠지만 매우 성공적이었습니다. '이분이 과연 써 주실까? 회신만 해주셔도 좋겠다.'

생각했던 9명이 참여해 주셨어요. 아마 자신이 좋아하는 콘텐츠에 대해 이야기하고 싶은 욕망은 누구에게나 있나 봅니다.

이 책에서 소개하는 만화는 총 23편입니다. 만화는 어떤 조건도 없이 크리에이터가 직접 고를 수 있게 했어요. 자신이 가장 좋아하는 만화에 대해 쓰는 것이 가장 좋은 결과물로 나올 거라는 믿음이 있었습니다. 내심 만화가 겹쳐도 재미있겠다는 생각을 했는데, 겹치는 만화는 단 한 편도 없었습니다. 세상은 넓고 만화는 많다는 사실을 새삼 깨닫습니다. 알았던 만화에 대한 이야기는 아는 대로, 몰랐던 만화에 대한 이야기는 모르는 대로 각각의 매력이 있었습니다. 여러분도 읽어 보면 분명 그 매력을 느낄 것이라 믿습니다.

사실, 이 책이 팔려도 포스타입에 돌아오는 수익은 없습니다. 포스타입이 명색이 '크리에이터를 위한 슈퍼 앱'인데, 이 글들은 분명 창작을 하고 있거나, 미래에 창작을 하게 될 분들께 도움이 될 거라고 팀장님을 설득했죠. 팀장님도 '기꺼이' 동의했습니다(라고 저는 믿고 있습니다). 포스타입에 경제적 이득은 없지만, 그래도 저는 이 책이 아주 많이 팔렸으면 좋겠습니다. 아니, 많은 사람들이 이 책을 읽었으면 좋겠습니다. 창작을 업으로 살아가는 크리에이터가 다른 크리에이터의 이야기에서 어떤 것을 느꼈고, 어떤 영향을 받았는지, 왜 인생이라는 단어를 붙일 수 있을 만큼 좋아하는지를 엿보는 일은 무엇보다 우선 재미있으니까요. 그 재미를 더 많은 분들과 함께 느끼고 싶습니다.

여러분은 요즘 어떤 이야기에 빠져 있나요? 여러분이 좋아하는 이야기에 대한 이야기는 또 어떤 모습일지 궁금합니다. 언젠가 어디선가 그 글을 읽게 될 날도 기대하겠습니다. 그날까지 각자의 자리에서 우린 또 열심히 읽고, 보고, 들으며 살아가요.

> 혹시 지하철에서 이 책을 읽는데
> 누군가 너무 흐뭇하게 바라보더라도
> 부디 놀라지 않으시길 바라며
> 포스타입 담당자 드림

곽재식의 인생 만화

영국에는 007, 홍콩에는 최가박당, 한국에는 — 14
슈퍼 트리오

할리우드 SF 블록버스터에 대한 1990년대 한국 만화의 응답 — 28
헤비메탈 6

만화로 피어오른 공중전의 낭만 — 42
플라잉 타이거

이연의 인생 만화

죽기 전에 반드시 봐야 하는 만화 — 58
진격의 거인

아무것도 버릴 수 없는 사람은 아무것도 바꿀 수 없다 — 71
진격의 거인

신은 왜 인간을 위하지 않는가? — 83
진격의 거인

이충녕의 인생 만화

속도의 엇갈림 — 98
초속 5센티미터

환상을 벗기는 환상 — 111
아리아 디 애니메이션

개그 만화인가 철학 만화인가? — 123
이말년씨리즈

김겨울의 인생 만화

범인은 이 안에 있어!
소년탐정 김전일 — 138

할아버지의 명예를 걸고!
소년탐정 김전일 — 150

20세기 희망
20세기 소년 — 162

수신지의 인생 만화

내가 사랑하는 작가 마스다 미리
주말엔 숲으로 / 결혼하지 않아도 괜찮을까? — 176

우리는 언제까지 친구일까?
미우라 씨의 친구 — 188

만화로 삶을 배운다
누구나의 일생 — 199

김영대의 인생 만화

소연이의 재발견
슬램덩크 — 212

초밥은 마음
미스터 초밥왕 — 225

두부가게 86의 전설
이니셜 D — 237

오세연의 인생 만화

영원한 나의 길티 플레저
Why? 사춘기와 성 — 250

딸기 타르트와 두부조림
꿈빛 파티시엘 — 262

뒤를 돌아보면
룩 백 — 274

김중혁의 인생 만화

스누피는 거절당했다
피너츠 — 288

스파이크의 비밀
피너츠 — 301

50년 동안 1만 7,897편
피너츠 — 313

이정모의 인생 만화

명랑 소년 꺼벙이
꺼벙이 — 328

저도 최선을 다하기는 어렵습니다만
아직 최선을 다하지 않았을 뿐 — 341

나는 왜 우주비행사 만화를 보는가?
오디세이 — 356

곽재식의 인생 만화

곽재식 SF 소설가. 《한국 괴물 백과》, 《지상 최대의 내기》, 《곽재식의 미래를 파는 상점》 등을 썼다.

영국에는 007, 홍콩에는 최가박당, 한국에는 《슈퍼 트리오》

순정 만화. 생각해 보면 참 이상한 말이다. 말뜻만 보면 순수한 사랑의 감정을 소재로 많이 사용하는 만화라는 이야기 같다. 그렇지만 TV 연속극에서 사랑을 중심 소재로 다룬 이야기들을 '순정 드라마'라든가 '순정 미니 시리즈'라고 부르는 경우는 거의 못 본 것 같다. 영화에서도 '로맨틱 코미디' 같은 말은 있지만, '순정 영화'라는 말은 들어 보지 못했다. 도대체 무슨 뜻으로, 언제부터, 누가, 무엇 때문에 만화계에서만 순정 만화라는 말을 이렇게 많이 썼던 것일까?

그런 문제의 답은 몰랐지만 어린 시절부터 만화 잡지

를 펼쳐 보면 무엇이 순정 만화인지는 바로 알 수 있었다. 1980년대 만화 잡지를 처음 보았던 시절, 나에게 순정 만화란 다른 만화와는 달리, 가끔 잘생긴 남자 얼굴을 커다랗게 그려 놓은 장면, 아름다운 옷을 입은 여자 주인공 그림을 크게 그려 놓은 모습이 툭툭 튀어나오듯 등장하는 만화였다. 그런 장면의 그림 옆에는 무엇인가 강렬한 감정을 나타내는 글귀가 약간의 여백을 두고 적혀 있곤 했다. 그런 만화들은 다른 만화보다 섬세하고 가느다란 선을 써서 그린 그림이 많았고, 이리저리 돌아가는 곡선이 많이 등장했으며, 눈동자에 반짝거리는 반사 표현을 유독 많이 쓴다는 것도 특징이었다.

나는 본래 만화를 읽기 조금 어려워했다. 순정 만화는 다른 만화들과 연출이 이렇게 다르다 보니 좀 더 읽는 것이 버거웠다. 막상 읽어 보면 내용이 재미있다고 하더라도 어째 읽기가 힘들 것 같아 미루고 미루다가 다른 만화들을 다 읽고 나서 읽을 게 없을 때 즈음 순정 만화를 읽게 되는 때가 많았다. 그러니까 사랑의 감정을 다루는 내용 자체보다도 만화를 보여 주는 형식이 익숙지 않아서 잘 못 읽었다는 이야기다. 예를 들어, 1980년대 말 즈음에 읽은 《다섯 개의 검은 봉인》 같은 경우, 결국 다 읽고 난 감상은 무척 재미있었다. 그런데 순정 만화스러운 그 형식이 벽이 되어 재미있었던《다섯 개의 검은 봉인》조차 무슨 어려운 교과서라도 되는 듯이 읽기를 미루고 미루다가 읽곤 했다.

그러다가 그 벽을 넘어 순정 만화에 친숙해질 수 있었던 계기가 바로 SF였다. SF 소설가로 활동하고 있는 지금도 여전히 SF를 좋아하지만, 30여 년 전인 어린 시절에도 나는 SF를 좋아했다. 그런데 1980년대 말부터 1990년대 초, 몇 가지 이유로 한국 순정 만화계에는 SF 바람이 한 번 크게 불었던 적이 있었다. 외계 행성의 왕자님이 백마 대신 비행접시를 타고 날아오더니 우리 집 앞에 불시착해서 주인공 여학생을 사랑하게 된다는 동화 같은 소재를 다룬 이야기도 있었고, 머나먼 행성의 어느 궁중에서 복잡한 음모가 벌어지고 그 음모 때문에 서로 사랑하고 증오하는 사람들 사이에 서사시적인 전투가 벌어진다는 등의 복잡하고 거대한 이야기도 나왔다. 자연히 나는 여러 SF 순정 만화들을 이것저것 보게 되었고, 한국 순정 만화계의 거장으로 활약한 황미나 작가의 여러 만화들도 저절로 같이 읽게 되었다.

황미나 작가를 흔히 순정 만화의 거장이라고 칭하지만, 그 만화들을 보다 보면 사실 전형적인 순정 만화의 소재나 줄거리에서는 많이 벗어나는 이야기들도 여럿 보인다. 나 같이 순정 만화 초보인 사람이 어디까지가 순정 만화고 어디부터는 아닌지 따져 보기란 쉽지 않다. 그러나 확실히 말할 수 있는 것은 SF를 찾아 읽다가 순정 만화에 발을 들인 내가 황미나 작가를 알게 된 덕택에 황 작가의 SF 만화들을 정말 재미있게 읽을 수 있는 기회를 얻었다는 점이다.

가족 시트콤으로 풀어낸 무협의 세계

이렇게 말하면 황미나 작가의 대표작이라고 할 수 있는 《레드문》이나 《파라다이스》에 대해 이야기하는 편이 옳을 것이다. 그런데 정작 내가 가장 재미있게 읽은 만화는 《태백권법》과 《슈퍼 트리오》다. 마침 두 만화 모두 무술 장면이나 싸움 장면을 자주 다루는 활극의 요소가 강한 편이며, 동시에 웃음을 주려는 것을 첫 번째 목표로 삼고 있는 희극이라는 점이 공통점이다. 《레드문》과 《파라다이스》가 묵직한 주제 속에서 역사와 사회의 변화에 대한 커다란 이야기를 풀어 나가는 것과 비교해 보자면, 《태백권법》과 《슈퍼 트리오》는 특히 대조적이다. 어쩌면 마침 황미나 작가의 작품을 접할 그 시기에 내가 만화라면 웃긴 만화가 제맛이라고 생각했기 때문에 유독 그 두 작품이 좋았던 것일 수도 있겠다.

《태백권법》을 먼저 소개해 보자면, 그 내용은 홍콩에서 영화 〈소림축구〉가 유행하기보다 10년쯤 먼저 앞서 나온 〈소림축구〉와 비슷한 희극이라고 보면 되겠다. 고전 소설이나 무협 영화에 나올 법한 도술이나 마법에 가까운 옛 무예를 연마한 사람이 있는데 그런 사람이 현대 사회에 나와서 여러 가지 소동을 겪고, 자신의 특기인 그 신비로운 무예를 이용해서 문제를 해결하는 멋진 활약도 보여 준다는 이야기다. 극장에 걸리는 영화인 〈소림축구〉와 달리 《태백권법》은 잡지에 연재되던 만화이기에 그 형식은 이 소동, 저 소동, 이런 사연, 저런 사연에 걸쳐 여러 에피소드들을 늘어놓는 모양새다. 말하자면 시트콤에 가까운 만화라고 볼 수 있겠다.

나는 〈소림축구〉보다도 《태백권법》을 훨씬 더 재미있게 보았다. 어쩌면 이미 어릴 적 《태백권법》을 봤기에 〈소림축구〉에서 다루는 소재에 미리 김이 빠졌던 것인지도 모르겠다. 《태백권법》은 도입부부터 근사해서 신비로운 무예에 능통한 사람이 현대의 도시에 나타나게 되는 계기부터가 재미있다.

깊은 산에서 등산을 하다가 길을 잃은 한 남자가 우연히 아주 외딴곳에 고립되어 있는 마을을 찾게 되는데, 그 마을에는 고려 시대 즈음부터 주변과 교류를 하지 않고 자기들끼리만 지내던 사람들이 살고 있다. 남자는 그 마을 주민인 여자와 사랑에 빠지고 두 사람이 부부가 되어 살게 되면서 마을의 여자는 도시로 오게 된다.

그러니까 《태백권법》의 출발은 《원더우먼》 만화와도 비슷하다. 그런데 남녀 주인공이 연인인 듯 아닌 듯 이야기를 꾸려 나가는 《원더우먼》과 달리 《태백권법》은 시작부터 주인공들이 부부고, 그 사이에서 태어난 아들딸도 같이 나온다. 그 때문에 《태백권법》은 훨씬 더 틀이 잡힌 가족 시트콤에 가깝게 내용을 풀어갈 수 있었다. 나는 이렇게 일상생활을 다룬 시트콤의 배경이 신비로운 무공과 현실의 충돌을 훨씬 더 잘 표현할 수 있었다고 생각한다.

무시무시한 테러리스트 같은 악당들을 상대하는 《원더우먼》의 주인공들은 어차피 특수 요원들이고, 〈소림축구〉의 주인공들은 어차피 축구 선수들이다. 특수 요원, 축구 선수, 둘 모두 만화를 보는 일반인 독자 기준에서는 이미 놀라운 재주를 지닌 특별한 사람들이다. 그 사이에서 좀

(출처: ⓒ 황미나/네이버웹툰)

 더 뛰어난 초능력을 갖고 있는 주인공이 등장하는 《원더우먼》, 〈소림축구〉의 이야기보다, 밥 먹고 일하고 애들 학교 보내는 너무나 현실적인 생활을 다루다가 신비로운 무예의 놀라움을 보여 주는 《태백권법》의 이야기가 나에게는 더 재미나 보였다. 어차피 보통 사람보다 점프를 잘하는 축구 선수들 사이에서 소림사 권법을 배운 사람이 더 높이 뛴다는 내용보다, 태백권법을 익힌 주인공이 빨래를 말리기 위해 장풍을 사용한다는 이야기가 더 신났다는 뜻이다.

패러디로 중무장한 웃음의 세계

황미나 작가 만화 중에《태백권법》못지않게 재미있게 읽었던 만화로《슈퍼 트리오》도 빼놓을 수 없다. 특히《슈퍼 트리오》는 인터넷 시대에 웹툰 형태로도 제작되어 편리하게 다시 볼 수 있는 기회도 있는 만화였다. 그렇기에《슈퍼 트리오》이야기는 다른 만화들보다 좀 더 길게 해 보고 싶다.

《슈퍼 트리오》는 범죄 천재이자 엄청나게 귀중한 물건을 절도해 화제가 된 악당을 저지하기 위해 뛰어난 실력을 갖춘 세 사람의 실력자가 일종의 특수 요원팀 내지는 사립 탐정단처럼 추격전을 펼친다는 내용이다. 이렇게만 말해 놓고 보면, 천재 범죄자와 천재 탐정의 대결을 다룬 액션 블록버스터와 비슷하게 들려서 영화 〈미션 임파서블〉 시리즈 같은 내용이 떠오를 수도 있겠다. 조금 더 가벼운 분위기를 떠올린다고 해도 소설 뤼팽 시리즈 정도와 비슷해 보일 텐데, 뤼팽 시리즈 역시 19세기 말과 20세기 초 프랑스의 정치와 사회를 은근히 풍자하거나 비판하는 내용이 많고 간간이 심각하고 섬뜩한 내용이 서려 있다. 그렇게 보면《슈퍼 트리오》역시 그 비슷한 분위기로 흐를 수도 있었다.

그러나 막상 《슈퍼 트리오》를 실제로 읽어 보면 처음 몇 페이지만 봐도 〈미션 임파서블〉이나 치밀한 두뇌 싸움으로 천재들이 대결하는 내용과는 아무 상관없는 헐렁한 웃긴 이야기라는 사실을 알 수 있다. 무엇보다도 첫 등장하는 문제의 천재 범죄자의 이름부터가 '고구마'다.

뤼팽 시리즈 소설을 읽어 보면, 뤼팽이 도둑질을 한 뒤에 일부러 자신의 범죄라는 사실을 자랑스럽게 알리기 위해 깨끗한 비단 손수건이나 편지지에 자신의 서명 '아르센 뤼팽'을 써 놓은 것을 남겨 둔다는 등의 장면이 가끔 나온다. 《슈퍼 트리오》에도 비슷한 장면이 여러 번 나온다.

그러나 아름다운 곡선으로 이리저리 휘감아 놓은 알파벳으로 '아르센 뤼팽'이라는 프랑스어 이름이 새겨져 있는 것이 아니라, 《슈퍼 트리오》에는 '고구마'라는 너무나 토속적이고 투박한 어감의 이름이 적혀 있다. 고구마의 이런 버릇은 옛 한국 고전 소설 《일지매》와도 닮은 점이 있다. 《일지매》는 도둑질을 한 곳에 매화 한 가지를 그려 놓은 그림을 남겨 두고 떠나기에 '일지매'라는 별명이 붙은 천재 도둑 이야기다. 《슈퍼 트리오》의 고구마 역시 자신의 증표로 항상 그림을 하나 남겨 놓고 떠난다. 그런데 매화 한 가지처럼 아름답고 고고해 보이고 시적이고 귀족적인 그림이 아니라, 뭉툭하게 생긴 고구마 그림을 자신의 상징으로 남겨 둔다.

이런 식으로 이야기의 주인공으로 등장한 천재 도둑부터가 이미 비슷한 도둑 이야기를 비틀어 웃기고 넘어가려는 패러디다. 그리고 그에 어울리게, 천재 도둑을 쫓는 천재 탐정단의 구성원 세 명 역시 나름대로 뛰어난 재능이 한 가지씩 있기는 하지만 다들 우스꽝스러운 행동을 하는 살며시 맛이 간 인물로 설정되어 있다. 고구마가 전 세계 사람들이 놀랄 만한 엄청난 범죄를 계획하면, 그 범죄를 막고 고구마를 붙잡기 위해 세 명의 주인공들이 여러 가지 시도를 한다. 그런 가운데 계속 고구마에게 주인공들이 속아 넘어가는 모습을 보여 주고, 동시에 고구마가 어떻게 절묘하게 도망치는지를 보여 주는 것이 만화의 주 내용이다.

만화 전체의 줄기를 살펴보자면 쉽게 찾아볼 수 있는 것은 007 제임스 본드 시리즈의 흐름을 웃긴 쪽으로 한 번 꺾어서 활용하는 소재 배치다. 007 시리즈의 원작 소설은 나름대로는 진지한 분위기가 흐르는 스파이 이야기였지만 007 시리즈 영화는 대략 〈007 골드핑거〉 이후로 2000년대 초반까지 40년 정도는 원작보다 훨씬 가벼운 오락 영화

분위기로 흘러갔다. 만화에나 나올 법한 어마어마하게 비현실적인 음모를 꾸미고 있는 악당을 저지하기 위해 엄청난 실력을 가진 특수 요원 제임스 본드가 활약하는데, 그 제임스 본드라는 요원도 가만 보면 별 대단한 일 하는 것 없이 그냥 건들거리며 가끔 아름다운 여성 요원들에게 "본드, 제임스 본드."라고 이름만 말하면서 폼만 잡고 다니다 보면 어찌저찌 사건이 해결된다는 영화들이 줄줄이 나왔다.

그런데도 제임스 본드 시리즈는 세계 평화를 지키기 위해 엄청나게 뛰어난 요원이 활동한다는 틀을 나름대로 유지하고 있었다. 그러나 《슈퍼 트리오》는 그런 틀을 처음부터 그냥 후련하게 벗어던져 버리고 계속해서 '어차피 황당한 이야기, 설렁설렁 웃고나 가자'는 흐름으로 이야기를 풀어 간다. 그래서인지 가벼운 마음으로 이야기를 즐기기에는 《슈퍼 트리오》가 007 시리즈보다 훨씬 상쾌한 느낌이었고, 이야기를 풀어 나가는 방법도 더 자유로웠다고 생각한다. 《슈퍼 트리오》는 007 시리즈로부터 받은 영향을 노골적으로 드러내고 있기도 한데, 시작부터 아예 '007'이라는 말을 언급하기도 하고 등장인물 중 한 명의 이름은 제임스 본드 역을 맡은 배우로 유명한 '숀 코네리'와 동명이인이다.

헐렁한 농담이 건넨 위로

007 시리즈 말고도 《슈퍼 트리오》에 간접적으로 영향을 미친 영화를 꼽아 보자면, 나는 홍콩의 〈최가박당〉 시리즈도 꼭 언급해 볼 만하다고 본다. 천재 범죄자가 있고, 그 범죄자를 붙잡으려는 사람들이 애를 쓴다는 이야기를 비현실적인 느낌이 넉넉한 코미디로 풀어 간다는 방향성은 〈최가박당〉 시리즈와 《슈퍼 트리오》가 같다. 〈최가박당〉에서는 강한 성격의 명사수로 공격력이 뛰어난 여자 주인공을 장애가가 연기했고, 천재 도둑의 적수를 자처하는 경찰 출신의 남자 주인공을 맥가가 연기했다. 그런데 이것은 《슈퍼 트리오》에 등장하는 중국 무술의 달인 링링과 형사 출신인 김준원이라는 인물과 일치한다. 〈최가박당〉이라는 제목은 '최고의 팀'이라는 뜻이므로 《슈퍼 트리오》라는 제목과 뜻이 통하기도 한다.

차이가 있다면, 〈최가박당〉에서 맥가가 맡은 역할은 대책 없이 우스꽝스러운 한심한 인물이지만 《슈퍼 트리오》의 등장인물들은 웃긴 가운데에도 나름대로의 재주가 있는 사람들이기에 맥가의 인물 대신, 서로 다른 재주를 지닌 김준원과 숀 코네리, 두 명이 등장한다는 점이다. 실제로 황미나 작가가 《슈퍼 트리오》를 그리면서 〈최가박당〉의 영향을 얼마나 받았는지에 대해서는 전혀 알 길이 없지만, 나는 이렇게 〈최가박당〉과 비슷한 구성을 취하면서도 다른 방법을 택한 것이 이 만화의 재미를 더욱 돋워 주었다고 생각한다.

〈최가박당〉 영화를 볼 때는 얼토당토않은 소동 속에서 엉뚱한 일을 벌이는 인물들을 보고 두 시간 웃고 나면 그만이다. 하지만 꾸준히 이야기를 따라가며 다음 회, 다음 권을 보고 싶도록 독자들을 계속 이끌기 좋은 만화에서는 그 이상을 보여 주는 쪽이 좋을 것이다. 그래서 《슈퍼 트리오》는 그저 엉뚱하고 한심한 인물로 웃기는 것 이외에, 그런대로 주인공들의 뛰어난 점을 살리는 내용 역시 꾸준히 보여 주면서, 그들의 적인 고구마를 잡을 수 있을 듯 말 듯한 조금은 흐름이 뚜렷한 이야기를 따라갈 만하게 풀어냈다.

좀 이상한 이야기이기는 한데, 그런 식으로 《슈퍼 트리오》에 나오는 커다란 추격전과 헐렁한 농담의 분위기가 적당히 섞인 이야기들은 나에게 웃음 이상으로 따뜻한 위로 같은 효과를 주기도 했다. 세상 살다 보면 마음 졸이게 되는 일도 많고, 서글픈 기분에 휩싸이게 되는 일도 많다.

그런데 《슈퍼 트리오》를 읽으며 세계 최고의 범죄자를 쫓는 일도 이렇게 가벼운 웃음거리임을 보다 보면 사실 내 고민도, 내 걱정도 그냥 그렇게 웃고 넘어갈 만한 소동 아닌가 싶은 마음이 들어 묘한 여유를 갖게 되기도 했다. 그러고 보면, 세상 살아가는 데 황미나 작가에게 만화를 통해 받은 이런 도움도 되돌아 짚어볼 만한 은혜라고 생각한다.

할리우드 SF 블록버스터에 대한 1990년대 한국 만화의 응답
《헤비메탈 6》

성경을 읽다 보면 십자가가 세워져 있던 곳이라고 하여 골고다 언덕이라는 지명을 찾아볼 수 있다. 현재 예루살렘에 가서 그곳을 찾아가 보면 성당 같은 시설이 세워져 있다. 그렇기에 그 장소는 기독교인들에게는 중요한 유적이자 성지라고도 할 수 있다. 오랜 옛날부터 이곳을 다녀간 사람들은 무척 많았다. 이곳의 구석 한켠에 아주 오래전 옛날에 그려 둔 것으로 보이는 배 모양의 낙서가 있고 그 곁에 성지 순례에 참여한 한 순례자가 새겨 놓은 글자가 적혀 있다. 라틴어로 쓰인 그 글자는 'DOMINE IVIMUS'다.

신기한 것은 수백 년 전, 어쩌면 천 년이 넘는 예전에 써 놓았을지도 모르는 그 라틴어 문장의 뜻을 내가 알고 있다는 점이다. 그 말뜻은 '주여, 여기 왔습니다'이다. 조금 더 한국어답게 풀이해 보자면, '신이여, 저희가 여기까지 왔습니다'라고 번역해도 어울릴 것이다. 그 옛날, 비행기도 없고 구글 지도도 없고 에어비앤비도 없던 시절에 머나먼 땅까지 고생고생해서 여행 온 순례자가 감격을 표현하기에 적합한 말이다.

나는 도대체 이런 라틴어 글귀의 뜻을 어떻게 알고 있을까? 내가 중세 시대 순례자들의 문화에 심취했던 적이 있었기 때문일까? 혹은 옛 문서를 읽기 위해 라틴어를 공부한 적이 있기 때문일까? 중세 시대의 여행 문화나 옛 문서에 대해 관심을 가졌던 적은 여러 번이긴 하다. 그렇지만 라틴어를 알 정도로 지식이 깊지는 못하다. 그런데도 내가 'DOMINE IVIMUS'라는 말의 뜻을 아는 이유는 1990년대 초 어린 시절 정말 재미있게 읽었던 SF 만화《헤비메탈 6》에서 이 말이 결정적인 암호로 등장했기 때문이다. 다른 라틴어 단어 중에 내가 뜻을 알고 있는 말은 기타 등등이라는 뜻의 'etc.' 정도가 겨우 떠오를 뿐이지만, 워낙에 만화 속 이야기에서 중요한 단어였기에 30년이 넘게 지난 지

(출처: 《헤비메탈 6》, 김은기 글·이태행 그림, 대영동화 편집부, 1993년)

금도 나는 그 라틴어 어구의 뜻을 기억하고 있다.

《헤비메탈 6》는 포스트 아포칼립스 SF, 그러니까 세계 멸망 이후를 다룬 만화다. 인공지능 컴퓨터가 전쟁을 일으켜 사람들의 세상을 모두 파괴시키는 방향으로 작동해서 세계의 대부분이 파괴되었다. 그런 세상에서 살아남은 소수의 사람들이 군데군데 지하 대피소 비슷한 마을을 이루고 살아가는 시대가 배경이다. 인공지능 컴퓨터 프로그램은 살아남은 사람들도 모두 전멸시키고자 하는데, 그래서 각종 로봇이라든가 자동으로 움직이는 무기 같은 것들을 이곳

저곳에 보내서 사람들을 찾아내 공격한다. 그렇기에 사람들은 컴퓨터를 물리치려고 저항군을 조직해서 싸우고 있다.

신이여, 저희가 여기까지 왔습니다

그렇다면 'DOMINE IVIMUS', '신이여, 저희가 여기까지 왔습니다'라는 말은 무엇일까? 예전에 인공지능 컴퓨터를 처음 개발한 개발진은 프로그램에 문제가 생길 때를 대비해서 컴퓨터의 작동을 비상 정지하는 기능을 넣어 두었다. 이 비상 정지 기능을 작동시키기 위한 암호가 바로 '신이여, 저희가 여기까지 왔습니다'라는 문구다. 특히 인공지능 컴퓨터에 명령을 입력하기 위한 장소로 가는 길을 사람들은 '순례자의 길', '순례자의 통로'라고 부르고 있다. 그렇기에 순례자의 통로를 통해 컴퓨터에 도달한 사람들이 입력해야 하는 암호로 '신이여, 저희가 여기까지 왔습니다'라는 말은 아주 운치 있게 어울린다.

SF 팬들을 단숨에 사로잡을 만한 근사한 이야기 아닌가? 특히 분위기가 끝내주었던 것이, 미래의 인공지능 컴퓨터와 로봇들이 득실거리는 첨단 전자 기기에 대한 이야기를 하면서 그것과 싸우기 위한 수단에는 순례자의 길이라든가 라틴어로 된 중세 순례자의 말 같은 고풍스러운 종교적인 소재가 오묘하게 결합되어 있어서 소재들이 반대되는 듯, 대비되는 듯, 조화롭게 어울렸다. 지금 돌아보면 이런 소재가 잘 달라붙을 수 있었던 이유는 미래 배경의 SF이기는 하지만 그 배경이 세계의 멸망이었기에 종말, 구원, 삶의 의미를 다루는 종교적인 예스러운 소재가 잘 달라붙을 수 있었던 것 같다.

하기야 이 만화가 나왔던 1990년대는 노스트라다무스의 예언에 따르면 1999년에 세계가 멸망하고, 악마가 나타나며 구원을 맞이하려면 어찌쩌지 해야 한다더라 따위의 세기말적인 이야기들이 끝도 없이 많이 돌아다니던 시절이었다. 그러니 마침 이 만화 같은 소재를 연결하기가 좋을 만한 시대기도 했다.

재미난 소재, 흥미를 끌 만한 배경을 작가가 많이 만들어 놓은 SF나 판타지물의 경우, 그 소재와 배경을 짜다가 지쳐서 정작 그 소재와 배경으로 보여 주어야 할 이야기는 흐지부지될 때가 종종 있다. 나도 소설을 쓰다 보니 절감하게 된 일이다. 《헤비메탈 6》의 장점은 이런 이야깃거리로 쓰기 좋은 소재들을 많이 부려 놓은 만화면서도 그것을 보여 주는 방법도 좋다는 점이다.

시작부터 격렬한 전투와 로봇들의 습격을 만화답게 아주 박력 있게 보여 주고, 계속해서 이어지는 싸움, 도망, 추적의 이야기 속에서 이런저런 소재들을 하나둘 풀어 놓는다. 악랄하게 사람을 공격하는 로봇들의 모습은 가끔은 '조금 공포물 같은 느낌도 있다'는 생각이 들 정도로 인상적이어서 만화가 진행되는 내내 지루할 새가 없다. 거대한 서사시적인 전쟁 이야기가 어울릴 만한 배경을 다루면서도 막상 분량은 전체 단행본 2권 정도의 길지 않은 이야기라 애초에 늘어질 만한 구석이 별로 없기도 하다.

지금 보면 전체적인 줄거리의 흐름이 좋은 만화라는 생각도 든다. 비교해 보자면, SF 전쟁을 경쾌하게 다룬 이야기 중에서 가장 큰 성공을 거둔 축에 속하는 〈스타워즈 에피소드 4: 새로운 희망〉과 견주어 보기도 좋은 만화다. 일단 전체 대립 구도가 세계를 지배하고 있는 강력한 악의 군단과 거기에 맞서는 빈약한 저항군으로 되어 있다는 점이 맞아떨어진다.

그 외에도 비슷한 점도 많다. 〈스타워즈〉에서는 악의 군단이 황제의 제국과 다스베이더고, 《헤비메탈 6》에서는 세상을 멸망시킨 컴퓨터다. 〈스타워즈〉에서는 제국의 핵심

(출처: 〈스타워즈 에피소드 4: 새로운 희망〉 포스터, 조지 루카스 감독, 1978년)

무기인 데스 스타를 파괴할 수 있는 설계도를 고생 끝에 입수하고 그대로 데스 스타를 공격하는 것이 저항군 쪽 대역전의 계획이 된다. 《헤비메탈 6》에서는 고생 끝에 순례자의 통로로 갈 수 있는 지도와 컴퓨터 비상 정지 암호를 입수하고 그 통로를 통과해서 컴퓨터를 정지시키는 것이 저항군 쪽 대역전의 계획이 된다. 〈스타워즈〉의 절정 장면에서 수많은 희생을 치르는 가운데 마지막 남은 주인공 루크 스카이워커가 계곡 모양으로 길게 뻗은 데스 스타 위를 날아가면서 약점을 명중시키려고 애를 쓰듯이, 《헤비메탈 6》

의 절정 장면에서 주인공은 적들이 우글거리는 순례자의 통로를 통과하며 컴퓨터에 암호를 입력할 수 있는 장소를 찾아 전진한다.

《헤비메탈 6》의 이야기가 훌륭했던 점은 이런 소재들을 그저 생기 없이 따라 하는 대신, 《헤비메탈 6》만의 개성에 맞게 적절히 변형해서 활용했다는 점이다. 예를 들어 우주를 날아다니는 시원한 모험담인 〈스타워즈〉에서 마지막 결전은 우주 공간을 엄청난 속력으로 날아다니는 우주선들의 싸움으로 묘사된다. 전체적으로 신나는 모험담의 틀을 갖고 있는 〈스타워즈〉에는 이런 이야기가 잘 어울린다.

그렇지만 지구가 멸망한 후의 암울한 세상을 배경으로 삼고 있는 《헤비메탈 6》는 다르다. 그래서 이 만화에서 마지막 결전의 무대는 지하를 가로지르는 어두컴컴한 통로다. 한때 사람들이 북적이는 대도시 문명의 상징인 지하철역 같은 장소가 부서지고 버려져서 잔해만 가득한 곳, 그곳이 순례자의 통로를 향해 가는 길이다. 《헤비메탈 6》의 으스스하면서도 파괴적인 이야기를 늘어놓기에는 〈스타워즈〉의 우주를 날아다니는 이야기보다는 질척거리는 지하 통로를 헤쳐나가는 이야기가 훨씬 잘 들어맞는다.

〈스타워즈〉 시리즈 이상이라고 《헤비메탈 6》를 칭찬하고 싶은 대목도 있다. 〈스타워즈〉 시리즈의 맨 첫 번째 영화 때만 해도, '제다이'라든가 '포스' 같은 용어는 잠깐씩 등장하는 알 수 없는 신비한 말일 뿐이었다. 영화 맨 마지막 부분 정도를 제외하면 포스가 그렇게 결정적인 소재로 활용되지도 않는다. 나는 제다이, 포스 같은 신비로운 소재는 이렇게 알 듯 말 듯하게 그야말로 살짝 신비롭게 잠깐 왔다 가는 이야기로 나와야 제맛이 난다고 생각한다.

물론 한번 〈스타워즈〉의 세계에 빠져서 팬이 되면 도대체 제다이가 뭐고, 포스가 뭔지 궁금해져서 그 이야기를 더 많이 알고 싶어지게 되기는 한다. 그러나, 그 마음이 영화의 중심을 흔들도록 두는 것은 이야기를 만드는 입장에서는 위험한 일이라는 게 내 생각이다. 〈스타워즈〉가 처음 나왔을 때 사실 관객들의 눈길을 사로잡았던 것은 거대한 우주 전함과 환상적인 우주 전투, 재미난 로봇들의 움직임과 근사한 광선검 같은 SF의 맛이 사는 기계, 장비, 도구들이었다. 그 재미를 포기하고 대신 포스가 뭔지, 제다이가 뭔지, 그게 등장인물들의 아버지, 아들, 조카, 손녀 등등과 무슨 상관인지 같은 이야기에만 너무 집중하다 보면 재미가 없어져 버릴 것이다. 포스, 제다이 같은 신비한 소재는 내용을 펼쳐서 드러낼수록 오히려 신비감은 사라지고 자칫 유치해지기 쉽다.

이야기 전체를 뒤집은 강력한 반전

《헤비메탈 6》는 그런 방향으로 빠지지 않았다. 《헤비메탈 6》는 순례자의 통로, 신비로운 암호, 세계의 멸망 같은 종교적인 소재가 마치 〈스타워즈〉의 포스 이야기처럼 신비롭게 감돌기는 하지만, 만화를 끝까지 붙들고 흘러가는 줄기는 그게 아니다. 대신 미래 시대의 각종 장비와 기계를 갖가지로 이용해서 끈덕지게 싸워 나가는 치열한 싸움의 구체적인 모습들이 이야기를 채워 나간다. 이 만화의 제목인 '헤비메탈 6'만 해도 무거운 금속으로 무장한 여섯 번째 부대, 그러니까 제6중장갑 부대라는 뜻이라서, 그냥 주인공의 소속 부대 이름일 뿐이다. 나는 처음 만화의 제목만 보고 무슨 록 음악에 대한 만화라고 착각할 정도였다. 가만 보면, 이 제목부터 만화의 방향을 잘 잡아 주는 느낌이다. 만약 이 만화의 제목이 '구원을 향한 마지막 결전', '악마의 인공지능' 같은 식으로 다른 무게를 실었다면 이런 분위기가 살았을까? 그냥 부대 명칭인 '헤비메탈 6'라고만 하는 게 오히려 이야기의 진지한 느낌을 더 살린다.

말이 나와서 말인데《헤비메탈 6》의 마지막 반전은 이야기 전체를 다 뒤집어 버릴 정도로 강력하다. 신비주의가 은은히 감도는 소재와 철 덩어리가 부서지는 실질적인 이야기가 충돌한 결과로 만들어낼 수 있는 아주 강력한 반전을 갖다 붙여 놓았다. 나는 이것도 정말 가슴이 철렁하는 기분이 들 정도로 재미있게 읽은 대목이었다. 단, 반전이 너무 강력했기에 결말 부분에서 반전을 수습할 방법이 없어서 그야말로 '데우스 엑스 마키나', 기계 장치의 신방식으로 이야기를 매듭짓기는 했다. 나는 그 마지막 결말이 두고두고 아쉬워서 뭔가 더 좋은 결말을 만들 수는 없을까, 여러 가지로 고민했던 기억도 갖고 있다.

정말 아쉬운 점을 꼽자면 SF 만화답게 미래의 기계들이 멋지게 등장하는 장면들이 중요했던 것치고는 등장하는 기계들 중에 다른 SF 영화에서 그대로 모방해 가져온 것들이 몇몇 눈에 띈다는 점이다. 1990년대 초면 한국 만화계에서 이제 막 창조적인 표현의 가치를 중요시하기 시작하던 시대라, 다른 영화나 소설의 줄거리, 소재, 그림을 이런 식으로 모방하는 사례가 상당히 흔했다. 이런 문제는 그 시대 한국 만화의 문제였고 성장하기 위해서는 극복해야 할 한계였다고 본다.

《헤비메탈 6》에는 〈터미네이터〉에 등장하는 로봇의 모습, 〈에이리언 2〉에 등장하는 작업용 기계 장치의 모습이 영화에 나왔던 모습과 별 차이 없이 그대로 모방된 모습으로 등장했다. 〈스타워즈: 제국의 역습〉에 등장하는 'AT-AT'라는 네 발 달린 커다란 로봇과 같은 모습의 기계도 등장한다. 재미있게도 《헤비메탈 6》 속 등장인물들은 이 기계를 '앗트 앗트'라고 부른다. 우스운 이야기인데, 나는 그게 너무 강하게 기억에 남아서 아직까지도 〈스타워즈〉 시리즈에 나오는 AT-AT를 '앗트 앗트'라고 부른다. 마찬가지로 《헤비메탈 6》에서는 〈에이리언 2〉에 등장하는 작업용 기계 장치와 닮은 기계를 '육박전 기어'라고 부르는데, 나는 그 말의 어감이 좋아서 〈에이리언〉 시리즈에 나오는 기계를 여전히 '육박전 기어'라고 부르곤 한다.

만화를 보는, 미술을 보는 새로운 시선

SF 작가로 꾸준히 소설을 써온 지금은 말할 것도 없지만,

어릴 적부터 나는 SF를 좋아했다. 《헤비메탈 6》는 탁월하게 좋은 감각으로 내용이 진행된 만큼, 이야기 전체에 걸쳐 SF 팬의 마음을 뒤흔들 만한 장면이 끊임없이 등장했다. 그래서 굵직굵직한 줄거리 말고도 그림 몇 개 정도로 지나치며 넘어가는 내용 중에도 기억에 남을 만한 대목들이 많았다.

예를 들어 컴퓨터는 글자 하나가 하나의 의미를 갖는 한자를 이용하는 것이 훨씬 효과적이기에 인공지능은 한자를 자주 사용하며 인공지능이 사용하는 특수 무기의 이름도 '광격'이라든가, '굉격' 같은 한자어로 되어 있다. 그렇기에 온갖 민족이 뒤섞인 미래의 인류가 한문이 표시되는 컴퓨터 화면을 보고 있는 장면은 사이버 펑크의 향기가 진하게 피어오르는 모습이었다. 컴퓨터가 단순히 금속 로봇만 만들어 무기로 사용하는 것이 아니라 생명공학을 이용해서 단백질, 뼈, 피로 되어 있는 사람 같은 동물을 공장에서 만들어 내서 무기로 사용하는 장면은 이상하리만치 꼬이고 뒤집힌 것 같은 풍경이라 역시 강한 인상을 남겼다.

《헤비메탈 6》는 그 시절 만화 잡지에 연재될 때 가장 기다려 가면서 보았던 만화고, 완결 이후 단행본으로 나왔을 때는 단행본을 산 친구 집에 놀러 갈 때마다 보고 또 보았던 만화다. 나도 단행본을 살까 말까 고민했던 적이 정말 많았는데, 안 산 것이 무척 후회되기도 한다. 나와 비슷한 감상을 갖고 있는 사람들이 전국에 많은지, 지금 중고책 거래처에서는 수십만 원의 가격으로 《헤비메탈 6》가 거래되고 있다. 나는 만화라고 하면 동글동글하고 웃긴 그림, 아니면 사실감 있게 흉내 내어 그려 놓은 그림 두 가지 정도만 있다고 생각했는데, 《헤비메탈 6》에서 신체 비율을 독특하게 변형해서 강렬한 느낌을 잘 살린 이태행 작가의 그림을 보고 '이렇게 만화를 표현할 수도 있구나.' 하는 아주 좋은 경험을 하기도 했다. 생각해 보면 《헤비메탈 6》는 만화를 보는, 나아가 미술을 보는 새로운 시선으로 나를 이끌어 준 만화였다는 생각도 든다.

만화로 피어오른 공중전의 낭만
《플라잉 타이거》

〈탑건: 매버릭〉을 보면 톰 크루즈가 얼마나 뛰어난 천재 조종사인지 표현하기 위해 수십 년 묵은 구형 전투기를 이용해 적의 최신 전투기와 겨루는 장면이 나온다. 무협 영화를 보다 보면 뛰어난 고수가 "한쪽 팔은 사용하지 않고 상대해 주지."라고 말한 뒤에, 한 팔로만 싸우면서 두 팔로 싸우는 상대방을 가볍게 제압하는 장면이 나올 때가 있는데, 구형 전투기를 타고 싸우는 조종사가 나오는 영화도 그와 비슷하다고 볼 수 있겠다. 조종사의 실력이 워낙 뛰어나기 때문에 보통 조종사라면 상대도 되지 않을 성능이 부족한 전투기를 사용하면서도 적과 잘 맞서 싸우고 있으니, 그 높은 수준을 이야기 속에서 극적으로 뽐낼 수 있었다.

나는 〈탑건: 매버릭〉을 보고 30년쯤 전인 1990년대 초에 나온 만화가 하나 생각났다. 바로 《플라잉 타이거》(김은기 글·김종한 그림, 대원, 1994년)다. 이 만화의 시작은 주인공 김호림이 싸울 전투기가 없어서 고물 취급을 받으며 낡아가고 있던 프로펠러 공격기 A-1 스카이레이더를 억지로 조종해서 출격하고, 1990년대 당시 주력 기종이었던 제트 전투기 MIG-23과 맞서 싸우려고 드는 장면이다. 만화 속에서 A-1 스카이레이더는 한국 전쟁 때부터 날아다니던 낡디낡은 비행기라고 되어 있어서 공중에 뜨기라도 하겠느냐는 조롱을 받는데, 주인공은 워낙에 기량이 출중해서 그런 비행기로도 적과 맞서 싸울 작정을 한다.

그만큼 주인공의 실력이 뛰어나고, 한편으로는 모험심이 강하고 혈기 왕성하다는 점을 일화 속에서 단적으로 보여주는 장면이다. 그래서 주인공을 소개하는 시작으로는 썩 좋았다. 이런 장면은 이런저런 이야기 속에서 비슷하게 자주 보이기는 하는데 나는 〈탑건: 매버릭〉 못지않게 《플라잉 타이거》에서 활용된 것도 괜찮았다고 느꼈다. 이 사건으로 다른 조종사들에게 주인공이 강한 인상을 남기면서도 동시에 조금은 견제를 받는다는 다음 줄거리로 내용이 잘 이어졌고, 또 좋은 전투기가 없어서 항상 고물 전투기만 타고 다니는 신세라는 설정으로도 부드럽게 연결되었다. 그래서 호기심을 갖고 만화에 빠져들게 만들기에 좋은 구성이었다.

어찌나 그 장면이 기억에 남았는지 나는 컴퓨터 게임에서《플라잉 타이거》의 주인공을 따라 해 보려고 했던 적도 참 많았다. 1990년대 초만 하더라도 지금에 비하면 컴퓨터 게임이 충분히 다양하게 발전하지 않았던 시대였기에 그럴듯하게 보이는 게임이 나오면 무슨 내용이든 관심을 끌 수 있지 않았나 싶다. 그래서인지 나는 그 시절 출시된 게임 중에 〈척 예거의 공중전〉이라는 것이 있음을 우연찮게 알게 되었다. 비행기를 실감 나게 직접 조종해 보는 비행 시뮬레이션 느낌을 주는 게임이었는데, 특히나 〈척 예거의 공중전〉에는 내가 조종하고 싶은 비행기와 적을 마음대로 선택해서 싸워 볼 수 있는 기능이 있었다.

그래서 나는 1990년대에도 활용되고 있던 제트 전투기 MIG-21을 적으로 정한 뒤에, 한국 전쟁 때 활약했던 구형 프로펠러 전투기 P-51을 내가 조종하는 것으로 골라서 게임 속에서 겨뤄 보았다. 한 백 번쯤 게임을 하다 보니 어찌저찌 적기를 격추시키기도 했는데 그때는 마치 《플라잉 타이거》 만화 속에 내가 잠깐 들어갔다 나온 느낌이었다.

《플라잉 타이거》와 《에어리어 88》

사실 《플라잉 타이거》를 이야기하려면, 빼놓을 수 없는 만화가 한참 먼저 나온 《에어리어 88》이다. 《에어리어 88》은 《플라잉 타이거》보다 대략 10년쯤 앞섰던 만화로, 자잘한 전투가 끊이지 않는 중동 지역에 용병으로 간 주인공이 전투기를 조종하며 싸우다가 이런저런 비정한 사연을 겪는다는 내용이다. 주인공은 나름대로 고난을 극복하려고 애쓰지만 자꾸만 비극적인 굴레로 빠져들게 되며, 심지어 자진해서 비극을 향해 돌진하게 되기도 한다.

한국에서는 1989년 무렵 《에어리어 88》의 애니메이션이 현충일 특선으로 방영되어 화제가 되었다. 방송된 후에 학교에 갔더니 아이들이 다들 "어제 그 만화 TV에서 봤냐?"고 말하며 술렁술렁했다는 이야기다. 유튜브 동영상도 없고 TV 채널도 서너 개밖에 없어서, TV에서 뭘 해 주면 누구나 다들 비슷한 것을 보게 되던 그 시절에는 그런 일

(출처: 《에어리어 88》, 신타니 카오루 저, 오경화 역, 서울문화사, 2002년)

이 종종 있었다.

특히 《에어리어 88》은 주인공이 다시 적진으로 돌아가는 즈음의 내용을 보여 주는 게 마지막 장면이었다. 보통 그 시절 어린이들이 보는 애니메이션이라면 대개 악당이 망하고 주인공이 행복하게 오래오래 잘 살며 끝나는 것들이 대다수였다. 《에어리어 88》처럼 쓸쓸하게 끝나거나 여운을 남기며 끝나는 경우는 거의 없었다. 그렇기에 그 결말은 굉장히 충격적이었고 의도 이상으로 엄청나게 강한 여운을 남겼다. 이야기가 진행되다가 도중에 끝난 느낌이

들 정도였다. 심지어 그때, "그 뒤에 이어지는 이야기가 더 있는데 나는 그것을 알고 있다."라고 주장하는 아이들이 있을 정도였다. 나중에 인터넷 시대가 된 뒤에 사람들 사이에 이런저런 의견을 교환하다 보니 다른 동네, 다른 학교에도 그런 아이가 있었다는 사실을 알고 참 웃긴 일이라고 생각했던 기억도 있다.

애니메이션판 《에어리어 88》이 한국에 방영된 지 몇 년 지나지 않아 나온 《플라잉 타이거》는 분명 《에어리어 88》의 영향을 많이 받은 만화다. 조종 실력이 뛰어난 주인공이 용병단에 합류하여 사막이 많은 낯선 나라에서 끝없이 싸우며 돈을 갚아 나간다는 핵심 소재는 동일하다. 용병단에는 여러 나라에서 온 다양한 인종의 사람들이 모여 있고, 전투를 거듭하며 서로 점차 친해지게 된다거나, 용병단 단장 격에 해당하는 인물, 비행기의 기술적인 면을 담당하는 인물 등이 따로 있다는 것도 《플라잉 타이거》가 《에어리어 88》의 영향을 받은 게 드러나 보이는 지점이다.

그런데 그렇게 비슷한 소재들을 사용해 시작했지만 《플라잉 타이거》는 《에어리어 88》과는 완전히 다른 방향을 택해 이야기를 펼쳐 나갔다. 그랬기 때문에 《플라잉 타이거》는 《에어리어 88》과 출발은 비슷했지만 다른 내용으로 다른 개성을 갖고 있는 이야기가 될 수 있었다. 지금 생각해 보면 바로 그 차이 덕택에 나는 《플라잉 타이거》를 훨씬 더 재미있게 보았고 아직까지도 선명히 기억하게 된 것 같다.

박진감 넘치는 모험담 같은 공중전

《플라잉 타이거》가 《에어리어 88》과 가장 많이 다른 점은 이야기의 흐름을 박진감 넘치는 모험담으로 구성해 놓았다는 것이다. 다시 말해 《플라잉 타이거》에는 《에어리어 88》의 핵심적인 감성인 비장함, 슬픔, 한 맺힌 느낌, 처절함 같은 것이 거의 없다. 정반대로 《플라잉 타이거》는 유쾌하며 밝은 분위기를 유지한다. 마치 옛날 로빈 후드 전설이나 해적들이 나오는 모험 영화를 보듯이, 무거운 소재를 이국적인 분위기로 살리기는 하면서도 이야기 자체를 무겁고 가라앉는 분위기로 몰아가지 않는다. 오히려 흥겨운 흐름을 살렸다. 흔히 한국인의 전통은 '한의 정서'에 있다는 이야기가 여기저기 많이 퍼져 있는데, 나는 거기에 너무 휘둘릴 필요는 없다는 예시로 《플라잉 타이거》도 적절하다고 생각한다.《플라잉 타이거》와《에어리어 88》을 비교해 보면 일본인이야말로 서글픈 이야기, 원한과 슬픔, 한의 민족이고, 한국인은 정반대로 흥의 민족이라고 해야 한다.

따지고 보자면 해적들은 사실 강도질을 하는 범죄자들이다. 그렇기는 하지만 대개 해적 영화를 만들면서 굳이 강도 범죄의 무거운 느낌을 살리는 경우는 많지 않다. 로빈 후드 전설을 영화로 표현할 때, 압제자 폭군과 그에 대항하는 범죄자들의 이야기라고 해서 처절한 정치 투쟁 이야기로 풀어 가는 경우는 드물다. 즉 로빈 후드나 해적 영화들처럼,《플라잉 타이거》역시 전쟁과 용병 이야기를 하면서도 이야기를 무겁게 갖고 가지 않았다.

전쟁이라는 소재를 다루면서 이렇게 가볍게 이야기를 풀어 가는 것이 과연 옳으냐 하는 도덕적 문제 제기는 해 볼 만하다. 그런데 그와 같이 소재를 다루는 태도에 대한 고민을 할 때, 만화에서 재미를 위해 보여 주는 이야기 속에서는 역시 화려한 전투기의 멋진 모습과 그런 전투기를 현실 이상의 놀라운 실력으로 조종하는 영웅적인 주인공의 활약을 많이 다루게 된다는 점도 같이 놓고 살펴보고 싶다. 그런 재미를 풀어내는 동시에 전쟁의 옳고 그름을 따지는 심각하고 처절한 사연을 딱 맞아떨어지게 다루기란 어떻게 하든 쉽지 않다.

괜히 너무 진중한 이야기를 하겠다는 의욕만 앞서면 억지로 슬픔을 짜낸다거나, 장렬한 사연을 위해 납득되지 않는 행동을 하면서 괜히 죽어 가는 사람들만 줄줄이 표현해내는 이야기가 되는 경우도 많다. 예를 들어 1960년대, 1970년대에 나온 전쟁 만화들을 보다 보면 그 시절 기준으로 뭉클한 이야기를 표현하기 위해 감동적으로 그리려고 했던 내용이 지금 보면 오히려 억지스럽고 황당하며 우스꽝스럽게 보일 때도 많다. 만약 《플라잉 타이거》를 그런 식으로 무리해서 심각하고 슬픈 전쟁 이야기로 내용을 몰아갔다면, 그저 그런 《에어리어 88》의 아류작이면서도 그보다도 유치한 만화에 머물렀을지도 모른다.

《플라잉 타이거》에서는 반대로 거의 스포츠 경기 같은 태도로 공중전을 다룬다. 그런 만큼 적당한 농담과 신나는 분위기 속에서 용병들의 전투를 다룬 방향이 이야기를 무리 없이 매끄럽게 이어 나갈 수 있었다. 이 만화 속에서는, 조종술을 대결해 상대방의 꼬리를 잡아 비행기를 격추하면 상대방 조종사는 패배하게 되고 그 패배를 인정하지만 그래도 항상 비상 탈출을 하기 때문에 목숨에는 별 지장 없이 살아서 떠난다. 그리고 나서는 그다음 대결을 기약하게 된다는, 그야말로 만화에서나 볼 법한 신사적인 대결로 전투가 벌어진다. 이런 내용은 만화의 밝은 방향을 지키기 위한 방편이었을 것이다.

그러면서도 전쟁이라는 소재를 완전히 무시하지는 않도록 이야기를 조금씩 정리하려는 노력도 없지는 않았다. 《플라잉 타이거》의 배경은 서사하라에서 벌어지는 가상의 독립 운동을 주제로 하고 있다. 그래서 현실의 여러 가지 복잡한 정치, 민족, 종교 문제와는 일정 정도 거리를 두었다. 또 이야기 중에서 가끔은 간접적으로 전쟁에 대한 문제 의식을 드러내는 장면을 넣기도 했다.

한 세대의 정서에 영향을 미친 예술 작품

이야기의 방향이 밝다는 특징을 잘 활용한 덕분에 《플라잉 타이거》는 주인공보다 더 주인공 같은 역할을 하는 다른 수준의 등장인물들을 잘 활용하기도 하기도 했다. 바로 이야기 속에 등장하는 전투기들이 사실상 주인공 같은 역할을 하게 만든 것이다.

《플라잉 타이거》에는 주인공도 있고 주인공과 티격태

격하는 동료도, 적군 조종사도 있으며 그들이 각자 서로 다른 성격을 드러내고 있어서 인물들 사이의 이야기가 분명 갖추어져 있다. 그러나 막상 만화를 보고 나면 마음속에 더 오래 남는 것은 인물보다도 그 인물들이 조종한 다양한 전투기들의 모습이다.

인물이 각자 모습이 다르고 성격이 달라서 그 다른 개성으로 서로 어울리며 내용을 채워 나가듯이, 만화 속에 등장하는 전투기들도 선명한 개성을 갖고 있다. 공중전과 지상 공격 모두에 쓸만한 F-4, 공중전 성능은 부족하지만 수직 이착륙이라는 독특한 장기를 갖고 있는 해리어 전투기, 공중전에서 최고의 성능을 가진 제왕으로 무시무시하게 등장하는 Su-27 등등의 전투기들은 모습과 성격이 다른 주요 등장인물이나 다름없다. 그렇다고 〈토이 스토리〉나 〈카〉처럼 전투기들이 말을 하는 세계는 아니지만, 말 없는 기계일 뿐인 전투기들이 모습과 성능과 특징이 다르다는 점 때문에 그 개성들이 서로 충돌하기도 엮이기도 하면서 그럴싸한 이야기를 만들어 낸다. 부족한 성능의 전투기가 좋은 성능의 전투기를 공격하려고 할 때는 마치 덩치가 작은 약자가 거인을 향해 도전하는 듯한 느낌이 난다는 이야기다.

나는 이런 소재가 만화라는 매체의 특성과 잘 맞아떨어져서 더욱더 큰 재미를 줄 수 있었다고 생각한다. 만화에서는 영화나 TV보다 훨씬 더 적은 제작비로 현실에서 쉽게 보기 어려운 장면을 보여 줄 수 있다. 만약《플라잉 타이거》에 나오는 그 많은 전투기들이 그렇게 복잡하게 날아다니며 미사일을 발사하고 건물을 폭파하는 장면들을 모두 다 영화로 표현했다면 〈탑건: 매버릭〉 이상의 굉장한 제작비가 들었을 것이다. 그러나 사람이 손으로 그리는 만화는 훨씬 쉽게 같은 내용을 보여 줄 수 있다. 그러면서도 글로 표현하는 소설과 비교해 보면 만화는 그림이 있어서 시각으로 바로 보여 주기 때문에 더 구체적인 내용을 더 생동감 있게 보여 줄 수 있다.

그렇기 때문에 일상에서 쉽게 볼 수는 없지만 너무나 신기해 보이는 전투기와 그 전투기들의 공중전 같은 소재를 만화라는 형태로 보여 주는 것은 아주 경제적으로 사람의 마음을 사로잡을 수 있는 방법이다. 특히《플라잉 타이거》처럼 경쾌한 모험 이야기 느낌으로 이야기를 풀어 간다면, 이런 여러 가지 구경거리, 전투기라는 첨단 과학 기술이 품고 있는 신기한 모습을 부담 없이 쉽게 받아들이며 즐기기 좋을 것이다.

1990년대 초에 《플라잉 타이거》가 인기를 끌 수 있었던 이유는 다른 쪽에서 보자면, 당시의 역사와 국제 정치 상황과 관련이 있다고 말해 볼 수도 있을 것이다. 1990년 이라크에서 걸프전이 발발하면서 참으로 오래간만에 미군이 대규모 병력을 동원해서 전쟁에 참여하는 일이 벌어졌다. 그 덕택에 순항 미사일, F-114 스텔스 전폭기, 스커드 미사일 잡는 패트리어트 미사일 등등의 최신 첨단 무기들이 전 세계에서 큰 화제가 되었다. CNN 같은 방송사가 "전쟁 중계 방송"이라고 불릴 정도로 걸프전의 양상을 세세하게 보도하면서, 다양한 무기에 대한 관심이 갑자기 급격히 증가했던 기억이 난다.

바로 그런 분위기 속에서 《플라잉 타이거》 속에 등장하는 여러 가지 전투기에 관한 기술적인 이야기, 공중전에 대한 지식이 더 주목받을 수 있었다고 생각해 볼 수 있지 않을까? 동시에 《플라잉 타이거》의 작가들이 만화를 만들어내기 위해 필요한 여러 전투기에 관한 자료를 구하는 데에도 그러한 1990년 전후의 상황이 도움이 되었을 거라는 짐작도 해 본다.

아쉬운 점이라면 분명 연재 당시에는 상당한 인기를 누렸던 만화인데도 지금은 그에 대한 자료를 찾기가 어렵다는 사실이다. 그다지 언급되는 일도 많지 않다. 인터넷에서 자료를 찾아봐도 훨씬 더 오래된 외국 만화인《에어리어 88》보다 오히려《플라잉 타이거》에 대한 자료가 더욱 적은 것 같다. 어릴 때 심심풀이 삼아 보던 만화라고 그냥 넘어갈 수도 있겠지만, 분명 한 세대의 정서에 영향을 미친 예술이며 그 시대를 잘 나타내는 자료인 만큼, 지금보다는 좀 더 좋은 평가로 더 많은 관심을 받아도 될 만한 만화가 아닌가 생각해 본다.

__이연__의
인생 만화

이연 96만 콘텐츠 크리에이터, 《매일을 헤엄치는 법》 작가

죽기 전에 반드시 봐야 하는 만화
《진격의 거인》

친구들은 나를 배신자라고 했다. 내가 〈해리 포터〉 시리즈를 겨우 세 편밖에 보지 않았기 때문이다. 생긴 건 콘텐츠 덕후처럼 생겼으면서 왜 안 봤냐고 나무랐다. 그보다는 〈반지의 제왕〉이 조금 더 나의 취향이었고(세 편만 보면 되기 때문), 중학생 때 만화 동아리 활동을 하면서도 친구들과 대화하기 위해 억지로 만화를 봤던 기억이 난다. 그렇다고 만화 자체를 싫어하는 건 아니다. 다만 크게 끌리거나, 깊이 좋아한 적이 거의 없었다. 만화 캐릭터를 그리긴 하지만 정작 만화는 잘 안 보는 애, 그게 나였다.

한때 인스타그램 릴스에서 《라이징 임팩트》라는 만화의 한 장면을 본 적이 있다. 뭐라 표현해야 할까? 허황되다 못해 황당하기까지 했다. 갑자기 가만히 있던 골프공이 자리에서 회전하며 비탈길을 거슬러 올라가 홀을 향하는 장면이었다. 세상의 모든 물리학 법칙을 무시하는 억지가 웃겨서 짝꿍과 함께 그 만화를 보기 시작했다. 처음엔 재미로 봤지만, 나중에는 더 이상 몰입되지 않아 둘 다 중도에 하차했다. 찾아보니 출간된 지 아주 오래된 고전 명작인 듯한데, 내 취향에는 맞지 않아 아쉬웠다.

어느 날, 평소처럼 넷플릭스를 켰다. 뭘 봐야 할까? 이제는 만화에 큰 흥미를 잃은 시시한 어른이 된 것 같아 서글펐다. 그래도 예전엔 뭐라도 좀 봤던 것 같은데, 지금은 웹툰조차 안 본다. 넷플릭스에서 나를 이끄는 콘텐츠는 뇌, 돈, 음식에 대한 다큐멘터리뿐이다. 이런 내가 봐도 재미있을 만한 심오한 만화가 없을까 생각해봤다. 화면을 스크롤하다가 발견한 만화는 바로 《진격의 거인》. 만화를 좋아하는 주변 지인들이 항상 극찬하는 작품 중 하나였다. 몇몇 장면이 징그럽다고는 하는데, 너무 잔인하지만 않으면 웬만한 장면은 견딜 수 있을 것 같았다. 그렇게 짝꿍에게 정말 아무 뜻 없이 《진격의 거인》을 보자고 했다. 나는 그날의 따분했던 내 기분을, 나를 더 재미있는 만화로 이끌어 준 《라이징 임팩트》를, 무의식적으로 "진격의 거인은 명작"이라고 알려준 지인들을, 이런 만화를 탄생시킨 작가까지, 이 모든 것에 대해 전부 감사하게 생각한다. 처음으로 '인생 만화'라 불릴 만한 콘텐츠를 마주한 순간이었으니까.

《진격의 거인》을 보면, 첫 화부터 주인공의 어머니가 거인에게 잡아먹히는 장면이 나온다. 나는 거인이 이렇게 빨리 나올 줄 몰랐고, 생각보다 더 커서 또 놀랐다(나중에 알고 보니, 그 거인은 초대형 거인이라 불리는 존재였다). 왜 모든 콘텐츠에서 1화가 가장 중요한지 알 것 같았다. 첫 화가 재미있어야 그 기대감으로 콘텐츠를 계속 소비할 수 있으니 말이다. 지루함을 견뎌야 하는 고진감래형 작품은 보기 어렵다. 크리에이터로서 생각해 보면, 유튜브 콘텐츠도 다르지 않다. 초반 10초가 흥미로워야 시청자가 시청을 지속한다. 그런 면에서 《진격의 거인》은 스토리를 전개하는 방식 또한 탁월하여 첫 화만에 감탄을 자아냈다. 일단 한 편만 보시라. 그러면 《진격의 거인》을 보기 전 느꼈던 부담감이 싹 사라지고, 자연스럽게 이야기에 몰입하게 될 것이다.

그러나 나는 참을성이 없는 사람이다. 보다 보니 답답해졌다. 우선 첫 번째, 대체 거인은 어떤 존재이며 왜 사람을 잡아먹는 걸까? 너무 이유 없이 죄만 저지르는 악당처럼 보여서 이해가 되지 않았다. 그리고 두 번째, 왜 다들 위험한 벽 바깥의 삶을 동경하는 걸까? 《진격의 거인》의 세계관에서는 세 개의 큰 성벽이 등장한다. 거인은 5미터 언저리의 체급이기 때문에 50미터가 넘는 벽을 넘지 못한다. 그러니 벽만 잘 지키면 안전하게 살 수 있는데, 주인공과 그의 친구들은 항상 벽 밖을 꿈꾸고 거인과 맞서려 한다. 그것도 이해되지 않는 부분이었다. 그냥 벽을 잘 보수하거나, 지하실에 잘 숨으면 되는 것 아닌가?

《진격의 거인》을 전부 본 사람 입장에서는 '그래, 답답할 수 있지. 하지만 안 본 눈 삽니다…. 아무것도 모르던 때의 내가 그립다….' 할 내용인데(지금의 내가 그렇다), 나는 그 감사함을 모르고 또다시 하차를 결심했다. 짝꿍에게 나는 그냥 요약본으로 몰아 보기를 할 테니 혼자 보고 싶은 속도로 보라고 말했다. 짝꿍은 나와 달리 만화를 놀랄 만큼 잘 보는 사람이다. 그냥 2~3일만 주면 어떤 작품이든 완결까지 금세 본다. 그래서 그가 신나게 2배속으로 정주행하는 동안(경고: 《진격의 거인》은 반드시 정속도로 봐야 함), 나는 유튜브에 올라온 요약본 영상을 켰다.

요약본 영상의 시작점부터 충격에 휩싸였다. 지금 이

글을 쓰면서도 어디까지 말해야 스포일러가 아닐지 조심스럽다. 우선,《진격의 거인》을 안 본 사람이라면 지금 이 책을 덮고 당장 넷플릭스로 달려가 1편부터 보라고 권하고 싶다. 중요한 스포일러일 수도 있고 이미 다들 아는 사실일 수도 있는 내용을 말하자면, 내가 요약본 영상에서 처음 알게 된 사실은 '거인이 사실 인간이라는 것'이다. 이 정도의 사실을 알고 만화를 보는 것도 나쁘지 않겠다. 그러면 대체 왜 인간이 인간에게 그렇게 무자비한지 더 궁금해지기 시작하니까.

하여튼, 나는 이 사실을 알자마자 그다음 요약본은 보면 안 되겠다고 생각해 영상을 바로 껐다. 이건 보통의 이야기가 아니다. 인간에 대한 우화라니. 이런 대서사를 감히 요약해서 보려 했던 오만함을 접고, 다시 짝꿍에게 말했다. "상수야, 안 되겠어. 제일 추천 수 많은 댓글에, '제발《진격의 거인》을 안 본 사람이라면 이 요약본을 보지 말고, 그 자체로 만화를 즐겨 달라'는 간곡한 부탁이 있었어. 나 다시 정주행할래."

짝꿍은 김이 샜다. 그는 이미 나보다 10화나 앞서 있었기 때문이다. 하지만 이내 나와 함께 내가 보는 분량부터 정주행을 다시 시작했다. 그러고 나서 말했다. "아, 이 만화

(출처: 《진격의 거인》 포스터, 아라키 테츠로 감독, 2013년)

는 배속으로 보면 안 되는 만화구나. 다시 보니까 너무 많은 장면이 보여."

그래서 나는 지금 《진격의 거인》을 아직 보지 않은 당신이 꼭 지켜야 할 감상 방법에 대해 이야기하고 싶다. 보통 다른 만화를 볼 때는 특별한 감상 방법을 따로 생각하지 않고 그냥 보면 된다. 하지만 《진격의 거인》은 다음의 지침을 꼭 따르길 권장한다.

1 되도록 큰 화면으로, 집중할 수 있는 환경에서 감상할 것.

2 궁금해도 절대 나무위키나 유튜브를 찾아보지 말 것. 어차피 다 알게 된다.

3 절대 배속으로 보지 말고, 장면 하나하나를 음미할 것.

현재 이 글은 《진격의 거인》을 아직 보지 못한, 가엾지만 동시에 부러운 사람들을 위해 쓰고 있다. 이미 너무 유명한 만화이기에 다 본 사람들과 나누고 싶은 이야기는 그다음에 다루기로 하고, 나처럼 만화는 유치하다는 편견을 가진 사람들에게 특히 이 만화를 권하고 싶다. 이미 멋쟁이들은 《진격의 거인》을 다 봤겠지만, 그때의 나처럼 아직 보지 못한 사람들에게 왜 《진격의 거인》을 봐야 하는지 이유를 말하자면 다음과 같다.

1. 비현실적인 소재로 현실을 비유하는 탁월함

6년간 유튜브 콘텐츠를 만들며 느낀 것은, 전하고자 하는 이야기가 있을 때 그것을 있는 그대로 말하기보다는 사람들의 이해를 돕는 형태로 다듬는 것이 필요하다는 점이다. 요리를 하는 것과 비슷하다. 날것의 식재료를 그대로 내놓기보다 그것을 씻고, 다듬고, 조리해야 더 맛있는 요리가 되는 것처럼, 메시지도 날것으로 전달하면 소화하기 어렵거나 거부감이 들 수 있다. 《진격의 거인》의 주제를 있는 그대로 전했다면, 마치 덜 익은 요리를 먹는 것처럼 딱딱했을 것이다. 예를 들어, 이런 문장을 생각해보자.

'일본은 일제 강점기 때 조선인에게 만행을 저질렀다. 고로 일본은 용서받지 못할 존재이다. 그러므로 남은 일본 후손은 전부 다 벌을 받거나, 없어져야 한다.'

다소 격한 의견처럼 느껴질 수 있지만, 이 같은 말을 우리는 주변에서 흔히 볼 수 있다. 나는 특히 난카이 지진 예보와 관련된 기사 댓글에서 많이 발견했다. 일본의 자연재해에 대한 기사에는 늘 '죄를 지었으니 벌을 받는 것이고, 더 큰 벌을 받아야 한다'는 식의 댓글이 항상 달려 있다. 《진격의 거인》에서도 비슷한 이야기가 나온다. 거인을 만들어 세계를 멸망에 빠뜨릴 뻔한 에르디아인이 있다. 전사는 세계 평화를 위해 에르디아인을 없애려 한다. 그런 갈등 상황에서 한 아이가 말한다.

> "그 당시에 우리 부모님은 태어나지도 않았어. 그런데 거인에게 잡아먹혔지. 어머니는 그냥 평범한 농부였어. 대

체 너희가 보기에 무슨 잘못을 한 거야?"

이에 대해 조상이 무슨 잘못을 했는지 설명하는 일은 크게 도움이 되지 않는다고 작가는 말하고 있다. 그렇게 해 봤자 끝없는 복수만 낳을 뿐이며, 한쪽이 완전히 사라진다 해도 복수는 끝나지 않는다. 그렇다면 우리가 해야 하는 것은 미워하는 일일까, 아니면 이 굴레를 끊을 생각을 하는 일일까? 냉혹하게도, 《진격의 거인》은 인간 세상에서 이러한 굴레가 끊이지 않고 반복된다는 사실까지 꼬집는다.

이 모든 이야기를 알고 다시 한번 보면, 거인으로 묘사된 끔찍한 인간이 나중에는 너무도 처량해 보인다. 만약 단순히 인간들의 이야기로 그렸다면, 이미 역사에서 많이 다뤄진 내용이라 진부하다고 생각했을지도 모른다. 하지만 거인과 인간의 대비를 통해 이야기에 몰입하게 만들고, 결국 그 둘이 다르지 않은 존재임을 알게 되면, 곧 우리가 미워했던 대상에 대해 달리 바라보는 시각이 생긴다.

2. 다양한 캐릭터 속에서 발견할 수 있는 우리의 얼굴

나는 주인공이 꼭 주인공답지 않을수록 이야기가 더 현실적이라고 생각하는 편이다. 대부분의 콘텐츠에서 주인공은 언제나 정의롭고, 중요한 순간에 힘을 발휘하며, 사랑으로 모든 것을 극복한다. 하지만《진격의 거인》은 그런 공식을 따르지 않는다. 남성 주인공이 여성 캐릭터보다 힘이 약해 보호를 받기도 하고, 어린 나이에 갑작스럽게 살인을 저지르기도 한다. 내가《진격의 거인》을 좋아하는 이유는, 캐릭터들이 억지스러운 설정이 아니라 모두 그럴 만한 이유가 있는 행동을 한다는 점이다. 각 캐릭터마다 그렇게 행동할 수밖에 없었던 저마다의 사연이 묘사되어 있다. 보다 보면 하나쯤은 나 자신을 닮은 캐릭터를 찾을 수 있을 것이다.

착한 아이 증후군에 시달리는 크리스타를 보며, 그와 닮은 나의 친구 하나를 떠올렸다. 항상 친절하고 기도를 열심히 하던 친구다. 학창 시절 내내 늘 반장이었고, 친구들과 어른들의 신뢰를 받았다. 그랬던 모범생이 대학에 입학하더니 시력에 가까운 학점을 맞아 돌아왔다. 단순히 시험이 망한 게 아니라, 이제는 더 이상 칭찬받기 위해 좋아하지 않는 일에 애쓰고 싶지 않아서 그랬던 것처럼 보인다. 지금은 서른이 넘었지만 해외로 워킹 홀리데이를 떠나 자신이 하고 싶은 일을 하며 자유롭게 살고 있다. 이렇듯《진격의 거인》속 캐릭터들을 보며 나, 혹은 내 친구들의 모습을 찾아볼 수 있다. 사랑의 형태도 다양하게 묘사된다. 비록 벽에 갇힌 현실이지만, 고유의 개성만큼은 어디에도 얽매이지 않은 캐릭터들이 이 이야기에 더욱 몰입하게 만든다.

3. 절망 속에서 희망을 찾는 과정

《진격의 거인》은 전체적으로 절망적인 상황이 이야기를 주도하지만, 동시에 그 안에서 실낱같은 희망을 찾아가는 과정이 끊임없이 등장한다. 1화에는 벽 안에서 살며 바깥 세상을 꿈꾸는 소년들의 이야기가 나온다. 이 세계에서는 바깥을 궁금해하는 것이 금기일 뿐이다. 이 상황이 마치 퇴사를 꿈꾸던 내 모습과 겹쳐져 많은 생각이 들었다. 그때는 회사 밖은 정글이고, 회사가 가장 안전하다는 이야기를 많이 들었다.《진격의 거인》속 세계로 비춰 보았을 때, 세상은 내가 나와서 바라본 것과 거의 비슷했다. 다만 그 사이에 벽이 있었을 뿐, 그 밖도 똑같이 사람이 사는 세상일 뿐이었다. 둘러싸인 벽 때문에 땅이 부족해지기도 하고, 오히려 면역이 약해져서 더 위험해지기도 한다. 모두가 안전하다고 여기는 벽을 벗어나고자 하는 캐릭터들을 보며, 나 또한 나의 세계에서 어떤 벽을 넘어야 할지 고민하게 된다.

그 외에도, 각 인물은 자신이 처한 상황 속에서 매번 실낱같은 희망을 찾는다. 나는 이러한 비유가 《진격의 거인》의 장면 곳곳에 피어 있는 꽃들에 숨어 있다고 생각했다. 무언가를 간신히 해냈을 때나, 어려움을 마주할 때마다 매번 꽃을 볼 수 있다. 처음엔 저 꽃에 어떤 복선이 있는지 궁금했지만, 지금은 이렇게 생각한다. 어떤 상황에서도 아주 작은 희망이 있다는 것. 《진격의 거인》에서는 거의 모든 상황이 희망을 내려놓고 싶을 정도로 절망적으로 묘사되어 있다. 그럼에도 불구하고 한 줄기 희망을 붙잡고 대서사는 이어진다. 나는 그 희망이 '시조 유미르가 있는 좌표에 모인다'고 믿고 있다(이 문장은 만화를 본 사람만 이해할 수 있을 것이다).

두 번 볼 때가 '진짜'인 만화

이 대단한 만화에 대해 이렇게 글을 쓸 수 있어서 기쁘다. 지금은 《진격의 거인》을 다시 처음부터 정주행하는 중이다. 처음에는 다 보고 난 후 헛헛함을 감출 수 없었지만, 다시 보니 처음엔 발견할 수 없었던 디테일들을 찾아볼 수 있어 매 화마다 새롭게 감동하고 있다. 감히 이렇게 말하고 싶다. 《진격의 거인》은 두 번 볼 때가 진짜라고. '죽기 전까지 꼭 봐야 하는 콘텐츠 같은 건 없다'고 생각했던 나지만, 딱 한 가지만 추천해야 한다면 바로 이 만화다. 일단 한 편만 보고 나면 그다음은 순탄할 것이다. 몇 번의 고난의 순간이 있더라도 절대로 포기하지 말고 끝까지 보길 권한다. 삶을 어떻게 살아야 하는지 고민하는 이들에게 더 넓은 시각으로 인생을 바라보게 해준다. 모든 회차를 보고 나면, 《진격의 거인》이 우리에게 던진 질문들에 대한 답을 스스로 찾아가게 될 것이다.

아무것도 버릴 수 없는 사람은 아무것도 바꿀 수 없다

《진격의 거인》

이 시대에 잘 먹히는 콘텐츠의 미덕은 사람들의 시간과 생각을 빼앗는 것이다. 나는 그 점이 못미더웠다. 예전에는 어떤 작품을 감상하면 고유의 느낌이 남았는데, 요즘은 주입된 생각만이 뇌 속에서 자리를 잡지 못한 채, 매 순간 머물렀다가 순식간에 휘발되고 만다. 유튜브 콘텐츠 제작자로서도 항상 고민이 되는 부분이다. 질문을 던지는 콘텐츠보다 답을 내려주는 콘텐츠가 항상 인기가 많다. 한 친구가 3개월간 병원에 입원해 침대에서 콘텐츠만 보던 시절이 있었는데, 그 친구가 내게 해준 말이 생각난다. "사람들은 말이야, 정해주는 것을 좋아해. 그게 내가 내린 결론이야." 그 이후로 친구는 각성이라도 한 듯, 사람들에게 사랑받는 콘텐츠를 찍어내고 있다.

그래서일까, 나는 요즘 콘텐츠를 만드는 일이 영 재미가 없다. 그냥 잘하게 되고 익숙해져서 재미가 없나 싶었는데, 그렇다고 하기엔 만족할 만큼 잘하지도 못해서 이 이유는 아닌 것 같다. 사람들이 좋아하는 주제는 뻔히 정해져 있고, 그렇기에 똑같은 이야기를 반복해야 한다. 최근에는 음성 파일을 녹음하고 제목을 저장하다가 '동일한 제목의 파일이 있습니다.'라며 저장이 거부된 적이 있었다. 나름 새롭게 만들었다고 생각했는데, 토씨 하나 틀리지 않고 같은 제목의 콘텐츠를 만든 것이다. 창작자라면 누구나 나와 비슷한 고민을 한 번쯤 해봤을 것 같다. 사람들이 좋아하는 것과 내가 좋아하는 것의 균형을 맞추다가 어느 순간부터는 전자 쪽에 쏠리게 된다. 그러다 보면 할 수 있는 것이 제한된다. 그저 동어 반복을 답습할 뿐이다. 이 틀을 깨는 방법이 무엇일까?

나는 그것이 이야기라고 여긴다. 사실 세상의 모든 것이 반복되고, 뻔한 것은 사실이다. 하지만 그것을 새롭게 만들어주는 건 각자의 고유한 이야기, 한 편의 소설이라고 본다. 고전 소설이 지금까지 사랑받는 이유도 지금의 인류가 그때와 다르지 않게 살아가고 있기 때문이다. 이것 또한 창작에 대한 하나의 원칙이기도 한데, 사람들은 익숙한 듯 새로운 것을 좋아한다. 대체 무엇을 익숙하게 하고, 무엇을 새롭게 할 것인가? 주제를 익숙하게 하고, 형식을 새롭게 하면 된다(물론 반대의 경우도 가능하다). 《진격의 거인》의 탁월함은 여기에 있다. 우리 모두가 한 번쯤은 들어봤을 법한 이야기를, 새로운 상황과 인물의 이야기로 풀어낸다. 이 과정을 아름답다고 느꼈던 이유는, 한순간도 주입하지 않고 그저 멀리서 질문을 던진다는 점이다. 결론이 아니라 질문과 주제만 남는 작품은 보고 나서도 여운이 오래 남는다. 그렇게 내게 맴돌던 주제들에 대해 이야기해 보려 한다.

1. 아무것도 버릴 수 없는 사람은 아무것도 바꿀 수 없다

초반에 등장한 갑옷 거인과 초대형 거인을 제외하고, 에렌이 가장 먼저 싸운 아홉 거인 중 하나는 여성형 거인이다. 이 전투 신을 보며 답답함을 많이 느꼈다. 아무리 일반적인 만화가 아니라지만, 주인공이 이렇게 속수무책이라니. 게다가 거인이 조사병단의 와이어를 하나 잡고는 아무렇지 않게 쥐불놀이를 하듯 내던지는 장면을 보면, 나도 저기에 있었으면 쥐불놀이 감이었겠지 싶어 무력감이 치솟는다. 지는 것도 적당히 져야 재밌는데, 몇 편에 걸쳐 계속 지기만 하니 시청자인 나보다 당사자인 에렌은 얼마나 더 답답했을까. 결국 돌무더기에 파묻혀, 가슴에 건물 구조물이 꽂힌 채 쓰러져 있는 에렌에게 아르민이 이렇게 말한다.

"에렌, 전에 장에게 이런 말을 한 적이 있어. 아무것도 버릴 수 없는 사람은 아무것도 바꿀 수 없다고. 괴물을 능가하기 위해서 필요하면 인간성마저 버리는 것. 애니는 그게 가능한 거야. 이유가 뭔지는 모르겠지만 결국에는… 그게 가능한 자가 이긴다!"

그다음, 에렌의 독백이 이어진다.

"옳은지 어떤지 고민할 시간이 없다. 움직여라. 나만 깨끗한 척할 생각 마라. 그래, 이 세계는 잔혹하다."

무언가를 해내기 위해서는 어느 정도 잔인해질 필요가 있다. 그것이 건강이든, 동정심이든, 인간관계든, 인간성과 같은 소중한 것을 버려야 하는 순간이 반드시 온다는 뜻이다. 실제로 이 이야기는 만화뿐만 아니라 일상에서도 통용될 수 있는 비유라는 생각이 들었다. 단순한 노력과 희망만으로는 탁월하기 어렵다. 특히 희망이 종종 걸림돌이 되기도 한다. '냅두면 알아서 되겠지.' 하고 있다 보면, 자연스럽게 도태되는 자신을 발견하게 된다.

나는 무엇을 포기한 적이 있는가? 물론 에렌처럼 강한 의지로 인간성을 버린 순간은 없었지만, 나름대로 내가 포기한 것들이 떠올랐다. 그중 하나가 자존심이었다. 친구가 인스타그램에 많은 팔로워를 모으고, 책을 출간하며, 전시도 열었는데 나는 그를 인정하지 않았다. 알량한 자존심 때문이었다. 그러다 어느 순간 내가 그보다 못하다는 사실을 인정했다. 왜냐하면 그를 평가하려면 나도 그와 비슷한 일을 할 줄 알아야 하는데, 전혀 그렇지 못한 처지라는 걸 깨달았기 때문이다. 그 후로는 타인의 성취에 대해 말하려면 나도 최소한의 경험을 해봐야 한다는 생각을 했다. 그렇게 '이연'이라는 이름을 짓고, 브랜딩을 한 다음 지금의 유튜브 채널을 만든 것이다. 지금의 나를 보고, 이전의 나처럼 평가하는 댓글들을 마주한다. 그럴 때마다, 평가할 시간에 부러움과 질투를 내려놓고 직접 행동하는 게 더 도움이 된다는 걸 깨닫기란 참 어려운 일이구나 싶다.

또한 나 자신이면서 동시에 나의 일부였던 것을 포기하기도 했다. 그것은 디자이너로 일하면서 배운 덕목이었다. 십 대 시절 내내 교복을 입고, 입시에 매달리며 나의 개성을 억누르고 남들의 기준에 맞춰 살아왔다. 그러다 미대에 입학하며 나 자신을 찾는 시간을 가졌다. 이것은 단순한 비유가 아니라, 실제로 대학에서 배운 과정이 그러했다. 1학년 때 실기 수업 주제의 대부분이 자화상이었다. 스무 살에 본격적으로 일기를 쓰기 시작하면서 처음으로 자아에 대한 깊이를 키웠는데, 막상 취업 후 겪은 사회생활은 너무 나 자신이면 안 된다는 사실을 배우는 과정이었다. 이전에는 나다운 것이 가장 좋은 것이라고 생각했지만, 그렇게 나다움만 고집해서는 그 누구와도 잘 지낼 수 없다는 것을 깨달았다. 영영 없어지진 않더라도 지저분하게 자라는 손톱과 발톱을 다듬어야 하듯 나의 일부를 어느 정도는 깎아가며 살아야 한다. 나의 일부를 버리거나 양보할 수 있어야 사람들과 잘 지낼 수 있다.

"나만 깨끗한 척할 생각 마라."라는 말에도 뼈아프게 반성했다. 여기에는 정말 많은 통찰이 숨어 있는데, 나는 깨끗함을 유지하려는 마음이 도전하는 데 한계를 만든다고 본다. 이 말을 이해하기 쉽게 치환하자면, 어떤 면에서는 '고고함'이라고 할 수 있을 텐데, 고고한 태도만을 유지한다면 마치 손을 더럽히기 싫어하면 반죽을 제대로 만질 수 없듯, 먼지를 마시는 걸 너무 싫어하면 돌을 깎을 수 없듯, 많은 일에서 주저하게 된다.

콘텐츠를 만드는 일에서도 그렇다. 남들이 다 만드는 흔한 주제를 흔하다고 치부하기만 하면, 오히려 너무 동떨어진 주제로 무언가를 만들게 된다. 부끄러운 고백을 하나 하자면, 틱톡커를 크리에이터로서 인정하지 않던 시절이 있었다. 크게 내용이 없는 콘텐츠라고 생각했고, 그 안에서 가치를 찾기 어렵다고 여겼기 때문이다. 하지만 지금은 이전보다 콘텐츠의 범위를 넓게 본다. 실용성의 유무와는 별개로 사람들에게 기쁨을 줄 수 있고, 사람들이 시간을 쓰게 만드는 무언가라면 전부 콘텐츠라고 여긴다.

유튜브에서 주최한 지역 모임에서 500만 팔로워를 가진 쇼츠 크리에이터의 이야기를 들으며 나의 편견이 깨졌다. 그는 이렇게 말했다. "사람들은 원초적으로 좋아하는 것을 찾는다."고. "사람들이 좋아하는 것은 거의 비슷하다."

고. 나는 그것을 외면하고 내가 좋아하는 것만 만들려고 했다. 내 고집을 어느 정도 꺾어야 볼 수 있는 것들이 있다. 내 생각과 사람들의 생각이 다르다는 점이다.

여전히 내가 고집스럽게 붙들고 있는 것들이 무엇인지 스스로 다시 한번 살펴보게 된다. 무언가가 잘 안 풀릴 때, 나는 아르민의 대사를 다시 한번 떠올리곤 한다.

"괴물을 능가하기 위해서 필요하면 인간성마저 버리는 것. 애니는 그게 가능한 거야. 이유가 뭔지는 모르겠지만 결국에는… 그게 가능한 자가 이긴다!"

(출처: 《진격의 거인》 중에서, 아라키 테츠로 감독, 2013년)

2. 인간과 괴물의 경계

이 만화를 보며 가장 혼란스러웠던 주제는 바로 인간과 괴물 사이에는 뚜렷한 경계가 없다는 점이었다. 하지만 인간은 항상 자신과 반대되는 대상을 괴물이라고 부른다. 어찌 보면 바퀴벌레도 억울하지 않을까? 그저 먹고살기 위해 움직이는 것뿐인데 그 움직임을 끔찍하게 생각하니 말이다. 이 주제를 혼란스럽게 생각한 걸 보면, 나 역시 나와 반대되는 사람을 괴물이라고 보는 시선이 없지는 않은 듯하다. 그러나 그 시선을 벗어던질 수 있다면 우리는 괴물이 있는 세상이 아닌 괴물이 없는 세상을 살아갈 수 있을 것이다. 물론 여전히 괴물처럼 느껴지는 것들이 항상 등장하지만 말이다.

처음에 거인의 정체를 모를 때는 《진격의 거인》이 단순한 판타지 만화라고 생각했다. 나중에 인간이 거인이 된다는 사실에 충격을 받았고, 더 나아가 모두가 같은 일족이라는 사실을 알고 난 후에는 이 만화가 판타지가 아니라 세상에 대한 현실적인 비유라는 걸 깨달았다. 인간과 괴물이 따로 있는 게 아니라, 우리가 괴물이라고 손가락질하는 대상이 괴물이 된다는 것이다. 지금 우리나라는 전쟁을 하고 있지 않지만, 나는 겉으로 보이는 평화 속에도 언제나 크고 작은 전쟁이 들끓고 있다고 본다.

그중 하나가 성별 갈등이다. 지금 이십 대 여성들은 믿기 어려울 수도 있지만, 내가 이십 대 초반이었을 때 여초 커뮤니티에서 가장 유행했던 콘텐츠는 남성에게 잘 보이는 방법과 화장법이었다. 그러다 강남역 살인 사건을 계기로 온라인 커뮤니티의 여론이 180도 바뀌었다. 이후 비혼, 주체적인 여성, 독립, 남혐에 대한 콘텐츠가 인기를 끌었다. 모든 콘텐츠를 단순한 소비자로서 경험해본 바, 각 콘텐츠마다 탄생 배경과 타당성이 있었다. 하지만 결국에는 서로를 헐뜯는 현상이 생겨났다.

비혼과 결혼을 현실에서는 각자의 선택이라 말하지만, 온라인에서는 항상 갈등을 빚는 주제가 된다. 나 역시 '비혼주의였다가 결혼을 하게 된 결심'이라는 콘텐츠를 만들었다가 "그렇게 신념을 쉽게 바꿀 거면서 왜 비혼이라는 단어를 쉽게 사용했냐?"는 비난을 받았다. 요즘 세상은 검열이 더욱 촘촘해졌다. 사상이나 신념을 선택하거나 바꿀 자유가 쉬이 허락되지 않는다. 나와 다른 신념을 가진 사람을 두고 "멀리 안 나갑니다. 이제 구독 취소합니다."라며 떠나간다. 나는 이런 현상을 바라보며 항상 씁쓸한 마음이

들었다.

    같은 성별 내에서도 다른 이념을 가졌다는 이유로 서로를 비난한다. 《진격의 거인》에서도 결국 모두가 같은 에르디아인이었음에도 서로를 죽였듯, 우리가 칼을 겨누는 대상이 사실은 같은 편일 수도 있다. 그것을 깨닫지 못하면 끝없이 동료를 죽이게 된다. 내가 가장 싫어하는 단어 중 하나가 '여적여'인데, '여자의 적은 여자'라는 의미다. 그 말이 이미 서로 잘 지내고 있는 여성들을 수없이 갈라놓았다고 생각한다.

    《진격의 거인》에서도 에르디아인을 많이 죽일수록 명예 마레인이 될 수 있다. 결국 그것이 누구를 위한 것인지 알 수 없다. 마레인이 되는 삶이 최종 목표는 아닐 것이다. 에르디아의 권위를 위해 에르디아인을 많이 죽여야 하는 처지가 참담했다. 이 이야기가 아프게 다가온 이유는, 우리 또한 그런 식의 경쟁과 혐오를 강요받았기 때문이 아닐까? 친구를 이겨야 등수가 올라가고, 고향을 떠나 서울의 대학에 가야 부모님의 자랑이 되고, 회사를 위해 헌신해야 승진을 하는 세상. 개인의 자유와 선택, 존엄이 보장되지 않는 현실과 이 만화가 많이 닮아 있다.

여전히 할 말이 많은 작품

글을 쓰고 있는 내게 짝꿍이 와서 이렇게 말한다. "그래도 《진격의 거인》 보니까 쓸 말이 많아서 좋지?" 나는 고개를 저었다. 내가 감히 이 만화에 대해 말할 수 있을까 고민하며 쓰고 있었기 때문이다. 그럼에도 불구하고, 여전히 할 말이 많다. 다음 편에서는 '신은 왜 인간을 위하지 않는가?', '자유란 무엇인가?'에 대해 이야기해보려 한다. 너무도 장엄한 주제들에 괜히 긴장되지만, 이 만화는 감상하는 것만큼이나 이에 대해 해석하는 재미도 크다. 《진격의 거인》을 하나하나 소중히 되짚어볼 수 있게 지면을 허락해준 포스타입에 깊은 감사를 전하며, 이번 글은 여기에서 마무리한다.

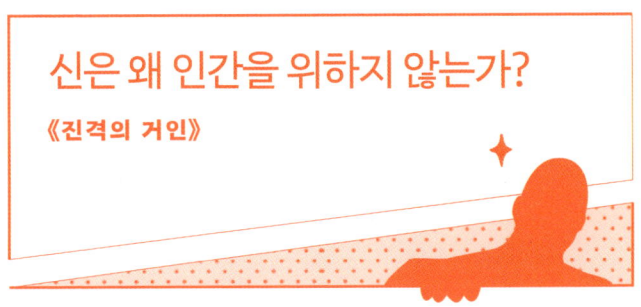

신은 왜 인간을 위하지 않는가?
《진격의 거인》

처음 시리즈를 연재하기로 했을 때는 한 만화씩 세 편을 쓰겠다고 다짐했다. 그런데 정신을 차려보니 《진격의 거인》으로만 세 편의 글을 쓰고 있는 덕후 같은 나의 모습을 발견한다. 남몰래 뿌듯한 기분이 든다. 한 만화에 이렇게 열광해본 게 너무나 오랜만이라서 그렇다. 동시에 《진격의 거인》은 사람들이 〈프렌즈〉나 〈무한도전〉을 켜두고 매일 보듯, 그렇게 가볍고 재미있는 내용은 아니지만 생각날 때마다 정주행하며 마르고 닳도록 볼 만한 작품이라는 생각이 든다. 저번 글에 이어 또다시 심장을 바치며, 《진격의 거인》 속 주제 의식에 대한 이야기를 이어나가려 한다.

3. 신은 왜 인간을 위하지 않는가

종종 신에 대해 생각한다. 혼자 내린 나름의 결론부터 말하자면, 나는 세계를 이루는 모든 것이 신이라고 생각한다. 고로 나 또한 신의 일부인 것이다. 특히 인공물보다는 자연물에 영혼이 더 깊이 깃든다고 보는데, 이번 여름 몽골 여행을 다녀오면서 몽골 사람들은 자연을 부모처럼 여긴다는 말에 고개를 끄덕였다. 나는 죽어서 흙이 된다는 사실이 좋다. 내가 자연에서 온 존재이고, 자연으로 돌아갈 존재임을 증명해주는 것 같아서 그렇다.

그래서 나는 자연의 법칙이 신의 법칙이라고 생각한다. 자연의 법칙은 우리가 바라는 것처럼 아름답거나 정의롭지 않다. 약육강식의 세계이기에 억울한 죽음이 많고, 강한 자만이 살아남는다. 그렇기에 절대자가 인간을 이끄는 것이 아니라, 인간이 신의 일부로서 세계를 이끌어 간다고 생각한다. 나는 인간을 위한 절대자가 존재한다면 세상이 이런 모습일 수 없다고 본다. 우리가 외면해서 보지 못했던 현실을 《진격의 거인》은 사실적으로 그려낸다. 그중 하나가, 아이들이 죽는 장면이 많이 나오는 것이다. 그때마다 인물들은 절규한다. 제발 우리 아이만 살게 해달라고. 사람들이 어린아이를 구하기 위해 서로의 머리를 넘어서고 아이가 절벽으로 떨어지지 않도록 살려내는 희망적인 장면도 나오긴 한다. 하지만 결국 땅울림으로 인해 그들의 울음이 발자국에 깔려 사라지고 만다.

이토록 희망이 없는 만화는 처음 봤다. 그래서 더욱 현실적으로 와닿았던 것 같다. 실제 삶은 에렌이 말한 것처럼 잔인하니 말이다. 인간을 위하는 일이 다른 인간을 파괴한다는 것과 동의어이기도 하다. 시즌 후반에 가비는 전사의 임무로 사샤를 죽인다. 그 후 생포된 가비는 도망쳐 시골에 있는 한 가족 곁에서 잠시 지낸다. 아이러니하게도 그 가족에 속한 아이들은 거인으로 인해 고아가 된 아이들이었고, 그중 하나인 카야는 사샤가 살린 아이였으며, 어른들은 사샤의 부모였다. 가비가 사샤를 죽였다는 사실을 알게 된 카야는 가비를 죽이려 한다. 그러나 사샤의 부모가 가비를 용서하며 카야의 칼을 거두게 한다. 그 장면을 보고 많은 생각이 들었다. 내 자식을 죽인 소녀를 나라면 용서할 수 있었을까. 하지만 그 소녀를 죽인다고 해서 증오의 사슬이 끊어지지 않는다는 진실을 그들은 알았던 것 같다. 오히려 아이에게 증오를 심어준 어른들을 탓해야 할 일이다.

스스로를 신이라 생각하고, 세상에 있는 모든 존재를 신이라 생각하면 서로를 존중할 수밖에 없게 된다. 하지만 서로를 괴물이라 생각한다면 신은 인간을 위하지 않는 존재가 된다. 나는 자신만이 옳다고 생각하며, 나와 반대되는 사람들을 벌주길 바라는 마음이 이 모순에 있다고 본다. 모두가 신이라는 가정을 하고 바라본다면, 내 마음대로 이루어지지 않는 일에 대해 신을 탓할 수 없다. 받아들이기 힘든 모든 일이 사실은 욕심과 증오가 가득한 우리의 모습, 즉 신의 뜻인 셈이니 말이다.

4. 자유의 노예

에렌은 벽 안에 살고 있지만, 바깥 세상과 자유를 꿈꾼다. 그는 벽 안에 머물며 만족하는 삶을 가축과 다름없다고 거칠게 말한다. 이게 왜 나는 직장인의 삶처럼 느껴졌을까? 모든 직장인이 그렇다는 건 아니지만, 거인과 같은 현실이 두려워 벽 안에 머무는 사람도 분명 있다고 생각하기에 에렌의 말이 깊이 와닿았다. 벽을 넘고자 하는 것도 마음만으로는 불가능하다. 열심히 수련해 병사가 되어야 하고, 그중에서도 조사병단만이 바깥 세상을 볼 수 있다.

부모로부터 독립하는 것과, 회사원에서 개인사업자나 프리랜서가 되는 과정도 이와 비슷하다는 생각이 든다. 물론 캥거루족으로 쭉 살아갈 수도 있다. 하지만 그렇게 부모님의 그늘 아래 있으면 절대 보거나 배울 수 없는 것들이 있다(고추장이 그렇게 비싸다는 걸 독립하고 처음 알았다). 회사도 안정적으로 '그냥' 다닐 수는 있다. 하지만 어느 날 갑자기 초대형 거인이 문을 부수듯, 회사도 위기를 맞이하는 순간이 반드시 온다. 우리 언니가 다니던 회사는 당시 중견 기업이었는데, 산업계의 변화로 갑자기 폐업하게 되었다. 구글도 AI가 등장하면서 많은 사람들을 정리 해고했다. 그렇듯 세상의 모든 벽이 나의 안전을 보장해 주지는 않는다.

어느 정도는 벽 바깥으로 나갈 용기와 맷집을 키워두는 게 좋다. 하지만 벽 밖으로 나서본 사람이라면 다들 알 것이다. 거기서 또 다른 벽을 마주하게 된다는 사실을 말이다. 나 또한 회사라는 벽을 넘어 프리랜서로 살아가며 불안정성이라는 큰 벽을 또다시 만나게 되었다. 어떤 일을 해도 이전에 회사를 다닐 때만큼의 안정성이 보장되지 않는다. 유튜브에서 매달 들어오는 수입이 있지만, 그것도 내가 올리는 콘텐츠 실적에 따라 많으면 300% 성장하고, 적으면 -50%씩 수익이 줄어든다. 그러면 돈에 얽매이고 싶지 않은 마음에도 불구하고 악착같이 돈을 벌고 싶은 마음이 생긴다. 그런 마음으로 독하게 살다가 몇 년 동안은 나도 나쁘지 않은 매출을 이뤘다. 그러나 그때 돈을 벌면서 깨달은 사실은, 돈에도 벽이 있다는 것이었다. 이전에는 한 달에 이만큼만 벌어도 소원이 없겠다고 생각했는데, 막상 그만큼 벌기 위해서는 사무실이나 인건비 등 고정 지출이 많이 필요하다는 걸 알게 되었다. 그리고 나중엔 그 고정 지출이 발목을 잡는 또 다른 벽이 되었다. 삶이란 그렇게 겹겹이 둘러싸인 상자 속에서 일어나는 일들 같다.

에렌 또한 자유를 얻기 위해 조사병단이 되고, 거인이 되고, 마레에 잠입한다. 후에 이 모든 미래를 알고 있는 에렌은 조용히 혼자 읊조린다. "나는 자유의 노예구나." 그 단어를 듣고 또 감탄하고 말았다. 《진격의 거인》이 담고 있는 수많은 주제 의식을 탁월하게 요약한 표현이다. 우리 모두 자유를 찾고자 하는 욕망에서 벗어날 수 없기에, 영원히

(출처: 〈진격의 거인〉 포스터, 하야시 유이치로 감독, 2020~2023년)

자유로울 수 없는 '자유의 노예'라는 것. 참 사람이라는 게 그렇다. 처음엔 갖고 싶었던 것이 나중엔 버리고 싶은 것이 된다. 그렇기에 끊이지 않는 욕망의 굴레에 빠지게 된다. 버리고 싶은 것이 많아지면 또 다른 것을 원하게 되니 말이다.

복수의 사슬을 끊기 위해 복수의 반대편에 있는 용서를 해야 하듯, 자유의 굴레에서 벗어나고 싶다면 주어진 환경이나 한계를 받아들이는 마음이 필요하다. 나는 6년째 아이폰만으로 유튜브 콘텐츠를 찍고 있다. 그런데 그게 오히려 자유롭게 느껴진다. 남들이 다 쓰는 좋은 카메라에 대한 부담도 없고, 언제든 브이로그를 촬영할 수 있으며, 간편하게 맥북으로 에어드롭도 할 수 있기 때문이다. 이렇게 나는 제약 속에서 또 다른 편안함을 얻고 있다. 또 하나의 예로는 단순한 옷장이 있다. 옷장 속의 옷만 입도록 제한해두면 외출할 때 옷을 고르는 선택이 어렵지 않다. 그림을 그릴 때도 자유 주제보다는 좀 더 뾰족하고 좁은 주제가 있을 때 오히려 표현이 쉽기도 했다. 무조건적인 자유만이 반드시 좋은 것이라는 생각도 일종의 편견이라고 생각한다. 그렇다고 벽 바깥 세상을 궁금해하는 어린 날의 아르민을 나무라는 것은 아니다. 다만, 그 밖의 무한한 자유가 반드시 행복을 보장하는 건 아니라는 뜻이다. 마치 내가 예상하지 못했던 프리랜서의 고정 비용처럼 말이다.

5. 역사는 반복된다

이 모든 이야기가 끝난 후, 미래의 파라디 섬은 다른 섬으로부터 침략당해 폐허가 된다. 섬에는 거인의 힘을 가진 나무만 남아 있고, 강아지와 함께 있는 한 소년이 그 나무에

다시 들어간다. 그 장면만으로 또다시 역사가 반복됨을 암시한다. 나는 《하루 24시간 어떻게 살 것인가》(아놀드 베넷 저, 이은순 역, 범우사, 1996년)라는 책을 좋아한다. 이 책은 100년 전에 쓰였지만, 읽다 보면 요즘 나온 신간이라고 해도 무방할 정도로 현대인의 삶을 똑같이 그리고 있다. 바로 이런 대목에서 말이다.

> 나는 평균적 노동자의 대다수가(아무리 그들이 높은 이상을 품고 있다 하더라도) 보통 밤에 귀가할 무렵에는 일에 정력을 몽땅 소진해 버리는 일은 있을 수 없다고 변함없이 믿고 있다. 그들은 생활비를 벌기 위해 힘닿는 데까지 일하는 것이 아니라, 자신의 양심이 찔리지 않는 범위 내에서 최소한의 노력밖에 하지 않으며, 또한 자신의 직업을 재미있다고 생각하기보다는 진절머리를 치고 있다는 확신에도 변함이 없다.

나 또한 고백하자면, 회사를 다니던 시절 업무를 할 때 힘닿는 데까지 최선을 다하지 않았다. 정말로 필요한 만큼의 노력을 했으며, 그 이상을 하는 것은 나를 소모하는 일이라 생각했다. 그래서 항상 시간이 남을 때 다른 일을 찾아서 하기보다는 핀터레스트만 넘기며 일하는 척을 했다. 그렇게 지루함에 부패되고 있었다. 그렇게 진절머리 나던 나날이 나만의 이야기라고 생각했는데, 100년 전에 쓰인 책에 떡하니 쓰여 있는 것을 보며 직장에서의 고통은 1000년, 2000년 전에도 비슷했겠다는 생각이 들었다. 일기를 쓰며 사유를 하면 할수록, 처음엔 자신의 특별함을 발견하지만, 나중에는 스스로가 다른 보통의 인간과 다르지 않다는 것을 깨닫는다.

《진격의 거인》에는 우리의 현실과 닮은 요소들이 많다. 그중 하나가 편견과 차별을 표현하는 방식이다. 대륙에서 에르디아인은 팔뚝에 표식을 차고, 수용 구역에 살며 마레인의 멸시와 억압을 받는다. 이 모습을 보며 게토에 살아야 했던 유대인이 떠올라 마음이 아팠다. 영화 〈사울의 아들〉을 보면, 유대인들을 가스실로 들여보낸 뒤 사체를 처리하는 '존더코만도'가 나온다. 슬프게도 이 역할을 같은 유대인이 맡았다고 한다. 이 모습이 《진격의 거인》 속 명예 마레인이 되기 위해 파라디 섬의 에르디아인을 없애고자 하는 전사의 모습과도 닮았다고 생각했다. 사람들을 억압하고, 그 안에서도 자기들에게 유리한 쪽으로 그들을 세뇌하는 모습은 역사 곳곳에서 발견할 수 있다. 그래서 《진격의 거인》 속 참혹함이 실제 현실에서도 존재하는 장면과 겹쳐져 마음이 아팠다.

미디어에서 정보를 조작하는 모습도 현실과 닮은 점이 많다. 나는 특히 북한이 떠올랐다. 최근 탈북자 인터뷰를 한참 유튜브에서 봤는데, 북한에서 받는 세뇌 교육의 수준이 우리의 상상 이상이라 놀랐다. 자연재해로 수천 명이 죽어도 위원장이 전부 다 살렸다는 식의 말도 안 되는 내용이 보도된다고 한다. 어떤 탈북민은 북한에서는 꽤나 고위층의 자제였기에 북한에만 살면 자기 세대까지는 평생 먹고살 걱정이 없는 입장이었지만, 베이징 유학 중 공항 유리창에서 본 한국 비행기가 너무 크고 번듯해서 충격을 받았다고 한다. 그때 처음으로 자신이 북한과 한국에 대해 잘못 알고 있었음을 깨달았다고 말했다. 이런 일이 꼭 사회주의 국가에서만 일어나는 것은 아니다. 이전의 미디어는 말할 것도 없고, 지금의 유튜브나 인스타그램 같은 SNS에서도 선택적으로 콘텐츠를 내보낸다. 그래서 스스로 현실을 살아가며 정보를 얻고 찾아가는 과정이 중요하다. 에렌과 그의 친구들이 하려던 일이 바로 그런 과정이 아니었을까?

그 밖에도 모든 것을 가리지 않고 없애는 '땅울림'은 자연재해를 닮았다. 또한 전쟁과 권력에 대한 다툼, 종교 갈등 등 우리네 삶에서 볼 수 있는 요소들이 다수 등장한다. 단지 우리의 역사를 오마주한 것이 아니라, 이 모든 일들이 인간이 존재하는 세상이라면 똑같이 반복된다는 게 핵심이다. 그래서 나는 《진격의 거인》을 보며 다시금 고전 문학을 읽어야겠다고 생각했다. 그리고 《진격의 거인》 또한 훌륭한 고전으로 남기에 충분하다고 본다.

다시 《진격의 거인》을 보러 가자

근 한 달을 《진격의 거인》을 감상하며 황홀하게 보냈고, 남은 한 주를 이 글들을 쓰며 다시 작품을 기쁘게 곱씹을 수 있어서 기뻤다. 이런 작품을 볼 때마다 나도 이렇게 좋은 콘텐츠들을 만들고 싶다는 생각이 들면서도, 쉽지 않을 것 같아 그냥 향유할 수 있음에 충분히 만족하자는 다짐을 하기도 한다. 처음에 말했듯, 죽기 전에 봐야 하는 작품은 없다고 생각한다(이는 이동진 평론가가 했던 말이기도 하며, 그를 존경하는 팬으로서 나도 똑같이 동감하는 바다). 그럼에도 누군가에게 단 하나의 작품만 추천한다면 나는 이제 주저 없이

《진격의 거인》을 권할 것이다. 그저 재미를 넘어, 실제로 배울 점이 많은 작품이다. 사실 아직도 못 본 떡밥과, 정주행할 분량이 산뜩 남아서 이세는 이 글을 마무리하고 그쪽 세계로 넘어가려 한다. 아마 이 글은 이미 《진격의 거인》을 본 사람이 읽었으리라 생각하는데, 당신에게 다시금 말하고 싶은 게 있다. 《진격의 거인》은 정주행할 때 진가를 발휘한다는 것. 세 번, 네 번 보면 더 좋겠다는 생각이 든다. 그러니 이제 이 글은 그만 읽고, 우리 다시 《진격의 거인》을 보러 가자.

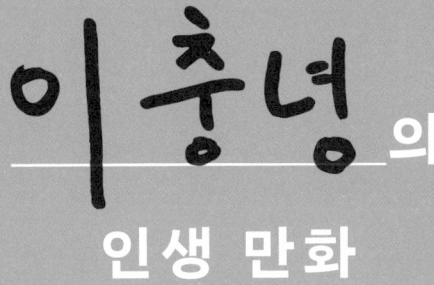
인생 만화

이충녕 유튜브 채널 〈충코의 철학〉을 운영하는 철학 유튜버이자 작가

속도의 엇갈림
《초속 5센티미터》

"초속 5센티미터래."

신카이 마코토 감독의 2007년 극장판 애니메이션 《초속 5센티미터》의 첫 대사다. 벚꽃이 떨어지는 걸 보고 초등학생 소녀 아카리가 동급생 소년 타카키에게 하는 말이다.

꽃잎이 땅에 떨어지는 여행을 처음부터 끝까지 쳐다본 적이 있는가? 그 과정은 너무나 느려서, 바쁘게 사는 어른의 템포에서 관찰하기는 쉽지 않다. 인간의 걸음 속도는 건장한 남성 기준 시속 4킬로미터를 넘는다. 이는 초속

100센티미터 이상이다. 그렇다면 벚꽃은 어른 걸음의 20분의 1보다 느린 속도로 떨어지는 셈이다. 게다가 현대인의 생활 환경은 인간보다 수십, 수백 배 빠른 교통수단과 광속의 무선 통신이 지배하고 있다. 이런 환경에서, 떨어지는 꽃잎의 여정에 주의를 기울이기란 여간 쉬운 일이 아니다.

이전에 한번 길을 지나가다가, 다섯 살 남짓한 꼬마 아이를 본 적이 있다. 흐드러지게 떨어지는 벚꽃잎을 손으로 잡으려 애쓰고 있었다. 그 길을 지나는 사람들 중 오직 그 아이만 꽃잎의 낙하 속도로 삶을 살아가고 있는 것 같았다. 다른 어른들은 모두 빠른 걸음으로 지나쳐 가기 바빴다.

《초속 5센티미터》의 주제는 '다양한 속도들 사이의 엇갈림'이다. 타카키와 아카리는 도쿄에서 같은 초등학교에 다녔다. 얌전하고 병약한 편이었던 둘은 함께 도서관에 자주 가며 서로에게 의지했다. '사귀는 사이'라는 말로 서로를 규정하기에는 너무나 순수하고 아름다운, 서로를 바라보는 어린 시절을 보냈다. 그들의 미래는 이미 서로로 채워져 있었으며, 그 관계가 없어지리라는 건 상상할 수 없었다. 당연히 같은 중학교에 가서 계속 함께 지낼 줄 알았다.

그런데 중학교에 올라갈 때, 아카리가 갑작스레 먼 지

(출처: 《초속 5센티미터》 포스터, 신카이 마코토 감독, 2007년)

역으로 이사 가게 된다. 타카키에게 그 현실을 받아들이기란 너무나 어려웠다. 하지만 겨우 초등학교 졸업반의 꼬마가 할 수 있는 일은 아무것도 없었다. 어른들의 결정을 돌려놓는 건 불가능한 일이었다. 아카리와 함께하는 삶을 지켜내기엔 그의 성장 속도가 턱없이 부족했다. 사랑의 마음이 커지는 속도에 비해, 사회가 그를 자기 결정권을 가진 어른으로 인정해주는 속도는 너무 느렸다. 도쿄라는 거대 도시 안에서, 아이들은 그들을 위해 마련된 작은 영역 안에서 나름의 템포에 따라 느긋하게 성장하고 있을 뿐이었다. 그 영역 밖의 더욱 큰 세계, 어른들의 세계는 아이들이 이해할 수 없는, 훨씬 더 빠른 속도로 변화하고 있었다. 그 거대한 변화의 흐름을 따라가기에 타카키의 걸음은 아직 너무 느렸다. 결국 그는 어떤 저항도 해 보지 못한 채 아카리를 보내고 만다.

그 후, 두 사람은 중학교에 가서도 편지를 계속 주고받았다. 아직 휴대 전화가 없던 시절이었다. 타카키는 아카리가 보낸 편지들을 거의 다 외웠다. 그에게 편지 속 글자는 지금 우리가 빛의 속도로 주고받는 스마트폰 메시지에 비해 훨씬 더 무게감 있는 존재로 다가왔을 것이다. 펜 끝으로 종이 위를 따라가는 손글씨, 그에 따라 묻어나는 손때, 그와 함께 스며드는 숨결…. 100킬로미터 이상 떨어진 다른 도시에서 느릿한 과정을 거쳐 전해지는 편지는 그 긴 시간과 비례해 커다란 의미를 형성했을 것이다.

하지만 타카키와 아카리의 거리는 좁아지기는커녕 더욱 멀어져만 갔다. 타카키는 부모님을 따라 먼 남쪽의 가고시마로 이사를 가게 됐다. 아카리가 사는 곳에서 무려 1,000킬로미터나 떨어진 곳이었다. 이사 가기 전, 아직 추위가 가시지 않은 3월, 타카키는 마지막으로 아카리가 사는 도시에 찾아간다. 초행길이었다. 열차 환승이 무척 복잡

했다. 타카키는 환승 경로를 적은 종이와 2주 동안 고심해서 쓴 편지를 챙겨 길을 떠난다. 그런데 눈치 없게 너무나 느린 속도로 물러나던 겨울은 갑자기 기승을 부려 폭설을 쏟아낸다. 열차들이 심하게 연착된다. 약속 시간이 저녁 7시였는데, 그 시간이 지날 때까지 타카키는 여전히 도쿄를 빠져나오지도 못했다. 휴대 전화가 없던 시절, 100킬로미터 이상 떨어진 곳에서 자신을 기다리고 있을 작은 연인에게 중학생 소년이 소식을 전할 방법은 아무것도 없었다.

"역과 역 사이는 믿을 수 없을 만큼 멀었고, 열차는 역마다 믿을 수 없을 만큼 오래 정차했다."

쏟아지는 눈, 야속하도록 느린 열차 안에서, 타카키는 처절한 무력감을 느낀다. 설상가상(눈 위를 덮친 눈), 환승할 때 주머니에서 돈을 꺼내려다 2주 동안 공들여 쓴 편지가 눈바람에 날아가 버리고 만다. 사라진 편지. 타카키는 그만 눈물을 흘린다.

빠른 속도감과 함께, 정보 전달의 무결성은 현대 사회를 이루고 있는 중요한 축이다. 우리는 하나의 정보를 다른 사람에게 빠짐없이 완벽하게 전달하는 일에 익숙하다.

그것도 어마어마하게 빠른 속도로. 이 시대의 디지털 기술 환경이 이런 삶을 허락하고 있다. 누군가에게 하고 싶은 말이 있으면, 이메일이나 문자로 써서 바로 완벽하게 전달할 수 있다. 중간에 정보가 새거나 어그러지는 일은 정말 웬만해선 발생하지 않는다. 이 정보 전달의 무결성은 정밀한 사회 시스템 설계를 가능하게 한다. 오늘날 학교, 공공 기관, 기업은 놀랍도록 빠르고 체계적으로 움직인다. 사람들이 빈틈없이 정보를 주고받으며 유기적 업무 능력을 극대화하는 것이다.

하지만 아날로그의 세계, 그것도 아직 사회의 작동 원리에 미숙한 중학생의 세계에서 정보 전달은 전혀 무결하지 않다. 전하고 싶은 말이 있어도 어떻게 전해야 할지 모를 때가 더 많으며, 완벽한 전달 계획을 세워도 어그러지기 일쑤다. 심지어 편지를 직접 전달한다는, 가장 확실하다고 생각할 법한 방법마저도 중간에 예기치 못한 장애물로 실패하고 마는 것이다.

그렇게 타카키는 밤 11시가 넘어 약속 장소에 도착한다. 도착 전까지 타카키는 스스로에게 계속 물었다. '아카리는 기다리고 있을까?' 상대의 소식을 전혀 모른 채, 아카리는 기다렸다. 추운 역에서 네 시간을 넘게 앉아 있었다.

타카키는 자신과 아카리의 속도가 다르지 않음을 느꼈다. 자신이 굼뜨게 온 만큼, 아카리는 끈질기게 기다리고 있었다. 두 소년 소녀는 어둠 속에서 마을을 산책하며, 편지에서 이야기했던 커다란 벚나무 밑에서 입을 맞춘다. 그 순간, 타카키는 아카리와 삶의 모든 것을 나눠 가진 것 같았고, 가슴이 벅차올랐다. 하지만 동시에 이루 말할 수 없는 슬픔이 몰려왔다. 그는 직감했다. 지금의 찰나에 두 사람은 잠시 같은 지점에서 손을 잡고 있지만, 앞으로는 서로 엇갈린 방향으로 걸어가야 하며, 어쩌면 다시는 마주칠 일 없이 먼 우주 속으로 멀어져 갈지도 모른다는 걸.

"우리가 감당하기엔 너무나 커다란 인생이, 그지없이 긴 시간이 피할 길도 없이 가로놓여 있었다."

다음 날 아침, 타카키는 열차를 타고 떠나며 아카리와 작별했다. 그는 2주 동안 쓴 편지를 잃어버렸다는 걸 말하지 않았다. 아카리 역시, 미리 적어 온 편지를 끝내 타카키에게 건네지 않았다. 아마 두 사람은 동시에 깨달은 듯하다. 같은 속도로 나아가는 두 인간이 반드시 같은 길을 걸어가도록 허락되는 건 아니라는 걸 말이다.

가고시마로 전학 간 후, 그리고 나중에 다시 도쿄에서 직장 생활을 할 때도, 타카키는 여러 속도의 엇갈림을 계속해서 마주한다.

우주선 발사대가 있는 남쪽의 한 작은 섬에서 고등학교에 다닐 때, 그는 도쿄로 대학 진학을 목표로 하고 있었다. 그의 마음은 이미 그 작은 섬을 벗어나 어딘가 먼 곳으로 질주하고 있었다. 반면 그 섬의 시간은 아주 느리게 흘렀다. 타카키를 짝사랑하는 동급생 카나에는 공부에 흥미가 없었고, 진로를 정하지 못해 갈팡질팡하는 상태다. 그녀는 바쁘게 어느 지점으로 나아가기보다, 해변의 파도에 몸을 맡기고 천천히 미래에 다가간다. 카나에가 보기에 타카키는 항상 어딘가 먼 곳을 응시하고 있었는데, 그 모습을 바라보며 그녀는 직감한다. 그의 속도를 따라잡기엔 너무 벅차며, 두 사람은 결코 서로를 이해할 수 없으리란 걸.

하루는 그 둘이 함께 집에 돌아가던 길이었다. 거대한 우주선을 실은 화물차가 아주 천천히 운행하고 있었다. 그걸 보고 카나에는 말한다. "시속 5킬로미터래." 우주선 발사대까지 그 속도로 서행한다는 뜻이었다. 타카키는 기시감을 느낀다.

타카키는 어른의 세계로 빠르게 진입하는 중이었다. 그

는 카나에의 섬에서 시속 5킬로미터로 우주선을 운송하는 화물차보다는, 우주 공간에서 초음속으로 나아가는 우주선의 여정에 더 많은 관심을 보인다. 그는 생각한다. 우주선은 아주 고독하게, 자신의 여정의 끝에서 무엇을 발견할지도 모르는 채 무한한 암흑 속으로 나아갈 것이라고. 그는 이 외로운 미지의 여정에 동질감을 느낀다. 아카리와 헤어진 후, 타카키는 우등생으로 성실히 살며 빠르게 어른의 세계로 나아가고 있었지만, 그 너머에 무엇이 있을지는 전혀 감이 오지 않았다. 목표 지점을 알지도 못한 채 외로운 어둠 속을 초음속으로 질주하는 것. 이게 타카키에겐 자신의 삶을 이끌어갈 수 있는 유일한 길로 보였다. 그는 휴대 전화가 생긴 이후로, 없는 번호에 문자를 보내는 버릇이 생겼다. 전파는 광속으로 날아가 어딘가에 도달할 것이다. 혹은 영원히 우주를 떠돌 것이다.

이후, 다 큰 어른이 되어 도쿄에서 직장 생활을 할 때도, 타카키는 자신이 어디로 나아가고 있는지 모른다. 그저 빠른 속도로 진공을 나아갈 뿐이다. 그는 여전히 외로운 어둠 속에 있다. 아카리를 잃어버린 후로, 그는 계속 혼자서 우주를 질주한다. 그 광활한 우주 속에서, 그는 과연 아카리와 같은 동반자를 만날 수 있을까?

어쩌면 다른 누군가와 함께하기 위해선 속도를 늦춰야 하는 걸지도 모른다. 타카키처럼 초음속으로 우주 속을 질주하는 사람은, 발걸음을 맞출 누군가를 발견하기 이전에 자신 스스로가 너무 과격한 속도에 압도당한다. 최선을 다해 빨리 달리는 사람은 주위를 둘러볼 수 없다. 이 점을 타카키는 어렴풋이 느껴 가고 있다.

과연 그는 앞으로 어떤 속도로, 어디로 나아가길 선택할 것인가? 그리고 우리는? 이게 이 애니메이션이 던지는 근본적인 질문인 듯하다.

우리는 모두 저마다의 속도로 외롭게 나아간다

《초속 5센티미터》에는 다양한 속도가 등장한다. 초속 5센티미터로 떨어지는 벚꽃잎, 폭설 속에서 서행하는 기차, 시속 5킬로미터의 화물차, 초음속으로 뻗어나가는 우주선, 광속의 문자 메시지. 이런 사물들 말고도, 서로 다른 인간들의 속도 차이, 그리고 개인과 환경의 속도 차이가 묘사되기도 한다.

인간의 속도에는 정답이 없다. 사물은 정확히 정해진

속도로 이동해야 할 때가 있다. 폭설이 내릴 때, 기차는 탈선하지 않기 위해서 반드시 서행해야 한다. 우주선을 나르는 화물차는 시속 5킬로미터의 제한 속도를 엄격하게 지키지 않으면 안 된다. 우주선은 지구 중력을 벗어날 만큼 빠르게 솟구쳐야만 한다. 하지만 사람의 속도에는 정해진 기준이 없다. 한적한 시골 마을로 이사 간 아카리의 속도, 어딘가 먼 곳으로 빠르게 질주하는 타카키의 속도, 파도에 몸을 맡긴 채 천천히 살아가는 카나에의 속도. 이들은 각자 다른 속도로 나아가고 있을 뿐이다. 각자의 여정에서 이들은 자신에게 허락된 행복과 슬픔을 마주한다.

속도는 일반적으로, 전체적인 위치의 변화량과 소요 시간을 계산한 거시적인 값에 불과하다. 대상이 미시적인 순간순간 '어떻게' 이동하는지를 설명하지는 않는다. 일정 시간 동안 같은 속도로 운동하는 두 개의 물체라고 해도, 움직임의 구체적인 양상은 모두 다르다. 어떤 것은 초반에 스퍼트를 내다가 나중에 천천히 갈 수도 있고, 어떤 것은 초반에 천천히 가다가 나중에 빨리 갈 수도 있다. 거시적으로 이들의 속도는 모두 같으나, 미시적인 움직임의 방식은 모두 다르다.

이는 벚꽃잎의 움직임에서 아주 잘 확인할 수 있다. 수

백 개의 벚꽃잎이 흩날릴 때, 설령 모두가 똑같이 초속 5센티미터로 떨어진다고 해도, 각 꽃잎은 제각기 다른 경로를 다른 방식으로 지나며 땅까지 도달한다. 단 한 개의 꽃잎도 다른 꽃잎과 완벽히 똑같이 낙하하지는 않는다.

바로 이 움직임의 고유성으로부터 외로움이 필연적으로 따라 나온다. 각 꽃잎은 서로 다르게 춤추며 떨어지기에, 다른 꽃잎과 영원한 동반의 관계를 맺을 수는 없다. 잠시 비슷한 경로를 지날 수는 있지만, 전체적으로 보면 둘은 결국 다르게 나아간다. 그렇기에 꽃잎은 본질적으로 외롭다. 인간도 마찬가지다. 한 인간은 우연, 혹은 기적이라고 불릴 만한 드문 계기를 통해 다른 인간과 잠시 함께하게 될 뿐이다. 깊은 사랑으로 맺어진 관계에서조차도, 서로가 정확히 '같은 지점'에 서 있는 시간은 아주 짧다.

그렇지만 인간은 이 짧은 기적을 꿈꾼다. 이 꿈이야말로 인간의 가장 강력한 힘이다. 모든 인간은 어딘가에 있을 누군가를 찾아서 암흑 속을 헤쳐 나간다. 어른이 된 타카키는 언젠가 일어날 하나의 작은 기적을 소망한다.

가끔씩 나는 먼 길을 돌아 결국 제자리로 왔다고 느낀다. 어딘가로 열심히, 빠르게 달려가고 있다고 생각했는데, 정신을 차리고 주위를 둘러보니 처음 출발했던 그곳으로 다시 돌아와 있는 것이다. 바쁘게 나아가는 데에 집중하는 사람은 막상 자신의 경로를 돌아보지 못하기가 십상이다. 매 순간 속력은 어마어마하게 빠르지만, 어디로 가는지를 모르기에, 돌고 돈 끝에 결국 제자리에 돌아오는 수가 있다.

하지만 이 또한 완전한 실패라고 볼 수는 없다. 그 돌고 도는 여정 자체가 인간을 변화시키기 때문이다. 다시 돌아온 그 지점에서 인간은, 이전과는 다르게 주변을 인식하며, 새로운 방식으로 출발할 수 있다. 벚꽃잎이 떨어지는 계절 도쿄에서 아카리의 흔적을 다시 마주한 어른 타카키는, 이전과 다른 여정을 시작할 수 있다.

환상을 벗기는 환상

《아리아 디 애니메이션》

아이들은 어째서 장난감을 갖고 그토록 재밌게 노는 걸까? 그저 하나의 물건, 물질 덩어리일 뿐인데 어째서 아이들은 그것을 소중히 다루며 몰입하는 걸까?

그 물건이 아이와 어른에게 전혀 다르게 나타나기 때문이다. 어른이 보기에 장난감은 어디까지 현실에 속한, 환상의 복제물이다. 로봇 장난감이 있으면, 그건 만화라는 환상의 세계에 속한 로봇을 현실에 허구적으로 구현해 놓은 복제물에 불과하다. 로봇 장난감은 결코 만화 속 '진짜' 로봇이 되지 못한다. 만화 속 로봇은 아주 강력한 힘으로 악에 맞서 싸운다. 반면 로봇 장난감은 바닥에 떨어지면 부서지는 평범한 사물일 뿐이다.

하지만 아이들에게는 현실과 허구 사이의 구별이 명확하지 않다. 로봇 장난감은 '정말로' 만화 속 '그' 로봇이다. 물론 아이들도 이 현실이 만화 속 세상과 다르다는 걸 안다. 그렇지만 아이들은 어느 정도의 모순을 품고 살아간다. 현실은 분명 환상과 다르지만, 그러면서도 마치 환상의 일부가 현실과 겹쳐 있는 것처럼 느낀다. 아이들의 사고는 유연하다. 평상시 진열돼 있는 로봇 장난감이 '진짜' 로봇이 아니라는 것쯤은 안다. 하지만 놀이를 시작하면, 그 로봇은 '어느 정도' 실제 로봇과 같은 속성을 가진 것으로 나타난다. 현실과 환상은 서로 포개진 시공간으로 펼쳐진다.

아이들이 빠져드는 환상의 세계는 온갖 흥미진진한 사건들로 가득하다. 마법을 배우고, 악당을 무찌르고, 초자연적 생명체와 교감한다. 혹은 꼭 판타지스러운 요소가 등장하지 않더라도, 상식적으로 도무지 이해할 수 없는, 과장된 행동 양상이 등장한다.《짱구》가 대표적이다. 짱구는 평범한 동네에서 현실적인(?) 일상을 살아가지만, 일반적인 어린이로서 도저히 행하지 못할 방식으로 세상과 교감한다.

여느 90년대생 아이들처럼 TV 만화 채널에 빠져 살았던 나는, 기승전결이 뚜렷한 환상 세계의 흐름에 익숙해져 있었다. 박진감이 있든, 슬프든, 폭소를 터뜨리든 뭔가 현실과는 달리 대단한 일들이 일어나는 게 만화 속 세상이었다. 아이들은 풍부한 상상력을 지녔지만, 생각보다 아이들의 현실 생활은 비교적 밋밋하게 통제되기 마련이다. 오히려 어른들의 세계에서는 통제 불능의 예외적 사건들이 발생한다. 정치인이 암살당하고, 주식 시장이 하루아침에 폭락한다. 어른의 현실은 판타지보다도 더 판타지스러울 때가 있다. 반면 아이들의 현실은 보통 그렇지 않다. 어른들은 아이들을 안전하게 기르려 한다. 아이들의 일상은 예상 가능한 범위 내에서 통제된다. 이렇게 보면 만화의 환상은 역설적으로, 지극히 현실적이고 예상 가능한 아이들의 일상에 상상력의 숨구멍으로서 주어지는 것이다.

소소한 일상도 아름다울 수 있음을

이런 점에서 《아리아 디 애니메이션》은 어린 시절 내게 충격적인 작품이었다. 보통의 애니메이션과 달리, 이 작품에서는 아무런 특별한 사건도 펼쳐지지 않는다. 그저 너무나 평범한 일상, 그럴듯한 일들이 일어날 뿐이다. 물론 최소한의 재미를 위해 어느 정도 흥미진진한 일이 일어나기는 한다. 기승전결도 있고, 때론 박진감도 조금은 있고, 드물지만 마법 같은 일이 펼쳐지기도 한다. 하지만 이 모든 건 작품을 이루는 부수적인 요소일 뿐이다. 이 작품 전체를 지배하는 건 잔잔한 분위기다. 밋밋한 일상을 뛰어넘는 환상을 제시하는 게 아니라, 소소한 일상도 아름다울 수 있다는 걸 보여주는 게 바로 이 작품의 백미다.

사실 지금에 와서 보면, 이런 특성은 이 작품에만 특수한 게 아니라 흔히 '치유계'라고 불리는 장르의 일반적 특성이다. 하지만 견문이 좁았던 어린 시절, 내게 이 작품의 소소함과 잔잔함은 세상을 바라보는 태도 자체를 바꿔놓을 정도로 충격적이었다. 그리고 어른이 되고 난 후 다시 봐도, 여전히 너무나 아름답고 호소력 있는 작품이다.

《아리아 디 애니메이션》은 만화를 원작으로 한 애니메이션 작품이다. 내용이 펼쳐지는 장소는 아쿠아라는 행성인데, 원래는 화성이었다가 인간들이 과학 기술을 통해 표면 대부분이 물로 뒤덮인 행성으로 탈바꿈시킨 것이다. 화성을 지구처럼 만드는 '테라포밍'은 22세기 초에 진행됐고, 그 이후로 지구인들은 '네오 베네치아'라는 도시를 만들어 정착하기 시작했다. 네오 베네치아는 지구의 베네치아와 아주 비슷하게 생긴 곳이다. 특이하게도 그곳에서 사람들은 정말로 베네치아에 있던 건물들을 재현해 놓았고, 베네치아의 먹거리나 명절 풍습을 따라하기도 한다. 그곳에는 지구와 비슷한 기후를 유지하는 통제소가 상시로 돌아가고 있다. 극중 시점은 아쿠아 개척 이후 150년 이상이 지난 24세기로, 이미 네오 베네치아가 상당히 안정화된 상태다. 사람들은 평화로운 일상을 살아가고, 지구에서 많은 관광객들이 찾아오기도 한다.

주인공 아카리는 곤돌라 노를 젓는 '운디네'가 되는 꿈을 갖고 지구에서 이주해 온 십 대 소녀. 곳곳이 물길로 이뤄진 네오 베네치아에서는 관광객들을 위해 베네치아의 전통 배 곤돌라를 재현해 놓았다. 몇 개의 회사가 곤돌라 사업을 관장하고 있는데, 정식 운디네가 되려면 그중 한 곳에 속한 채 엄격한 훈련 과정을 통과해야만 한다. 아카리는 소수 정예로 운영되는 회사 아리아 컴퍼니에 소속된 견습생이다(말이 소수 정예지, 정식 운디네인 선배 아리시아와 견습생 아카리 둘밖에 없다). 한 명(?)이 더 있긴 하다. 아쿠아의 운디네 업체들은 푸른 눈의 고양이를 소위 '사장님'으로 모시며 수호천사처럼 대하는 풍습이 있다. 아리아 컴퍼니에는 오동통한 흰 고양이 아리아 사장님이 있다(웬만한 어린아이 정도로 몸집이 큰데, 엄청난 크기와 2등신 비율에도 불구하고 아주 귀엽게 생겼다. 이렇게 큰 고양이가 존재한다는 것 자체가 이 작품에 깃든 가장 대표적인 판타지적 요소다. 아쿠아 고양이라서 다른 걸 수도 있다).

아리아 컴퍼니는 기숙형으로 운영되기에, 아카리는 아리시아 선배, 아리아 사장님과 함께 회사 건물에서 산다. 회사 건물 자체가 전혀 화려하지 않고, 수로 옆의 아담한 집처럼 생겼다. 그곳에서 아카리는 청소, 빨래, 요리 등 온갖 살림과 잡무를 하고, 나머지 시간에 곤돌라 노젓기 연습을 하며 살아간다. 친구로는 다른 회사 소속 견습생인 아이카와 아리스가 있다. 이들과 함께 자주 연습을 하고, 이곳저곳 놀러 다니기도 한다. 이외에도 여러 주변 인물이 등장하는데, 제각각 성격은 다르지만 각자 맡은 자리에서 성실히 하루하루를 살아간다. 모두가 외향형은 아닌지라, 처음에 서로 친해지는 데 시간이 걸리기도 한다. 하지만 결국 모두가 서로에게 마음을 열고 온정적인 관계를 맺는다. 사람들끼리 관계를 형성해 나가는 일상적 과정 자체가 이 애니메이션 내용의 큰 비중을 차지한다.

일어나는 사건이라고 해봤자 정말 정적인 것들 뿐이다.

(출처: 《아리아 디 애니메이션》 포스터, 사토 준이치 감독, 2005년)

한 아이의 부탁으로 오래된 무덤에 편지를 전해주고, 먼 온천에 놀러 가서 밤하늘을 올려다보고, 도시의 축제에 참여한다. 연습하다가 실수를 저지르고, 그 실수를 만회하기 위해 노력한다. 새로운 사람을 알아가고, 정든 이와 작별한다. 이 세계관에는 악의 세력도 없고, 대단한 위기도 없다. 정말로 24세기 화성에 정착한 꿈 많은 소녀가 겪을 법한 일들이 그려진다.

가져본 적 없는 것을 그리워할 수 있을까?

그렇다고 이 애니메이션이 엄밀히 말해 '현실적'인 건 절대 아니다. 이 점이 바로 혼란과 충격을 만들어낸다. 사실 현실에서는 이 작품과 달리 온갖 스트레스나 갈등, 위기 상황이 도사리고 있다. 꼭 외적으로 힘든 일이 닥치지 않아도 인간의 내면은 항상 불안, 걱정, 공허를 만들어낸다. 아카리처럼 항상 미소를 잃지 않고 잔잔한 하루를 보내는 건 상당히 예외적인 경우다. 과연 아카리처럼 살아가는 사람이 지구상에 단 한 명이라도 존재하는지 모르겠다.

이런 의미에서, 온갖 무시무시한 악당과 강력한 마법이 등장하는 판타지 만화보다도 《아리아 디 애니메이션》은 오히려 더 비현실적인 작품이라고 볼 수도 있다. 판타지 만화는 적어도 인간이 살면서 피할 수 없는 갈등과 불안을 악당이나 전쟁의 형태로 상징화해서 반영한다. 이런 점에서 판타지 만화는 현실에 대한 하나의 거울이라고 볼 여지가 있다. 반면 《아리아 디 애니메이션》의 평화로운 일상은 현실의 부조리함을 초월한 하나의 이상화된 삶의 형태를 제시한다. 이 작품은 단순히 비현실적인 것을 넘어, 현실에 반하는, 현실을 넘어서는 하나의 지향점을 제시한다는 점에서 '반현실'적이다.

  어린 시절, 내가 이 반현실을 마주하며 받았던 충격은 일반적인 충격의 사례처럼 한순간의 강렬한 인상은 아니었다. 그보다, 충격이 서서히 삶에 스며들었다고 표현하는 게 더 적절할 것이다. 아직도 이 작품의 OST를 들으면 곧바로 피부가 곤두서면서 금방이라도 눈물이 날 것만 같다. 내가 이 애니메이션을 통해 체험했던 건 삶에 두고두고 영향을 발휘할 어떤 끈질긴 감정과 생각의 복합체지, 한순간의 강렬함을 끝으로 사라져 버릴 말초적 감각은 아니었다.

  상실감, 내가 느꼈던 건 상실감에 가까운 무언가였다. 나는 그 당시, 현실의 운명 속에서는 결코 아카리처럼 잔잔하고 따뜻하게 살지는 못하리라는 본능적 직감을 가졌던 것 같다. 네오 베네치아의 아름답고 평화로운 일상과 달리, 내 인생은 아마도 끊임없는 과제와 증명의 연속이 되리라는 것, 그러면서도 나는 결국 삶에서 가끔씩 찾아오는 정체 모를 성찰의 순간마다 아쿠아의 반현실적인 행복을 꿈꾸리라는 것을 느꼈던 것 같다. 여기에 '상실감'이라는 단어를 적용하는 게 적절한지는 잘 모르겠다. 나는 아쿠아에서의 삶을 잃어버린 적이 없다. 애초에 손에 넣은 적도 없었으니까. 하지만 나는 아쿠아에 대한 상실감을 느낀다. 단 한 번도 가져본 적 없는 것에 대한 상실감. 이미 언제나, 어쩌면 세상이 시작되기 전부터 존재해 왔을 것만 같은 상실감. 이 느낌을 '근원적 상실감'이라고 부르면 적당할까?

근원적 상실감은 환상이 벗겨진 현실 안에 홀로 서 있을 때 느껴지는 것이다. 《아리아 디 애니메이션》은 말하자면, 환상과 거리를 두게 만드는 환상이다. 보통, 아이들에게건 어른들에게건, 상업적으로 제공되는 환상은 현실로부터 눈을 돌려 이세계 속에 빠져들게 만든다. 눈길을 사로잡는 장면을 보여줌으로써, 현실을 잠시 잊고 환상의 세계 속에서 재미나 위안을 얻게 하는 것이다. 반면 《아리아 디 애니메이션》은 오히려 지금 처한 이 현실의 일상에 주목하도록 만드는 독특한 힘이 있다. 작품 속에 등장하는 장면들이 눈길을 강력하게 사로잡을 만큼 충분히 자극적이지 않기 때문에, 환상을 즐기면서도 정신은 끊임없이 환상 바깥의 것에 눈길을 돌리게 된다. 애니메이션이라는 환상을 접하지만, 이를 통해 오히려 다시 환상 밖으로 나와 현실을 마주하도록 이끌리는 것이다.

이 지구의 현실 속에서 나는 아쿠아의 삶을 그리워한다. 지구의 현실을 잊고 아쿠아의 환상에 빠져드는 게 결코 아니다. 오히려 지구의 현실을 똑바로 마주한 상태에서, 아쿠아를 멀찍이서 바라보며 조용히 열망한다. 하지만 이 열망이 어디까지나 좌절될 수밖에 없는 열망이라는 걸 너무나 잘 알고 있다. 현실은 이곳에, 환상은 저곳에 있다. 이 명확한 구별을 강제하는 것이야말로 이 작품의 진정한 힘이다.

그러기에 결국엔 슬픔에 가까운 무언가를 느끼고 만다. 《아리아 디 애니메이션》에는 슬픈 장면이 거의 등장하지 않는다. 하지만 보는 사람은 우수에 가까운 감정을 느끼게 된다. 가본 적 없는, 갈 수 없는 곳에 대한 먼 그리움이 이 작품을 전체적으로 특징 짓는 감정선이다. 어린아이에게 이는 쉽지 않은 감정이다. 어린 시절 나는 이 감정이 무엇인지 이해하지 못했던 것 같다. 그러면서도 네오 베네치아의 이미지를 이따금 머릿속에 떠올렸으며, 〈Rainbow〉라는 OST를 자그맣게 흥얼거렸다.

환상의 한 조각을 경험하는 순간

가끔씩 현실에서의 삶이 만화 속 환상보다도 오히려 더 비현실적이라고 느껴질 때가 있다. 인생의 짐이 유독 무겁게 느껴지며, 왜 이 짐을 계속 짊어져야 하는가 의문을 품게 되는 순간 말이다. 그럴 때 내게 아쿠아의 환상은 슬픔과 위로를 동시에 전해준다. 나는 그곳에 갈 수 없다. 하지만 그곳을 그리워할 수는 있다. 때론 이 그리워함의 활동이 살아갈 용기가 된다. 무언가를 그리워할 수 있다는 건 어떻게 보면 특권적인 일이다. 아예 환상 속에 빠져 현실을 잊는 것도 아니고, 현실에 완전히 갇혀 그 바깥의 세상을 전혀 꿈꾸지 못하는 것도 아니므로.

환상의 망각 지대와 현실의 고립 지대 사이에서 줄타기하듯 아슬아슬하게 중심을 잡으며 살아가는 인간은 그 힘든 노력에 따른 피로감으로서 슬픔을 느낀다. 하지만 그 노력의 보상으로서 때로 실낱같은 행복의 가능성을 체험하기도 한다. 환상 속에서 살 수는 없지만, 환상의 한 조각을 현실 속에서 경험하는 건 가능하다. 네오 베네치아에 갈 수는 없겠지만, 그곳의 따스함을 이곳의 맑은 햇살 아래서 느낄 때가 가끔 있다.

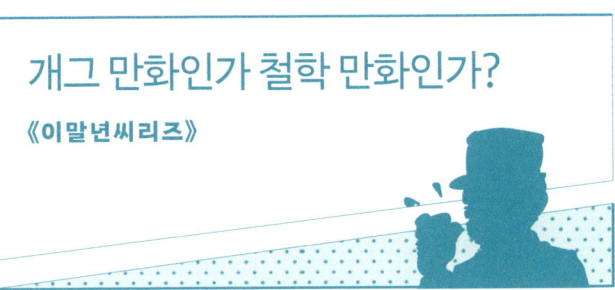

개그 만화인가 철학 만화인가?
《이말년씨리즈》

만화가들은 조금이라도 좋은 작품을 그리기 위해 애쓴다. 그런데 여기, 과연 정말로 '애쓴' 게 맞는지 헷갈리는 명작 만화가 하나 있다. 만화가 이말년이자, 방송인 침착맨으로도 잘 알려진 이병건 작가의 웹툰《이말년씨리즈》다.

이 웹툰은 내가 중고등학생이던 2009~2012년에 걸쳐 인터넷에 연재됐었다. 현재 네이버 웹툰에는 '독특한 이야기 전개 방식을 확립한 이말년 작가가 선보이는 엉뚱한 상상과 황당한 설정의 새로운 개그 웹툰'이라고 소개돼 있다. 옴니버스 형식으로, 한 편으로 끝나는 에피소드도 있고,

2~8화 정도 이어지는 시리즈도 있다. 내용은 '이렇게까지 어이없는 내용을 써도 되나?' 싶을 정도로 개연성이 없고 황당무계하다. 좋게 말하면 놀랍도록 창의적이다.

밀덕들만 다니는 대학교에서 탱크를 끌고 다니는 원로 교수님, 자꾸만 금연 구역이 늘어나는 탓에 담배 피울 곳을 찾아 돌아다니다 보니 어느새 남극에까지 도달하는 아저씨, 설날에 떡국이 맛있어서 백 그릇 먹었더니 나이 백 살을 먹어서 사망하는 사람, 급행 열차 기사를 질투한 나머지 역에 정차하지 않고 광폭 운행하는 일반 열차 기사…. 이 작품은 사회의 질서를 따라 '정상적으로' 살아가는 사람의 머리에서 나왔다고는 믿기지 않는 황당한 발상들로 가득하다.

얼핏 보면 작가가 너무 무책임해 보인다. 스토리를 세심하게 짜는 게 아니라, 일단 그냥 던지고 보는 식이기 때문이다. 대부분 에피소드에서는 급발진이 군데군데 일어난다. 그리고 결말은 보통 아주 허무하다. 몇 주 동안 이런저런 떡밥을 뿌려 놓고 전혀 회수가 안 된 채 급마무리 하는 경우도 흔하다. 이 웹툰은 전반적으로 최대한 완성도를 높이기 위해 섬세하게 애쓴 느낌이라기보다는, 일단 한 회차 한 회차를 끝마치는 데 중점을 둔 느낌이다.

하지만 결국 《이말년씨리즈》의 핵심 정체성은 '개그 웹툰'이기에, 웃기면 그만이다. 이 웹툰은 그 어떤 다른 개그 만화에도 뒤처지지 않을 정도로 웃기다. 그것도 매우 창의적으로 웃기다. 작가는 비록 일반적인 의미의 탄탄한 스토리나 아름다운 그림을 내놓으려고 노력하지는 않았지만, 색다른 웃음을 자아내기 위해 최선의 노력을 기울였을 것이다. 물론 그림체도 엄청 웃기긴 하다. 하지만 그것 이상으로, 듣도 보도 못한 창의적 스토리를 통해 어이없는 실소를 자아내는 게 이 작품의 주특기다.

나는 《이말년씨리즈》를 특징 짓는 창의성의 핵심이 바로 다음에 있다고 생각한다. 사람들이 보통 서로 전혀 관계없는 것으로 취급하는 어떤 두 영역 사이를 일단 과감하게 연결하고 보는 것! 이를 위해 작가는 여러 전략을 활용한다. 그중 특히 눈에 띄는 세 가지를 꼽아보자면 다음과 같다.

1. 서로 아주 멀리 떨어진 두 시공간을 연결하기

예를 들어서, 제갈공명 에피소드에서는 고대 중국 삼국시대의 제갈공명이 21세기 한국의 현대인들처럼 취준생 생활을 한다. 높은 경쟁률의 '대기업' 조조군에 책사로 취업하고 싶으나, 자기소개서나 면접 실력 부족으로 번번이 탈락한다. 길게 늘어지는 취준 생활로 초래된 심리적 압박과 생활고 끝에, 그는 결국 평소 깔보던 유비군에 취업한다. 이런 스토리 구조는 서로 멀리 떨어진 두 시대 속에서도 결국 사람의 삶은 다 비슷할 수 있다는 유쾌한 가정에 기초한다.《삼국지》속 제갈공명은 마냥 진중하고 강인할 것 같지만, 사실 그도 취업 준비하면서 맘고생하는 건 지금 우리들과 똑같았을지도 모른다.

2. 권위로 둘러싸인 영역을 권위가 없는 일상적 영역과 뒤섞어 놓기

제갈공명처럼 역사·문학적 인물 사례뿐만 아니라, 각종 신화를 희한한 일상적 상상과 연결시켜 웃음을 자아내는 에피소드가 많다. 대표적으로, 신들이 다니는 학교 올림포스 스쿨에서는 선생님 옥황상제가 말 안 듣는 여러 신 제자들과 옥신각신한다. 반항적인 예수님에게 부모님 모셔 오라고 시키니, 삼위일체라서 자신이 자신의 부모라고 주장한다. 힌두교 파괴의 신 시바는 자꾸만 기물을 파괴해서 반성문을 쓴다. 우리는 종교적 존재를 신성한 것으로 여기는 문화에 여전히 익숙하다. 따라서 그 존재들의 일상적 모습은 전혀 상상하지 않는 경향이 있다. 그런데 작가는 이러한 암묵적 금기를 과감히 깨뜨리고, 신을 권위가 벗겨진 친숙한 존재로 만들어 버린다.

3. 동물들의 특징을 인간의 삶에 대입하기

동물들은 인간과 다른 생물학적 특징을 많이 가진다. 쇠똥구리는 똥을 굴리며 살고, 꿀벌은 침을 쏘고 나면 죽으며, 반딧불이는 엉덩이에서 빛이 난다. 이런 특징들은 문명적 삶이 아닌 자연적 삶에만 속한 것으로 여겨진다. 하지만 작가는 동물들의 특징을 가진 존재가 문명인과 비슷한 생각을 하며 비슷한 사회적 조건 속에서 살아간다면 어떨지 상상의 나래를 펼친다. 예를 들어서, 한 장인 정신이 투철한 할아버지 쇠똥구리는 죽기 전에 최고의 똥구슬을 만들고 싶다는 집념으로, 최상 품질의 쇠똥이 있는 횡성 한우 마을로 여행을 떠난다. 이렇게 동물이 인간적 삶을 사는

(출처: ⓒ이말년/네이버웹툰)

경우도 있는 반면, 인간이 동물적 특징을 갖게 되는 경우도 있다. 수십 년간 휴지로 뒤를 닦은 한 노인은 엉덩이에 형광물질이 쌓여서 반딧불이처럼 빛이 나게 된다.

이밖에도《이말년씨리즈》에는 서로 다른 두 영역 사이의 과감한 연결이 매우 다양한 양상으로 등장한다. 때로는 두 가지 연결 전략이 결합하기도 하는데, 그러면 더욱 복합적이고 고급스러운 웃음이 탄생한다. 예를 들어서, 1번과 2번 전략을 섞은 '서양신과 함께' 에피소드가 있다.

이 에피소드에서는 한 한국인이 출장 중 사망하여 서

양 사후 세계에 가게 된다. 고대 그리스인들이 믿었던 사후 세계로, 5개의 강을 건넌 후 영혼이 모든 것을 잊고 지상에서 다시 환생하는 구조다. 그런데 그곳은 알고 보니 신들이 운영하는 일종의 발전소였다. 원자력 발전 때문에 방사능 문제를 겪은 신들은 인간 영혼을 에너지로 삼아 화력 발전을 하는 시스템을 만든다. 인간들은 지상 세계에서 양분을 흡수한 채로 지옥으로 오며, 그곳에서 영혼이 불타 천상 세계의 에너지원으로 쓰인다. 이후 영혼은 다시 지상으로 보내져 에너지를 충전해 오는 구조다.

이 에피소드에서는 고대 그리스와 현대의 한국인이 연결되며, 원자력과 화력 발전이라는 현대적 시스템이 고대 신화와 결합되기도 한다. 뿐만 아니라, 신들이 인간을 에너지원으로 이용한다는 설정을 보여줌으로써 종교적 사후 세계가 갖는 권위에 도전한다.

《이말년씨리즈》는 개그 웹툰으로서 성공적으로 웃음을 자아내기도 하지만, 단순히 웃기는 데서 그치는 만화는 아니다. 사실 이 만화가 나의 뇌리에 강렬하게 남은 이유는 물론 웃음도 있지만, 그 이상으로 작품이 상당히 철학적이기 때문이다. 이 작품은 두 가지 의미에서 수준 높은 철학성을 띤다.

1. 선입견을 깨뜨린다

위에서 언급한, 서로 상관없어 보이는 두 영역을 연결하는 일은 기본적으로 선입견에 도전하는 일이다. 철학을 공부하는 사람으로서, 나는 철학의 핵심적 역할이 우리가 사용하는 개념의 경직성에 도전하는 것에 있다고 생각한다. 우리는 삶의 과정에서 특정한 개념들을 특정한 방식대로 사용하는 데 익숙해지며, 자신에게 익숙한 그 방식 말고 다른 방식으로 그 개념을 사용할 생각을 잘하지 못하게 된다. 개념 사용의 유연성, 사고의 유연성이 감퇴하며, 선입견이 고착화되는 것이다. 예를 들어서, 사회는 '예술'이 무엇인지에 대해 나름의 합의를 갖고 있다. 그 합의된 방식대로 '예술' 개념을 반복적으로 사용하다 보면, 자연스럽게 무엇이 예술이고 무엇이 예술이 아닌지에 대한 감각을 익히게 된다. 그런데 인간 사회가 변화하다 보면, 지금까지와는 상당히 다른 예술적 활동의 형태가 출현할 수도 있다. 그럴 때, 기존의 '예술' 관념에 지나치게 경직된 집착을 보이는 사람들은 그 새로운 활동을 '예술'로 인정하지 않는다. 철학적 활동의 핵심은, 이럴 때 과연 그 활동을 '예술'로 부르는 게 얼마나 정당한지 논하는 것에 있다.

이런 의미에서 《이말년씨리즈》는 상당히 철학적이다. 우리는 제갈공명이 사회 안에서 자신의 역할을 찾아 나가는 과정에 '취준'이라는 개념을 적용할 생각을 잘 하지 못한다. 제갈공명과 유력 인사들 사이의 대화에 '면접'이라는 개념을 적용할 생각도 잘 하지 못한다. 그런데 한 번 선입견을 걷어내고 보면, 제갈공명도 지금 시대의 우리처럼 취업 준비를 하고 취업 면접을 봤던 거라고 생각할 수도 있다. 이 개념들을 이렇게 사용하는 게 불가능한 것이 절대 아니다. 불가능한 게 아니기 때문에 《이말년씨리즈》를 보면 한편으론 어이가 없으면서도 다른 한편으론 '납득'을 하게 된다. '그렇지. 이렇게 생각할 수도 있지.' 그러면서, 사고가 조금 더 유연해지고 자유로워지는 느낌이 든다.

2. 논리적이다

선입견을 깨뜨리는 모든 아이디어가 다 인상적인 건 아니다. 어떤 아이디어는 참신하긴 하지만 전혀 인상적이지 않을 수도 있다. 예를 들어서, 쇠똥구리가 어느 날 갑자기 다리미로 변신했다고 해보자. 아이디어는 참신하긴 하다. 아마 지금까지 이런 생각을 해본 사람은 (높은 확률로) 한 명도 없을 것이다. 하지만 그렇다고 해서 이게 인상적이진 않다. 반면, 쇠똥구리 할아버지가 횡성 한우마을로 떠난다는 이말년 작가의 아이디어는 참신하면서 동시에 인상적이다. 이 차이는 어디에서 오는 걸까?

나는 한 가지 답이 논리성에 있다고 생각한다. 쇠똥구리가 다리미로 변하는 것은 마법이 일어난다면 가능한 일이다. 만화적으로 충분히 말이 되는 설정이다. 하지만 이는 너무 단순한 아이디어이며, 논리적으로 가능한 일들을 차근차근 추적해 나가는 섬세한 전개 과정이 없다. 반면, 쇠똥구리 할아버지가 횡성 한우마을로 떠나는 스토리에는 생각보다 풍부한 논리적 추적의 전개 과정이 있다.

인간과 비슷한 장인 정신을 가진 쇠똥구리 할아버지가 있다는 설정 자체는 판타지적이다. 하지만 일단 그런 설정을 한 이상, 그때부터는 '일어날 법한 일'들의 연쇄적 사슬이 쭉 펼쳐진다. 쇠똥구리의 보편적 욕망은 똥구슬을 만드는 것이다. 그러므로 장인 정신을 가진 쇠똥구리 할아버지가 최고의 똥구슬을 만들고자 하는 강렬한 열망을 품는 건 충분히 그럴 듯한 일이다. 그리고 유전적으로 우수하고 건강한 소가 최고의 똥을 쌀 가능성이 높을 것이다. 따라서 최고의 쇠똥을 찾아 횡성 한우마을에 가고자 한다는 것도 충분히 그럴 듯한 일이다.

이런 식으로, 작가는 과연 우리가 하나의 독특한 전제에서 출발해 생각을 이어나가면 어디에 도달하게 되는지를 논리적으로 치밀하게 추적한다. 이 강한 논리성이 《이말년씨리즈》의 스토리를 인상 깊게 만든다. 만약 그냥 참신하기만 하고 별로 말이 안 되는 이야기를 늘어놓으면, '별 이상한 생각을 다 하네.' 하고 금방 지나칠 것이다. 하지만 《이말년씨리즈》는 논리적인 이야기를 제시한다. 우리가 합리적 추론을 전개하는 과정에 부합하는 상상의 그림을 보여주는 것이다. 그래서 우리는 그 이야기를 무시하지 못한다. 마치 수학적 사고력을 가진 인간이 수학적 증명의 과정을 보면서 자연스럽게 따라가듯이, 논리적 상상력을 가진 우리는 이말년의 상상 스텝을 자연스럽게 따라간다. 그러면서, 마치 수학적 인간이 증명을 이해하면서 카타르시스를 느끼듯이, 우리는 황당무계한 사건의 연쇄가 충분히 그럴 듯한 연쇄라는 걸 이해하면서 지적·예술적 만족감을 느낀다(이 논리적 면모가 가장 잘 드러나는 편 중 하나가 '비둘기 지옥'이니, 관심 있는 분은 참고하시길 바란다).

마지막으로, 《이말년씨리즈》의 철학적 힘은 일단 던지

고 보는 과감함을 통해 비로소 현실화된다는 점을 강조하고 싶다. 다시 한번 이야기하지만, 이 웹툰은 완성도가 높은 작품이라고 말하기는 정말 어렵다. 애초에 옴니버스식이기에 연재의 처음과 끝이 잘 정돈돼 있지도 않고, 심지어 한 화 안에서도 아주 허무하고 어이없게 끝맺음이 이뤄지는 경우가 많다. 작가 스스로 이렇게 써놓은 적도 있다. "죄송합니다. 원래 장편이었는데 다시 보니 소름 돋을 정도로 재미없어서 서둘러 마칩니다."

하지만 나는 이런 무책임한 과감함이 이 작품의 단점이라기보단 아주 중요한 강점이라고 생각한다. 창의성을 발휘하고 선입견에 도전하는 일은 과감한 용기가 없으면 하기 어렵다. 작가는 《이말년씨리즈》를 연재하면서, 애초에 완성도를 추구해야 한다는 압박으로부터 비교적 자유로웠던 것으로 보인다. 그리고 이 자유는 그의 개인적 용기와 기지로부터 나왔을 것이다. 남들과 달라도 그냥 버팅기는 용기, 그리고 다소 어이없는 결과물이라도 미워 보이지 않도록 잘 내놓는 기지. 이 능력을 통해 작가는 자신만의 독특한 자유의 영역을 확보했으며, 그 안에서 과감하게 개념적 유연성과 희한한 논리적 전개를 추구할 수 있었다.

《이말년씨리즈》는 작가는 무책임할 수도 있으며, 작품

은 어이없을 수도 있다는 점을 도전적으로 잘 보여준다. 왜 모든 작가가 항상 독자의 일반적 기대에 맞게 책임을 다해야 하며, 왜 모든 작품이 감상자의 일반적 기대를 충족해야 하는가? 아닌 작가도 있고 아닌 작품도 있는 것이다. 일반적 기대에 너무 부합하지 않는 나머지, AI는 도저히 구현할 생각조차 하지 않는 예술. 이것이야말로 진정으로 주목할 가치가 있는 현대 예술이 아닐까?(이말년식 마무리)

김겨울의
인생 만화

김겨울 유튜브 〈겨울서점〉을 운영하고 있고 시집 《우화들》을 비롯해 《겨울의 언어》 등 여러 권의 책을 썼다.

범인은 이 안에 있어!
《소년탐정 김전일》

범인은 늘 이 안에 있다. 범죄를 저질렀으면 쥐도 새도 모르게 도망쳐야 할 텐데, 아무도 집에 가지 않고 참여자 중 한 사람이 되어 꼼짝없이 일정을 함께하고 있다. 그럼 읽는 이도 함께 침을 꿀꺽 삼키며 그 자리를 지키게 되는 것이다. 이 안에 있다는 범인이 누구인지 밝혀질 때까지.

'인생 책'을 질문 받으면 인생에서 가장 큰 영향을 받은 책을 꼽고, '인생 영화'를 질문 받으면 눈물을 철철 흘리며 보았던 영화를 꼽지만, '인생 만화'를 꼽을 때 내가 가장 먼저 떠올리는 것은 근사한 만화도 아니고 가치관에 큰 영향을 준 만화도 아니고 말 그대로 인생 동안 계속 보고 있는 만화다. 그러니까 기억이 있는 어린 시절부터 지금까지 보고 있는 만화, 인생 내내 본 만화다. 이렇게 말하면 《원피스》 같은 소년 만화를 떠올릴 법도 한데 애석하게도 그렇게 열정과 모험, 희망으로 가득 찬 만화는 아니다. 나는 말하자면 인생을 바쳐서, 살인이 나오는 만화를 읽고 있다…. 아니, 잠깐만, 정확히는 살인을 쫓는 탐정 만화를 읽고 있다. 늘 할아버지의 명예를 걸고 살인 사건을 해결하는 김전일의 활약기, 《소년탐정 김전일》이다.

여러분은 '김전일 시리즈'가 지금도 나오고 있다는 사실을 아는가? 김전일은 어느새 고등학교를 졸업해 37세의 직장인이 되었다. 그 뛰어난 지능을 발휘하여 대기업에 들어가…기는커녕 조그만 PR 회사 '오토와 블랙'에서 굽신거리며 일하는 중이다. 더이상 문제를 해결하고 싶지 않다고 외치며 어찌저찌 소시민의 삶을 이어가고 있는 그에게 만화가의 렌즈가 비춰졌다는 것은 그가 다시금 가는 곳마다 살인에 휘말리게 되었음을 의미한다. 아니나 다를까, 회사가 수주를 받는 행사마다 사람이 줄줄이 죽어나가며 시리즈는 이어지고 있다. 이래서야 이 회사는 계속 장사가 될 것인가. 혹은 김전일은 잘리지 않을 수 있을 것인가.

첫 만남

그러면 안 되지만 《소년탐정 김전일》을 처음 읽은 것은 무려 스물 여덟도 아니고 열 여덟도 아니고 여덟 살 때였다. 그러면 안 되는 게 맞긴 했는데…. 공소 시효(?)가 끝났으니 상관없겠지. 일단 이 만화가 19세 미만 열람 불가라는 사실부터 고백해야겠다. 요새 나오는 애장판 표지에는 이 경고문이 작은 글씨로 쓰여 있지만 그때만 해도 앞표지에 떡하니 '19세 미만 구독 불가' 딱지가 붙어 있었다. 그런데 그 책을 어떻게 여덟 살에? 첫 번째 범인은 집 안에 있는데, 그건 바로 우리 언니다. 나와 여덟 살 차이가 나는 언니는 늘 나보다 인생을 앞서서 달려나갔다. 내가 여덟 살 때 언니는 열 여섯 살이었고, 동네 만화방에서 종종 만화책을 빌려왔다.

여기서 두 번째 범인을 꼽자면 19세 미만 구독 불가 만화책을 빌려주던 만화방 사장님과 그걸 용인하던 사회 분위기가 되겠다. 그때는 그랬다. 〈파이널 데스티네이션〉 같은 잔인한 영화를 중학교 3학년 겨울방학을 기다리며 반에서 다같이 보던 그런 때였다. 요즘 같으면 학교에 바로 항의 전화가 갈 만한 일일까? 언니는 《소년탐정 김전일》을 몇 권씩 유유자적 빌려왔고, 나는 그 까만 비닐봉지에서 만화책을 한두 권씩 꺼내어 읽었다. 책이 눈에 보이면 집어들고 보던 때였다. 책을 많이 읽는 어린이의 머릿속은 대체로 정신없고 시끄러우며 비현실적이기 마련이기 때문에 《소년탐정 김전일》도 어렵지 않게 나의 머릿속에 자신의 자리를 확보하게 됐다. 그렇게 나와 살인 만화, 아니 탐정 만화의 인연은 시작되었다.

여덟 살에 《소년탐정 김전일》을 읽게 되었다는 것은 검정색 실루엣의 살인범에게 무자비한 공포를 느끼게 되었다는 말과 같다. 나는 '오페라 극장 살인 사건'에 등장하는 샹들리에가 추락하는 모습을 잊지 못했고, 등장인물의 얼굴을 알아보지 못할 정도로 난도질해 배 위에 띄워서 돌려보낸 살인마 '제이슨'을 생각하며 덜덜 떨었다. 자려고 바닥에 접이식 소파 겸 침대를 깔고 누우면 피아노 위에 올려둔 인형들이 살인에 쓰이는 트릭처럼 보였다. 한동안은 밤이 너무 무서워서 바닥에서 등을 떼지 못하고 이불을 목 끝까지 올린 뒤 정자세로 자는 게 습관이었을 정도다. 그리고 이걸 두고 보지 못한 여덟 살 많은 언니는 그렇게 누워 있는 나에게 달려와서 "제이슨이다!"라고 외치며 놀래켰다. 그럼 나는 맨날 하지 말라고 짜증을 냈고, 언니는 웃으며 방의 불을 켠 다음 도망갔다. 이런 철없는 언니가 다 있나, 여덟 살의 김겨울은 분해 한다. 언니도 겨우 중고등학생이었으니 지금 생각하면 이해할 만하지만.

그렇게 세기말부터 시작된 김전일 군과의 인연은 무려 25년이 넘게 이어지고 있다. 학창 시절 내내 시리즈를 빌려보던 나는 성인이 된 후 이 시리즈가 무려 전자책으로도 나왔다는 사실을 알게 되었고, 출간되어 있는 모든 전자책을 구매하여 재독한 다음 전자책으로는 나와 있지 않은 특별판이나 소설을 중고로 구해서 읽었다. 그러는 동안 김전일 군은 37세의 김전일 씨가 되었고, 그 와중에 아직 성인이 되지 못한 채 고등학교라는 림보를 영원히 헤매고 있는 또 다른 김전일 군은 30주년 특별 시리즈에 출연하여 다시금 활약하고 있으니, 김전일 군도 나도 잊을 만하면 벌어지는 살인 사건들 속에서 평생을 보내고 있는 셈이다.

서사 혹은 추리

내 기억이 맞는다면《소년탐정 김전일》의 홍보 문구 중 하나는 'IQ 발달에 좋은 만화'였다. 나는 이 문구를 볼 때마다 도대체 김전일과 IQ가 무슨 상관일까를 고민하곤 했다. 이걸 정말 진지하게 추리를 하면서 보는 사람이 있다고? 그렇다고 해도 그게 정말 IQ 발달에 도움이 된다고? 나는 한 번도 이 시리즈를 읽으며 능동적인 추리를 해 본 적이 없다. 아마 그것은 시리즈를 처음 접한 나이가 여덟 살이었기 때문일 것이다. 이번엔 어떤 곳에서 무슨 트릭으로 사건이 벌어질까, 범인은 누구고 김전일은 그걸 어떻게 근사하게 밝혀낼까, 그런 것들이 나의 주된 관심사였다. 이런 식으로 읽는 게 지능에 영향을 주었을 리는 만무하다. 어쨌든 재미있으면 된 거 아닌가. 지금 생각해 보면 매번 사람이 잔인하게 죽고 야한 뉘앙스를 풍기는 장면이나 대사가 등장하는 것에 대한 일종의 면피용 문구가 아니었을까 짐작하게 된다(아닐 수도 있지만).

시간이 흐른 뒤 이 시리즈를 추리물로 진지하게 접근하는 독자들이 꽤 많다는 사실을 알고 놀랐다. 그런 독자들은 에피소드가 공개될 때마다 살인 사건의 타임라인과 알리바이를 정리하며 살인 트릭과 범인을 본격적으로 추리했다. 그런 독자들은 막연한 짐작이 아닌, 각각의 컷에서 공개된 부분과 각도 등을 통해 구체적인 추리를 해냈다. 정말 작가가 이렇게까지 의도했다고? 그런데 그런 독자들

(출처: 《소년탐정 김전일》 1권, 아마기 세이마루 글 · 사토 후미야 그림, 이현미 역, 서울문화사, 2009년)

은 대개 귀신같이 범인을 맞췄다. 작가도 고생깨나 했을 것이다. 그들이 치열하게 사건을 둘러싸고 머리 싸움을 하는 동안 나는 굿이나 보고 떡이나 먹자는 생각으로 뇌의 전원을 껐다.

하지만 이런 나에게도 범인 찍기 능력은 길러졌으니. 《소년탐정 김전일》의 기존 시리즈에서부터 시즌 2와 시즌 2의 Return, 특별편, 30주년 시리즈, 《김전일 37세의 사건부》에 이르기까지 최소 3회독, 최대 10회독을 마친 독자로서 이야기의 패턴을 보고 범인을 찍는 데에는 도가 텄던 것이다. 이미 시즌 2가 나올 때쯤에 범인 찍기 능력을 터득해 정답률이 대략 70퍼센트를 넘어갔고, 나 같은 독자가 많았던 모양인지 이후에 나오는 시리즈에서는 약간의 변형이 등장하곤 했지만 여전히 범인 찍기의 정답률은 높은 편이었다. 비슷한 패턴이 반복되는 추리물의 숙명이라고나 할까. 반전 효과를 주기 위해 눈에 잘 띄지 않는 인물을 범인으로 설정하거나, 주인공의 친한 친구를 범인으로 설정하는 등의 이야기가 여러 차례 등장한 탓이다.

사실 이건 김전일 시리즈만의 특징은 아니고, 추리물에서 흔히 쓰이는 서술 트릭이다. 전 세계적으로 가장 유명한 탐정물일 셜록 홈즈 시리즈의 대표작《주홍색 연구》를 생각해 보자. 여기서도 범인은 독자의 시야에서 벗어나 있는, 마치 식탁 위의 테이블보나 방 안의 의자처럼 존재하는 등장인물이다. 전통과 역사의 반전이라고나 할까. 하지만 이미 수많은 추리물이 나왔고, 김전일 시리즈의 독자들이 그러한 추리물을 섭렵했으리라는 점을 능히 짐작할 수 있는 상황에서, 이런 식의 서술 트릭은 이제 너도 알고 나도 알지만 그래도 재미있게 즐기는 역할극에 가깝다고 느낀다. 범인을 유추하면서도 그가 범인임이 드러났을 때, "아니, 그가 범인이었다고?!"라고 놀라는 것이야말로 독자의 재미다.

꼬리에 꼬리를 물고

《소년탐정 김전일》은 나의 독서 이력에도 영향을 줬다. 여덟 살 때부터 살인 사건을 해결하는 추리 만화를 보고 자랐으니 추리 소설을 읽지 않을 수는 없는 일이다. 앞서 언급한 셜록 홈즈 시리즈나 아르센 뤼팽 시리즈, 애거서 크리스티 시리즈 등이 충실히 나의 독서 목록을 거쳐갔다.

학교 도서관과 시립, 구립 도서관에는 늘 이런 전통의 탐정 시리즈가 구비되어 있었다. 내가 읽은 셜록 홈즈 시리즈는 황금가지에서 출판된 양장본 전집이었다. 수많은 사람들의 손을 거쳐 때가 탄 책에서는 만화와는 다른 힘이 넘쳐났다. 태어나서 처음 읽는 정통 추리 소설이었다. 뛰어난 추리 능력을 지닌 주인공과 그를 보조하는 친구, 둘의 사무실로 찾아오는 사람들과 영문을 알 수 없는 사건들…. 그 모든 게 있었다. 애거서 크리스티 전집은 해문 출판사에서 나온 빨간 표지의 책으로 읽었는데, 한 권당 길이가 길지 않아 도서관에서 쏙쏙 뽑아서 읽던 기억이 난다. 《그리고 아무도 없었다》를 처음 읽었을 때의 충격을 어떻게 설명할 수 있을까. 지금에야 뻔하다고 느껴질지 모르겠지만, 처음 만나는 고전 명작은 충격적인 법이다.

추리 소설의 고전 명작을 만나봤다면 이번엔 다른 스타일의 추리 소설도 만나봐야 한다. 무엇보다 김전일 시리즈를 읽었다면 만나봐야 하는 소설이 있다. 만화에서 매번 김전일에 의해 명예를 걸림 당하는(?) 그 할아버지 말이다(만약 하늘에서 김전일을 보고 있다면 본인의 명예가 매번 광장에 걸리는 광경을 보고 무슨 생각을 하고 있을지 궁금하다). 그 할아버지는 긴다이치 코스케라는 일본의 명탐정 캐릭터로, 요코미조 세이시가 쓴 '긴다이치 코스케 시리즈'는 일본 내에서 오랜 시간 베스트셀러로 자리매김했던 국민 탐정 시리즈다. 대표작인 《팔묘촌》은 영화로는 세 번, 드라마로는 여섯 번이나 만들어졌으니 인기를 짐작할 만하다.

긴다이치 코스케 시리즈를 보면 김전일 시리즈의 으스스함이 직계 혈통의 산물임을 알 수 있다. 거꾸로 말하면 김전일이 긴다이치 코스케의 손자임을 주장하는 것은 김전일 시리즈가 긴다이치 코스케 시리즈의 영향권 안에 있음을 의미한다. 《옥문도》만 해도 처음 방문한 섬에서 어떤 사람들을 만나게 되면서 벌어지는 이야기로, 외딴섬, 그 섬의 폐쇄적인 문화, 공포스러운 사건 등의 이야기 구조가 제법 친숙하다.

《소년탐정 김전일》 시리즈에서 이어지는 독서로 빼놓

을 수 없는 만화도 있으니, 마치 김전일 시리즈의 스핀오프 시리즈처럼 보이는 《탐정학원 Q》다. 이 만화의 인물들은 김전일 시리즈의 주요 인물들의 나이를 반쯤 깎은 다음 다른 세계에 던져놓은 것처럼 보인다. 뛰어난 지능의 소유자지만 어딘가 허술해 보이는 주인공 김전일은 주인공 큐로, 악기 연주를 포함해 뭐든지 잘하는 데다 우아한 외모와 분위기까지 지닌 조연 아케치 경감은 비밀을 품고 있는 조연 아마쿠사 류로 변신했고, 김전일의 소꿉친구 미유키와 늘 캠코더를 들고 이들을 따라다니는 후배 사키는 한 번 본 것을 그림처럼 기억하는 순간 기억 능력자 메구미로 치환된다. 김전일에게 지옥의 광대 타카토 요이치가 있다면, 여기서는 킹 하데스를 중심으로 한 범죄 집단 명왕성이 있다.

그래도 《탐정학원 Q》는 무려 초등학생(!)이 등장하는 만화라 김전일 시리즈만큼 잔인하거나 끔찍하지는 않다. 인물들의 나이만 깎은 게 아니라 '청소년을 위한 김전일' 같은 느낌이 든달까. 몸이 잘려 죽은 시체가 사실은 학생들을 테스트하기 위한 분장이었다든지 하는, 마음을 놓게 되는 장면 같은 것이 있다.

돌이켜보면 여덟 살 때 우연히 읽은 추리 만화 하나로

온갖 곳을 탐험하게 됐다. 온갖 추리 소설과 추리 만화, 여기서 언급하지 못한 각종 작품을 돌아다니며. 김전일 시리즈는 일종의 문이었다고 할 수 있다. 그런데 이제 조금 잔인함을 곁들인. 여덟 살에게 김전일 시리즈를 추천하냐고요? 절대로 절대로 추천하지 않습니다. 하지만 중학생에게 《탐정학원 Q》 정도라면 괜찮을지도….

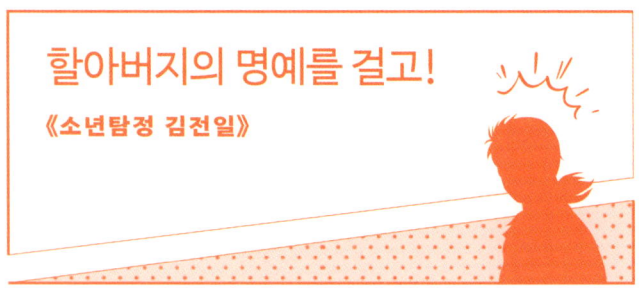

할아버지의 명예를 걸고!
《소년탐정 김전일》

추천 에피소드

내가 《소년탐정 김전일》에 처음 빠져들게 된 계기가 되었던 에피소드는 '이진칸촌 살인 사건'(1992)이다. 김전일 시리즈를 읽어 보았다면 인상 깊게 기억할 가능성이 높은 에피소드기도 하다. 첫 시리즈의 첫 번째 에피소드인 '오페라 극장 살인 사건'에 이어지는 두 번째 에피소드로, 김전일 시리즈의 사건이 매우 잔인한 수위로 벌어질 것임을 선언하는 에피소드다. 글 작가 아마기 세이마루에 따르면 애초에 캐릭터 탐정 만화로 조금은 더 가볍게 기획되었던 《소년탐정 김전일》이 방향을 틀게 된 것은 이진칸촌 살인 사건에서 결정적 힌트로 등장하는 한 장의 사진 때문이었다고 한다.

시리즈에 등장하는 사건이 으레 그렇듯 무대는 도시와 동떨어진 외딴 작은 마을이다. 아오모리현의 '육각촌'이라는 가상의 마을에서 교회를 중심으로 여섯 채의 저택에 살아가는 마을 주민들은 마을의 수호신이라는 미라를 한 구씩 모셔두고 있다. 고등학교 같은 반 친구 와카바의 결혼에 참석하기 위해 육각촌에 방문한 김전일과 미유키, 그리고 와카바의 연인이었던 오다기리 선생은 무시무시한 살인 사건에 휘말리게 되는데….

'소년탐정 김전일' 하면 이 사건을 떠올리는 사람들이 있을 정도로 많은 사랑을 받은 에피소드지만, 놀랍게도 이 에피소드는 김전일 시리즈의 영원한 흠으로 남게 됐다. 시마다 소지의 《점성술 살인 사건》에 나오는 범죄 트릭을 그대로 사용한 표절작이기 때문이다. 해당 소설에 등장하는 핵심적인 트릭은 6구의 시체를 재조합하여 마치 7구인 것처럼 보이게 만드는 일종의 심리 트릭으로, 이진칸촌 살인 사건의 가장 중요한 트릭이자 이제는 널리 알려져 여러 차레 패러디가 된 트릭이기도 하다. 표절 사실을 알기 전까지만 해도 이진칸촌 살인 사건은 내 마음 속에서 1위를 다투던 에피소드였는데 사실을 알고 나서는 푸쉬쉬 김이 새 버렸다. 하지만 시마다 소지의 원작 소설로 바람 빠진 마음에 도로 바람을 채워보자.

이진칸촌 살인 사건 이후 내 마음에 오랜만에 불을 지폈던 에피소드는 시즌 2의 '고쿠몬 학원 살인 사건'이었다. 시리즈가 시작되었던 1992년에 비해 2004년에 시작된 시즌 2에서는 작화가 많이 변했고 김전일 시리즈 초기의 처절하고 스릴러적인 분위기도 퇴색된 감이 있는데, 고쿠몬 학원 살인 사건에서만큼은 시리즈 초기의 분위기가 느껴진다.

이야기는 어김없이 공부 못하는 김전일 때문에 시작된다. 맨날 학교에 지각하고 땡땡이 치고 숙제도 안 하는 김전일이 유급만은 면하게 하기 위해 친구 무라카미가 자신이 다니는 고쿠몬 학원을 미유키와 김전일에게 소개해준다. 원래도 악명 높은 이 학원에서는 2박 3일의 스파르타식 합숙까지 진행하는데, 밀림 한가운데에 있는 건물(별명이 무려 '알카트라즈'이다)에서 하루 종일 공부만 하는 프로그램이다. 합숙에 참여한 김전일과 친구들은 무시무시한 살인 사건에 휘말리게 되는데….

　이 이야기에서 무엇보다 마음에 들었던 것은 사용된 트릭이다. 여기서 자세히 설명할 수는 없지만 가장 백미가 되는 트릭은 '갔다 오는' 트릭이다. 예전에 김혜리 기자가 라디오에서 〈매드맥스: 분노의 도로〉를 설명하면서 "갔다 오는 이야기"라는 설명이 정말 재미있었다고 말한 적이 있는데, 이 사건의 트릭 역시 굳이 요약한다면 '갔다 오는 이야기' 정도가 될 것이다. 어떻게 '갔다 오는'지에 대해서는 말할 수 없고, 그저 직접 읽어보시라고 말할 수밖에. 여러분도 직접 '갔다 오'시길 바란다. 이 정도의 설명이라면 읽은 사람도 읽지 않은 사람도 만족할 만한 설명이라고 믿는다.

　마지막으로 한 에피소드를 꼽는다면 잊을 수 없는 비극, '괴도 신사의 살인'을 빼놓을 수 없다. 사실 이 에피소드는 트릭이 뛰어나다거나 스릴러적으로 탁월한 작품은 아니다. 내가 이 에피소드를 생각할 때 떠올리는 것은 넓게 펼쳐진 라벤더 꽃밭, 화가의 그림 속 반짝이는 여성의 머리칼과 꽃 냄새를 맡는 작고 흰 강아지 같은 것들이다. 말하자면 이 에피소드는 나에게 아름다움으로 기억되어 있다. 무엇보다도 등장인물 중 한 명의 슬픔과 애절함, 김전일의 눈물 같은 것들이 이 비극을 오래도록 기억하게 만든다.

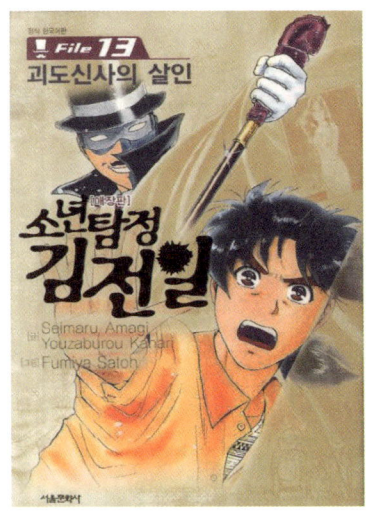

(출처: 《소년탐정 김전일》 13권, 아마기 세이마루 글, 사토 후미야 그림, 이현미 역, 서울문화사, 2011년)

    사건은 '괴도 신사'로부터 시작된다. 명화를 훔치기 전 도전장을 보내고 귀신같이 등장해 명화를 쏙 훔쳐 가고는 심지어 그림의 소재까지 훔쳐 가는 괴도 신사가 이번에는 가모우 고조라는 화가에게 도전장을 내민다. 이에 켄모치 경부가 김전일에게 도움을 요청해 가모우 화백의 집에 함께 방문하게 되는데, 김전일은 그곳에서 가모우를 일약 스타덤에 올려준 작품 '내 사랑하는 딸의 초상'의 주인공이 자신의 고등학교 친구 이즈미 사쿠라라는 것을 알고 놀란다. 경찰의 감시가 준엄한 가모우 화백의 아틀리에에서 김전일 일행은 무시무시한 살인 사건에 휘말리게 되는데….

김전일 시리즈에서 드물게도 이성보다는 감성으로 읽게 되는 에피소드다. 각각의 등장인물의 특징이 명확하고 범인의 비밀도 처절하다. 감정선이 명확하게 살아 있는 데다 괴도 신사와 관련한 약간의 개그적 요소도 있어 이야기와 연출의 완성도가 높다. 김전일 시리즈의 무시무시함을 피해 조금 부드럽게 시작해보고 싶다면 추천할 만한 에피소드다.

일상과 환상, 미신과 논리

김전일 시리즈의 에피소드는 대체로 일정한 패턴을 지닌다. (1) 김전일과 김전일의 주변 사람에게 어떤 일이 일어난다(좋은 일일 때도 있고 불길한 일일 때도 있다). (2) 그 일을 계기로 하여 김전일과 미유키, 사키 등의 친구들이 함께 관련된 현장을 방문한다. (3) 그 현장에 참석한 여러 명의 사람들은 어쩐지 서로를 원래부터 알고 있는 것처럼 보인다. (4) 벗어날 수 없는 그 공간에서 연속으로 살인 사건이 벌어진다(해결이 불가능해 보이는 살인 트릭을 쓰기 때문에 사람들은 대체로 외부인의 소행을 의심한다). (5) 김전일이 천재적인 두뇌를 발휘해 범인을 찾아내고(늘 "이 안에" 있다), 사건을 해결한다.

여기서 (1)과 (2)는 사건의 분위기를 만들어나가는 단계로서의 기능을 맡는다. '어떤 일'은 이를테면 결혼식, 스키 여행, 보물찾기 광고의 발견, 살인자의 초대장 등이고, '현장'은 이를테면 외부와 연락이 닿지 않는 외딴섬, 시골 마을, 오래된 학교 건물, 깊은 산 등이다. 말하자면 '무언가의 계기를 통해 일상의 공간과는 다른 공간에 진입'하는 것이다. 일상 공간에서 펼쳐지는 에피소드도 있긴 하지만, 기본적으로 사건들은 처음 방문했거나 오랜만에 방문한, 외딴곳에서 발생한다.

이 외딴곳은 살인 사건의 안전한 무대로서 기능한다. 일상이 공유되지 않는 곳, 동떨어진 그곳에서 벌어지는 일은 김전일과 미유키의 일상, 더 나아가 독자의 일상과는 무관하며, 그곳에서는 일상의 법칙 역시 통용되지 않는다. 유일한 다리가 끊어진 섬에서는 탈출이 불가능하고 유일한 전화선이 끊어진 곳에서는 구조 요청이 불가능하다. 외딴곳에 모인 사람들은 벗어날 수 없는 그 무대 안에서 자신의 카르마와 마주해야만 한다. 죽음의 광대 타카토 요이치가 살인 사건을 자신의 작품으로 여길 때, 사실 그는 《소년탐정 김전일》이 정해진 무대에서 정해진 분량 동안 살인 사건을 펼치는 작품임을 은근히 암시하고 있다(물론 살인을 '예술 작품'이라고 부르는 건 적잖이 꼴사납지만). 김전일이 존재하는 이상 해결되지 않고 끝나는 사건은 없을 것이며, 범인은 반드시 "이 안에" 있고, 요이치가 준비한 작품은 반드시 (김전일이 승리하는) 결말에 이를 것이다.

그러므로 김전일 시리즈의 패턴은 독자의 입장에서 다음과 같이 서술될 수도 있다. (1) 김전일과 김전일의 주변 사람에게 어떤 일이 일어난다. (2) 그 일을 계기로 하여 김전일과 친구들은 무대로 이동한다. (3) 외부와 단절된 무대에서 살인 사건이라는 연극이 벌어진다(사람들은 김전일에 의해 사건이 해결될 것임을 알고 있다). (4) 김전일이 사건을 해결하고, 김전일과 친구들은 무대에서 내려온다.

연극을 보는 일은 안전하다. 이 글에서 내가 큰 죄책감 없이 작품 속의 살인 사건을 줄줄 꿸 수 있는 이유도 그 때문이다. 실존하는 사람은 아무도 죽지 않았고 주요 인물들은 아무도 살아 있지 않다. 그래서 김전일은 절친했던 사키 1호(사키 류타)의 죽음을 천년만년 슬퍼하는 대신 다시금 사키 2호(사키 류지)와 함께 무대로 나선다. 그러나 동시에 연극은 몰입을 요구한다. 그래서 사람들은 김전일과 미유키가 언제 이어질까 기대하고 김전일이 복수심에 불타는 범인을 달랠 때 조마조마해한다. 매번의 무대에서 사람들은 진심으로 추리하고 진심으로 즐거워한다.

진심으로 즐거워하는 선은 여기까지다. 그러니까 창작물을 넘어서는 순간 우리는 그것을 진심으로 즐길 수 없으며, 그래서도 안 된다. 그런 의미에서 이런 연극은 일종의 시뮬레이션이자 공포 해소의 수단이다. 우리가 사는 세계를 통제할 수 없으며 무슨 일이 일어날지 모른다는 공포는 추리라는 잘 든 칼 앞에서 분해되고 해소된다.

그런 의미에서 김전일 시리즈에서 사건마다 흐르고 있는 미신과 주술의 분위기는 김전일이 맞서 싸우는 대상이 무엇인지를 보여준다. '외딴곳'에 방문할 때마다 김전일과 미유키는 그 곳에서만 통용되는 오래된 소문과 미신을 전해듣는다. 소문은 다양하다. 학교에는 으스스한 7대 불가사의가 있고 마을에는 손 대서는 안 되는 수호신이 있으며 산장의 라디오에서는 멀지 않은 감옥에서 탈출한 살인범의 소식이 들려온다. 사람들은 소문에 의해 움직이고, 미신이 손상을 입는 순간 불운이 다가오리라는 공포에 사로잡힌다. 첫 살인 사건의 순간 대부분의 등장인물이 보여주는 반응은 "신이… 신이 노하셨다!" 류다. 그러나 그러한 소문은 대부분의 경우 범인이 미리 퍼뜨려놓은 소문으로, 사람들이 믿어온 비논리적인 미신이 사실은 살인자의 지극히 논리적이고 개인적인 동기에서 출발했다는 점이 드러난다.

 추리물은 기본적으로 인간의 이성과 논리를 기반으로 하여 미신과 싸우는, 근대의 장르다. 귀신이 등장해 억울함을 호소하거나 근거 없는 모함으로 마녀사냥을 하는 곳에서 추리물이란 성립하지 않는다. 추리는 증거와 논리로 무장한 탐정(직업을 막론하고, 정신적인 상태에서의)이 해결의 주체가 되어 범죄의 내막을 밝히고 범죄 이전의 출발로 거슬러 올라가는 사태이다. "말하자면 탐정 이야기는 위임을 받고 증거에 따라 추적하는 것이며, 증거들을 해석할 때 오성悟性을 추종한다."(《오늘의 문예비평》, '탐정소설에 관한 철학적 견해', 에른스트 블로흐 저, 서요성 역, 오문비, 2006년 봄.) 그러므로 우리는 공포스러운 추리물 안에서 이성의 권능을 다시금 확인하고 잠시간 안심한다. 이는 차라리 미신을 무찌르는 현대의 무협이라고 부를 만하다. 실제로 사건을 해결한 뒤 이를 사람들에게 알리는 김전일의 원맨쇼는 사실상 17 대 1의 싸움에서 승리한 자의 선언처럼 보인달지.

나의 길티 플레저

시간이 흘러 기존 시리즈를 다시 읽으면 신경 쓰이는 데가 한두 군데가 아니다. 무엇보다 가장 신경 쓰이는 건 김전일 군의 가슴 타령이다. 정확하게는 틈만 나면 야한 생각을 하는 정신머리가 문제랄까…. 물론 김전일이 극 중 고등학생이니 그 나이대 남자 청소년의 뇌 구조를 생각한다면 이해할 만한 부분도 있고, 지능이 뛰어난 김전일이 허당 캐릭터를 가질 수 있도록 하기 위한 여러 설정 중 하나이기도 하지만, 그걸 표현하는 방식에 있어 지나치게 여체를 부각하고 성적 대상화하고 있다는 사실을 부정하기는 힘들다. 팬티 속을 보여주는 이른바 '서비스컷' 같은 장면도 심심치 않게 나오니까. 그래서인지 시간이 흘러서 읽을 때는 아우, 전일아, 알겠는데 좀 작작해라, 소리가 나오기도 했다. 아무리 여자 선배를 골탕 먹이고 싶어도 그렇게 몰래 팬티를 벗기고 그러면 감옥 간다 이 친구야….

세월을 거치며 김전일 시리즈의 등장인물들도 모두 많이 변했다. 오리지널 시리즈의 1권에 등장하는 김전일과 30주년 기념판의 김전일을 비교하면 이게 누구야 싶을 정도다. 짙은 눈썹과 질끈 묶은 머리는 비슷하지만 얼굴도

갸름해졌고 목도 길어졌고 살도 빠졌고 눈도 미소년 만화에 가까워졌고…. 아니, 나는 25년을 착실하게 늙어왔는데 김전일과 친구들만 (아니 악당들까지도) 회춘해 버리면 어떡해요. 하지만 이마저도 세월이 주는 깊은 맛이라 여기는 것이 팬의 도리겠다.

마지막으로 김전일 시리즈에 바라는 게 있다면 딱 두 가지다. 첫째,《소년탐정 김전일 외전 범인들의 사건부》한국어판 정발. 그 수많은 사건의 다양한 범인들이 난도 높은 트릭을 준비하느라 개고생을 하고 결국 김전일에게 패배하는 과정을 담은 개그물인데, 짤 몇 개만 봤는데도 폭소의 예감이 든다. 우리나라의 김전일 사랑단을 위해 번역해 주었으면 하는 소망이 있다. 둘째, 김전일 시리즈의 만수무강. 1992년에 시작해 30년을 넘은 이 시리즈가, 부디 앞으로도 오랫동안 계속되기만을 바란다. 계속될 수만 있다면, 나는 솔직히 퀄리티에 있어서는 너그러울 마음이 있다. 박수칠 때 떠나지 마시고 설령 아무도 박수 안 쳐도 아득바득 계속 그려주시기를…. 그러면 아득바득 계속 볼 작정이니까….

20세기 희망

《20세기 소년》

수능 시험이 끝난 후, 고등학교 3학년 학생이 드디어 제대로 된 휴식을 갖는 그 어느 때보다도 중요한 시간에, 나는 돌이켜보건대 그때 할 수 있는 가장 현명한 선택을 했다. 집에 도착해 가방을 집어던지고 전화로 피자를 시킨 뒤 동네 만화방에 가 책장 두 칸을 뽑아 왔던 것이다. 정확히는 책장 두 칸에 들어 있던 스물 몇 권짜리 만화책 세트를 통째로 뽑아 왔다. 만화방의 대여 기간은 보통 하루였지만 나는 그걸 하루만에 다 읽을 자신이 있었다. 어릴 때부터 수많은 책 읽기로 단련된 나의 만화 읽기에 어디 한번 도전해 보시지. 검은 비닐봉지 몇 개를 짤랑짤랑 들고 집에 돌아와 도착한 피자를 씹으며 만화책을 펼쳤다. 이게 인생이지!

이날의 독서는 우라사와 나오키와의 첫 만남으로 영원히 기억되게 된다. 빌려온 만화책은 《20세기 소년》이었다. 어떻게 알고 빌렸는지는 모르겠지만 수능을 치기 전부터 수능이 끝나면 꼭 읽어야겠다고 생각하고 있었다. 《강철의 연금술사》나 《데스노트》같이 학창 시절에 보던 만화와 달리 '어른의 만화' 같은 느낌의 작품이었기 때문인지도 모른다. 혹은 디스토피아 장르를 좋아하지 않고는 못 배기는 나의 취향이 일찍이 드러난 것일지도. 만화책을 읽기 전 내가 알고 있던 것은 사이비 종교로 세계를 정복하려는 '친구'라는 악당이 등장한다는 것 정도였다. 그러고 보니 세 번째 이유는 아마도 사이비 종교에 대한 나의 관심 때문이었던 것 같다.

처음 《20세기 소년》을 읽은 그 순간부터 나는 '가장 좋아하는 만화책 목록'에 《20세기 소년》을 올리지 않을 수 없었다. 사이비 종교와 공포, SF와 디스토피아, 초능력과 정치 싸움, 소년 만화적 권선징악과 어른의 희망이 하나의 이야기 안에서 춤을 췄다. 그 어느 부분도 보기 싫게 툭 튀어나오지 않은 채로, 하나의 자연스럽고 장대한 서사를 완성하며. 그 안에서 저런 세세한 요소 같은 것들은 하나도 중요하지 않았다. 정신없이 이야기를 따라가고 나면 비로소 그 안에 저렇게 많은 요소들이 있었구나, 깨닫게 되는 식이었다. 야, 이거 작가 누구야. 정신 나간 인간이네. 너무 재밌다. 당연한 수순대로 《몬스터》를 읽었다. 그리고 나는 '가장 좋아하는 작가 목록'에 우라사와 나오키를 추가하게 된다.

종말과 기술

《20세기 소년》은 1970년대 소년 시절을 보낸 주인공 켄지와 그의 친구들이 성인이 된 시점에서 시작한다. 1997년, 켄지는 평범한 편의점 점장이 되어 누나의 딸 칸나를 키우며 살고 있다. 락스타를 꿈꾸며 기타를 치던 그의 젊은 시절도 스러져 가고, 매일 반복되는 일상 속에서 살아가던 켄지에게 도착한 것은 어린 시절 친구였던 동키의 부고다. 하지만 켄지는 동키의 죽음에 뭔가 석연치 않은 부분이 있다고 생각한다. 그리고 급작스럽게 발생하는 세계 여러 지역의 의문사. 이어지는 사건들은 켄지와 친구들이 어린 시절 '예언의 서'라는 이름으로 썼던 사건들과 꼭 닮아 있다. 켄지와 친구들은 이 모든 일의 배후에 자신들과 관련된 무언가가 있으리라 예감하고, 사태를 해결하기 위해 소년의 마음으로 돌아가 사건에 뛰어들게 된다.

배후에 있는 단체 '친구'는 사이비 종교에서 시작하여 어느새 거대 로봇을 만들 정도로 강력한 힘을 지닌 단체가 되고, 거대 로봇으로 벌어지는 무차별 학살을 저지하고자 했던 켄지와 친구들은 오히려 사건의 범인으로 역사에 남는다. 그리고 시작되는 2001년, 21세기는 '친구'와 '친구'가 이끄는 우민당의 시대다. 21세기는 1970년대의 반대 테제로서, 즉 기술 문명이 몰락하고 종교를 기반으로 한 전체주의적 정권이 집권하는 시대로서 드러난다. 1970년대는 새로운 기술의 발달을 통한 미래를 꿈꾸던 시기였다. 1970년 오사카에서 열렸던 만국박람회는 당시 일본의 분위기를 대변하는 동시에 이야기의 중요한 소재가 된다. 그렇게 20세기 소년들이 가졌던 미래에 대한 부푼 꿈은 21세기의 절망 앞에서 고꾸라지고, 세상은 몰락한다.

나에게는 그 선택이 제법 흥미로웠다. 생각해 보면 20세기 말에는 세상이 망한다는 전 지구적인 호들갑이 있었다. 휴거 소동이 있었고, 밀레니엄 버그, 이른바 Y2K가 있었고, 영화 〈매트릭스〉와 〈아마겟돈〉이 있었다. 이상한 시기였다. 사람들의 미신적인 불안과 그 불안을 동력으로 하는 종교적 열풍과 인터넷을 비롯한 새시대의 과학 기술이 혼란스럽게 중첩되어 있었다. 사람들은 거리낌 없이 배꼽티를 입거나 귀를 뚫고 테크노 음악을 들었다. 무언가 새로운 것이 우리를 기다리고 있으리라는 믿음. 우리는 지극히 설레했고 지극히 두려워했다. 1999년에 연재를 시작한 우라사와 나오키도 이런 분위기를 한껏 느끼고 있었을 것이다.

종말과 기술. 당시 엄청난 흥행을 기록한 〈매트릭스〉 시리즈에서도 드러나는 이 결합은 인류가 20세기에 이르러 처음 만나는 매혹이었다. 인간 전체를 기계로 만들거나, 인간 전체를 살육할 수 있는 무기가 등장하거나, 인간 모두를 연결하는 네트워크 같은 것이 존재할 수 있다는 상상은 20세기에 와서야 구체적인 형태로 가능한 것이었으니까. 거대한 기술은 거대한 힘을 의미하며, 거대한 힘은 거대한 지배를 가능케 한다. 거대한 지배와 종말이 만나면 끝장나는 디스토피아 작품이 된다.

디스토피아 작품의 매력은 비인간성으로부터 그려내

는 인간성에 있다. 비인간성은 종종 과학 기술을 통해 달성된다. 그 유명한 《1984》와 《멋진 신세계》에서부터 영화 〈이퀼리브리엄〉과 〈매트릭스〉에 이르기까지, 디스토피아 세계의 권력자는 인간이 인간다움을 상실하기를, 그래서 그것을 자신에게 이양하기를 요구한다. 그것은 감정이 될 수도 있고 자유가 될 수도 있고 심지어 육체가 될 수도 있다. 그래서 기술을 이용해 약을 먹이거나 육체를 빼앗거나 도청을 한다. 인간다움의 일부를 권력에 이양하고 남는 것은 껍데기뿐이다. 이성만 남은 인간, 정신만 남은 인간, 명령에만 복종하는 인간. 그러나 디스토피아 작품의 핵심은 그럼에도 불구하고 그들이 인간성의 전부를 넘기지 않는다는 데서 기인한다. 감정을 지우는 약을 거부하는 주인공, 권력의 눈을 피해 일기를 쓰는 주인공, 기계의 지배로부터 벗어나 고통스러운 현실 세계를 향하는 주인공이 있다. 아니, 우리는 너에게 모든 것을 넘기지 않을 거야. 우리는 기계가 아닌 인간이야. 그 시도는 때로는 성공하고 때로는 좌절하지만, 그 시도 자체에서부터 우리는 어떤 경이와 흥분을 느낀다.

《20세기 소년》이 그리는 디스토피아는 〈이퀼리브리엄〉이나 〈매트릭스〉가 그리는 것처럼 극도의 기술을 이용

(출처: 《20세기 소년》 1권, 우라사와 나오키 저, 서현아 역, 학산문화사, 2008년)

해 인간을 억압하는 곳은 아니다. 오히려 그곳은 문명을 멸망시킴으로써 얻은 권력에 기반한 곳이다. 앞에 언급한 작품들이 종교적 열광과 최첨단의 기술이라는 두 갈래의 흥분 사이에서 후자를 선택했다면, 《20세기 소년》은 전자를 선택한다. '서력이 끝나는 해' 이후 30억 명이 죽고, 사람들은 허름한 판잣집에 살며 TV는 지난 세기의 흔적이 됐다. 그리고 사람들은 '친구'를 우상으로 섬기고 있다. 그 기반이 되는 것은 오히려 초능력이다. 죽었다 살아나는 능력, 공중에 부양하는 능력. 이에 대항하는 칸나의 능력도 마찬가지로 초능력이다. 그래서 《20세기 소년》의 선택은 기술의 가장 반대편에 있는 선택이다.

물론 '친구'의 통치 이후 불량한 학생들은 VR 같은 가상 현실 시뮬레이터를 통해 교육을 받긴 하지만, 시뮬레이터가 재현하는 세계가 교주 '친구'의 과거인 탓에 주로 그려지는 모습은 1970년대 일본 동네의 모습이다. 극의 후반부에서는 이 시뮬레이터가 사건 해결의 열쇠가 되면서 차라리 과거로의 시간 여행에 가까운 기능을 한다는 점에서, 《20세기 소년》의 디스토피아가 기술의 파괴를 통한 디스토피아라고 말해도 무리는 없을 것이다. 이곳은 차라리 종교적 디스토피아다.

《20세기 소년》의 종교적 디스토피아를 뚫고 가는 힘, 사람들을 흥분시키는 힘은 어디서 기인하는가? 여기서도 인물들은 말한다. "아니, 우리는 너를 가만히 두지 않을 거야. 이렇게 계속 사람들을 괴롭히게 두지 않을 거야." 허름한 옷을 입고 기타 한 대를 메고 돌아다니는 켄지는 자신이 만든 노래로 사람들을 끌고 다닌다. 기술로 사람들을 지배하는 권력을 파괴하기 위해 기술로(최소한 기술을 무화시키는 방향으로) 맞붙어야 한다면, 종교적 열광으로 사람들을 지배하는 권력을 파괴하기 위해서는 또 다른 열광으로

맞붙어야 한다. 켄지의 콘서트는 대성공이다. 사람들은 새로운 열광으로 새로운 시대를 맞이하게 될 것이다.

유년기의 가시들

그리고 켄지가 마지막에 이르러 하는 일은 무엇인가? 사과다. 어린 시절 자신이 저지른 잘못에 대한 사과, 친구에게 보내는 사과. 모든 일이 시작된 과거로 돌아가 켄지는 사과를 한다. 그리하여 켄지와 친구들은 진정한 친구가 되고, 친구가 아니었던 '친구'는 친구가 될 가능성을 발견한다. 비록 그것이 가상이라고 해도.

어린 시절의 친구 관계에는 정말 이상한 데가 있는 것 같다. 처음 보는 친구와도 평생을 함께한 것처럼 신나게 놀 수 있는데 매일 보는 친구도 불현듯 모르는 사람처럼 굴 수 있는 그런. 친구의 생일 파티에 초대받아 놀러 가면 으레 모르는 친구들이 있었다. 그 아이의 다른 반 친구거나 학원 친구거나 하는 친구들이었다. 그리고 우리는 아랑곳하지 않고 함께 뛰어다녔고, 다음 날이 되면 바람처럼 서로를 잊어버렸다. 그런 아이가 있던 모양이지, 재미있게 잘 놀았으면 됐지, 라고 선언하는 것처럼. 그런가 하면 생일 선물을 들고도 나를 외면하는 친구들 사이를 뚫고 갈 수가 없어 조용히 뒤에 서 있고, 그러다 선물은 전해주지도 못하고 도로 집으로 돌아가는 그런 서글픈 날도 있는 것이다. 그런 날엔 왜 그렇게 다들 크게 웃었을까? 그리고 내 선물은 왜 그렇게 보잘것없었을까? 나를 빼놓고 가위바위보로 술래잡기의 술래를 정하는 아이들에게서 상처받지 않기는 힘들다. 그리고 이런저런 모든 날들이 스치듯이 그 아이를 지나쳐 간다. 차곡차곡 추억이 되거나 상처가 되어.

그런 시절의 발언들은 기이한 데가 있다. 망신을 당하고 온 친구에게 "너는 죽었다."라고 말한 등장인물처럼. 혹은 세계가 세균 공격을 받을 것이라고 선언하는 '예언의 서'처럼. 아홉 살 땐가, 친구랑 요즘 보는 만화를 두고 수다를 떨다가 《달의 요정 세일러 문》 이야기가 나왔는데 그때 친구가 그랬다. "넵튠이 우라노스를 죽일 거야. 너도 비슷하니까 잘 생각해봐." 무슨 비밀을 알려주듯이 그걸 속삭인 친구는 이내 얼굴색을 바꾸고는 팔랑팔랑 뛰어갔다. 무슨 뜻이었을까? 별 뜻 없었던 걸까? '무시무시한 세균 병기로 샌프란시스코와 런던'을 공격하고, '원자력 거대 로봇'이 도쿄에 세균을 뿌리면서 도시를 파괴하고, 거기에 맞서 아홉 명의 전사가 싸운다는 이야기를 쓴 켄지는 쓸 때에는 그저 신나게 공상을 하고 있었을 뿐이다. 그게 실현이 된 게 문제였지.

그러니까 켄지가 애초에 제대로 사과만 했어도, 혹은 문제의 친구가 조금만 포용적이었어도, 혹은 또 다른 친구가 조금만 덜 악의적이었어도 세계가 멸망하지는 않았을 것이라는 게 《20세기 소년》의 골 때리는 지점이다. 세계 정복의 꿈을 누가 진짜로 꾸냐! 심지어 그걸로 어린 시절의 복수를 하고! 하지만 생각해 보면 어린 시절의 상처는 유난히 깊게 남는 법이고, 그게 어떤 트리거가 될 수도 있을 것이다. 그래서 사람이 사과를 꼬박꼬박 해야 하는 것이다. 어린이든 어른이든.

사실 《20세기 소년》을 이끌어가는 중요한 연출 중 하나는 공포다. 중요한 곡절마다 공포가 엄습해 온다. 아무도 없는 불 꺼진 과학실, 목을 매고 있는 소년과 달걀귀신, 학생을 차에 태워 도망치는 선생, 시뮬레이터에서 우연히 발견하는 과거의 단서…. 솔직히 너무 무섭다. 너무 무서워요. '친구'가 누구인지 밝혀지는 순간은 영화 〈알 포인트〉에서 단체 사진의 비밀이 밝혀질 때만큼 무섭다. 지금까지

《20세기 소년》을 네 번인가 정주행했는데, 정주행할 때마다 매번 소름이 돋는다. 이야기에 허술함이 좀 있긴 하지만, 공포와 SF와 모험을 좋아한다면 충분히 시도해볼 만한 만화다. 그러고 보니까 김전일 시리즈도 그렇고 나 조금… 무서운 걸 좋아하나 보다. 언젠가 이런 원고를 또 쓸 날이 온다면 그때는 이토 준지 시리즈에 대해 써 봐야겠다. 무서운 수작이 또 있다면 알려주세요. 꼭 읽어 보겠습니다.

수신지의 인생 만화

수신지 《며느라기》, 《곤GONE》, 《반장으로서의 책임과 의무》 등을 그렸다.

내가 사랑하는 작가 마스다 미리
《주말엔 숲으로》, 《결혼하지 않아도 괜찮을까?》

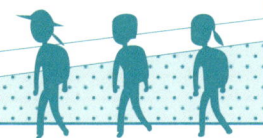

오사카에서 열리는 '아시아 북 마켓' 행사 초대 메일을 받았다. 오사카는 항상 가보고 싶었던 도시였기에 기쁜 마음으로 수락하는 답장을 보냈다. 오사카행을 결정하자 머릿속에 한 문장이 떠올랐다.

'1969년 오사카 출생.'

마스다 미리 작가 소개글은 항상 이렇게 시작한다. 혹시 다르게 시작하는 경우는 없을까 살펴보았지만 모두 같았다. 마스다 미리에게 오사카는 어떤 각별한 의미기에 소개글 첫 줄에 빠지지 않고 등장할까? 마스다 미리의 책을 펼칠 때마다 마스다 미리의 오사카를 상상해 보곤 했다. 그는 오사카에서 학교를 졸업하고 회사를 다니다 도쿄로 거주지를 옮겨 작가 생활을 시작했다고 알려져 있다. 회사원 시절 마스다 미리의 모습은 그의 작업물 여기저기 조각으로 등장한다. 그 모습을 오사카를 배경으로 올려놓고 상상해 보곤 했다. 답장에는 담지 못했지만 속으로 외쳤다. '마스다 미리의 오사카에 간다!'

내 방 책장에 꽂힌 마스다 미리의 책을 찬찬히 살펴보았다. 총 스무 권이었다. 한 작가의 책들이 가장 많은 자리를 차지하고 있다. 음식을 소재로 한 책이 두 권, 여행 이야기가 세 권, 일상 이야기가 열다섯 권이고, 장르로 구분하면 만화가 열네 권, 에세이가 세 권, 만화와 에세이가 섞인 구성의 책이 세 권이다. 구입한 책이 스무 권일 뿐 출간된 책은 그 두 배를 훌쩍 넘길 것이다. 마스다 미리를 좋아한다고 말하지만 아직 그의 책을 다 읽지는 못했다. 한 해에 서너 권의 책을 출간하니 자칫 바쁘게 지내다 보면 읽지 못한 책이 후루룩 쌓인다. 한국에서 책 관련 행사를 단 한 번 했다고 들었다. 《여자라는 생물》과 《나는 사랑을 하고 있어》 출간을 기념한 행사였다. 작가가 얼굴이 노출되는 것을 원하지 않아 행사 사진은 남아 있지 않다. 어디에서 어떤 모습으로 한국의 독자를 만났을까? 상상해 볼 뿐이다. 기사를 검색해도 작가의 얼굴을 볼 수 없고 당연히 목소리도 알지 못한다. 어떤 인터뷰에선가 얼굴이 노출되면 자료 조사하기가 어려워 얼굴을 드러내지 않는다고 말했던 것으로 기억한다. '혹시 이번 오사카 책 행사에서 우연히 만나게 되는 건 아닐까? 얼굴은 모르지만 왠지 느낌으로 알아챌지도 몰라.' 오사카행 짐을 싸며 마스다 미리를 생각하다가 책장에 꽂힌 그의 책을 다 꺼내 다시 읽어 보기로 했다.

소소함을 발견한 마스다 미리

마스다 미리를 처음 알게 된 건 《주말엔 숲으로》, 《결혼하지 않아도 괜찮을까?》 두 권의 책에서였다. 비슷한 시기에 한국에서도 출간된 이 책은 삼십 대 여성들의 소소한 삶의 고민이 담겨 있다. 한 권을 읽고 '오! 이거 완전 내 애기잖아!' 하며 빠르게 다른 책을 구입해 읽은 기억이 난다. '이 일을 계속하는 게 맞을까?', '결혼은 꼭 해야 할까?', '내 삶의 속도 이대로 괜찮을까?' 답도 없는 고민을 쉴 새 없이

하는 주인공이 소름 끼칠 정도로 나와 내 친구들과 닮아 있어서 격하게 고개를 끄덕이지 않을 수 없었다. 비슷한 고민을 가진 사람을 만나면 그 존재만으로 안도하게 되는 것처럼. 마스다 미리의 세상에서 그런 안도감을 느꼈다. 안도만 얻은 것은 아니다. 이야기의 끝에 가면 '그래, 한 번 더 힘내 보자.' 다짐도 하게 된다. 소소한 이야기를 통해 던진 돌멩이가 내 마음속에 점점 큰 동그라미를 만들며, 무언가 좋은 변화가 생겨나는 것을 느끼게 된다.

마스다 미리의 작품을 이야기할 때 빠뜨릴 수 없는 '소소한'이라는 형용사에 대해 생각해본다. 일상, 평범, 하루 등의 단어와 함께 마스다 미리를 따라다니는 단어다. 내가 운영하는 귤프레스 출판사로도 '소소함'을 내세우는 투고 원고 메일이 가끔 온다. '소소한 일상을 담았습니다.', '소소함 속 특별함을 이야기했습니다.' 죄송하지만 큰 기대를 하게 되지는 않는다. 소소함으로 줄 수 있는 놀라움과 깨달음은 마스다 미리가 충분히 건넸다고 생각한다. '이렇게 소소한 소재로 완성도 있는 이야기를 만들 수 있구나.' 하는 감상을 마스다 미리가 독점한 건 아니지만, 다른 이가 내세우는 소소함에서는 왠지 조금 김이 빠진 느낌을 받는다. '소소한 ○○'라는 표현이 지금은 너무 흔하지만 마스다 미리가 데리고 등장한 소소함은 눈이 확 뜨일 만큼 신선했다. 카페에서, 공원에서 우리가 나누는 작은 대화로도 큰 이야기를 이끌어낼 수 있다는 것을 보여 주었다.

단순해도 괜찮을까?

마스다 미리의 그림은 단순하다. '이렇게 단순하게 그려도 괜찮은가?' 싶을 정도로 생략된 부분이 많다. 자주 등장하는 배경인 회사, 집, 거리의 표현은 도식적이고 반복적이다. 어릴 때 그리던 브로콜리 같은 나무, 투시가 없는 건물, 자동차가 등장한다. 인물 표현도 마찬가지다. 등장인물이 헷갈리지 않도록 다양한 스타일로 섞어 그리는 것이 만화의 기본이라고 생각했는데 그가 그린 사람들은 모두 마른 체형에 유니클로를 입은 듯 밋밋한 옷차림을 하고 있었다. 그런데 신기하게도 잘 구분이 된다. 인물이 헷갈려 다시 앞 페이지로 돌아간 일이 없다. 이쯤 되면 '이렇게 단순하게 그려도 읽는데 아무 문제 없잖아? 나도 마스다 미리처럼 단순하게 그리겠다!'라고 생각하는 작가도 있을 것이다.

실은 내가 그렇게 생각했다. '마스다 미리처럼 그리면

빨리 많은 양을 그릴 수 있을 거야.'라고 생각했었다. 그런데 따라 그려 보니 내가 만화를 그리며 했던 선택들이 다 이유가 있었다는 것을 알 수 있었다. 완성도 있게 보이기 위한 본능적인 선택이었다. 마스다 미리를 따라 한다고 컬러 빼고 배경 빼고 투시 빼고, 이것저것 빼다 보니 미완성으로 보이는 만화가 남아 있었다. 단순한 그림이란 얼마나 든든한 내용을 가지고 있어야 하는지, 단단한 철학을 가지고 있어야 하는지 깨달았다. '이런 단순한 그림도 괜찮은가?'라는 의문은 '이렇게 단순한 그림으로 발전하려면 어떻게 해야 할까?'라는 질문으로 바뀌었다.

놀라운 생산력

마스다 미리는 다작으로 유명한 작가다. 에세이와 만화를 넘나들며 한 해에 서너 권의 책을 꾸준히 세상에 내놓는다. 나의 경우 2022년과 2023년 2년간 각각 두 권의 책을 출간했고 그 결과 작년에는 힘에 부쳐서 조금 쉬어가기로 했다. 마스다 미리는 지치지도 않고 매년 몇 권의 책을 어떻게 만들어 내는지 궁금하다. 할 수 있다면 그의 작업실메이트가 되어 그의 기세에 떠밀려 가고 싶다. 그런데 솔직히 고백하자면 마스다 미리의 작품과 멀어졌던 때도 있었다. 그의 주인공은 여전히 사랑과 직업을 고민하는 젊은 여성이고 현실의 나는 이제 그런 고민과 멀어진 사람이 되었기 때문에 그들의 고민이 더 이상 공감되지 않는다는 느낌을 받았었다.

그러다 얼마 전 오랜만에 마스다 미리의 신간을 의리 구매했다가 예상치 못한 이야기를 만나게 되었다. 제목은 《미우라 씨의 친구》. 로봇이 등장하는 근미래 이야기였다. 마스다 미리표 SF는 어떤 세상인지 넘겨보다가 결국 다시 그의 품으로 돌아오게 되었다. 마스다 미리와 멀어진 것도 다시 가까워진 것도 그의 다작의 결과가 아닌가 싶다. 너무 많은 이야기에 질려버렸다가도 많은 이야기 덕분에 다시 나의 마음에 와닿는 이야기를 만나게 된 것이다. 여기까지 읽었다면 마스다 미리의 이야기가 무척 궁금하실 텐데, 아직 만나 보지 못한 분이 있다면 내가 가장 처음 만나 사랑에 빠졌던 책《주말엔 숲으로》와《결혼하지 않아도 괜찮을까?》를 먼저 소개하고 싶다.

주말엔 숲으로

마스다 미리의 만화 중 드물게 시골을 배경으로 한 하야카와, 마유미, 세스코 세 친구의 이야기다. 도시의 삶에 조금 지친 주인공 하야카와는 큰 계기 없이 시골로 이주를 결정한다. 삶의 거처를 시골로 옮길 뿐 삶의 모습을 바꾸지는 않는다. 번역 일도 계속하고 식료품은 택배로 배달시켜 먹는다. 그렇다 해도 하야카와의 삶에 변화가 없을 수는 없다. 마을 노인들과 커뮤니티를 형성하고 새의 종류와 식용 식물을 구분할 수 있게 된다. 노력하지 않았지만 자연스럽게 그리되었다. 마유미는 하야카와의 친구다. 꽤 오랜 기간 회사에서 경리로 일하고 있다. 연애를 하고 싶지만 잘되지 않고 자꾸만 늘어가는 나이가 부담스럽기만 하다. 처음엔 하야카와의 결정이 이해 가지 않았지만 막상 놀러 간 시골은 예상외로 마유미의 마음에 든다. 두릅을 따고 호수에서 카약을 타며 시골 생활을 즐긴다. 세스코는 여행사에서 일한다. 창구에서 예약을 담당하는데 매너 없는 사람들 때문에 점점 사람을 싫어하게 된다. 사람이 싫어질수록 시골에서 보내는 시간이 좋아진다. 시골의 삶을 한 번도 생각해 보지 않았던 세 사람은 하야카와의 귀촌을 계기로 시골의

(출처: 《주말엔 숲으로》, 마스다 미리 저, 박정임 역, 이봄, 2024년)

삶을 알아가며 자신을 조금 더 들여다보게 된다.

내가 좋아하는 장면은 하야카와와 세스코가 밤의 숲을 걷는 장면이다. 시골의 밤은 도시에 비해 갑작스레 다가온다. 캄캄한 숲길에서 처음 헤드라이트를 쓰게 된 세스코는 불빛으로 자신의 발 바로 앞을 비추다가 넘어질 뻔한다. 그때 하야카와가 헤드라이트 쓰는 방법을 알려준다. "헤드라이트는 2~3미터 앞을 비추는 거야. 어두울 때는 발밑보다는 조금 더 멀리 보면서 가야 해." 이 말은 도시로 돌아간 세스코에게 힘든 순간을 버티는 힘이 되어 준다. 밤의 숲속에서 하야카와는 갑자기 헤드라이트를 끄자고 제안한다. 곧 아무것도 보이지 않는 상태가 되는데 이 에피소드는 마스다 미리의 다른 책 《평범한 나의 느긋한 작가생활》에도 등장한다. 이 책은 마스다 미리의 작가 생활을 담은 일기 같은 만화로 어느 날 그는 만화 소재를 얻기 위해 전단지를 보고 '밤의 산 하이킹' 행사에 무작정 참여한다. 그곳에서 가이드의 '헤드라이트를 끄고 어둠을 체험해 보자'는 제안에 새로운 느낌의 어둠을 경험한다. 그때의 경험이 《주말엔 숲으로》에서 두 친구의 에피소드로 변형되어 사용된다. 실제와 허구가 오가며 섞이는 마스다 미리의 세계를 경험한 것 같아 반가웠다.

결혼하지 않아도 괜찮을까?

지금은 흔하게 사용하는 '비혼'이라는 말이 없던 시절 기혼, 미혼, 노처녀라는 구분이 있었다. 요즘 다시 방영하는 드라마 〈내 이름은 김삼순〉의 주인공이 고작 서른의 나이로 노처녀라고 구박받았다는 사실은 시간이 흘러 당황스러운 이야기가 되었다. 그때는 서른 살에 결혼을 하지 않으면 노처녀라는 놀림을 받았다. 놀림보다 무서운 건 내재된 두려움이다. 노처녀가 되면, 결혼하지 않으면, 나를 제외한 친구들이 모두 결혼을 하면, 나는, 어떻게 되는 거지? 적당한 남자를 만나 결혼하는 것이 노처녀로 늙는 것보다 낫겠다는 생각까지 하게 된다.

그런 때 등장한 《결혼하지 않아도 괜찮을까?》는 제목만으로 많은 여성들의 머릿속에 종소리를 울렸다. 결혼을 둘러싼 많은 고민이 '결혼하지 않으면 괜찮지 않을까 봐'에서 비롯했다는 깨달음을 주었다. 만화에는 서른 중반의 여성 수짱과 사와코가 등장한다. 카페 매니저로 일하는 수짱은 애인이 없다. 지금 하는 일이 좋지만 안정적인 직업은 아니다. 그로부터 오는 불안은 1인 가정으로 살아갈 미래에 대한 불안으로 이어진다. 마이코 역시 회사에 다니는 싱글 여성이다. 치매에 걸린 할머니를 모시고 엄마와 함께 산다. 결혼을 강하게 꿈꾸지만 할머니와 둘만 남겨질 엄마가 걱정된다. 소개를 통해 만난 남자와 좋은 관계로 진전되지만 결혼으로 이어지는 건 어려울 듯하다. 잠깐 등장하는 인물 마이코는 임신과 함께 퇴직한 상태로 사회에서 멀어진 자신의 상황에 대한 두려움을 가지고 있다. 결혼을 하지 않은 여성은 결혼하지 않은 대로, 결혼을 하고 출산을 한 여성은 또 그 나름의 고민을 품고 살아간다. 제목과 다르게 적극적으로 결혼하지 않기를 선택하는 여성의 모습은 보이지 않지만, 노처녀가 놀림을 받던 당시 상황을 생각해보면 결혼을 하지 않는 삶에 대한 화두를 던진 것만으로도 제 역할을 했던 만화였다.

이 글을 통해 마스다 미리에게 호감을 가지게 된 독자가 있다면 감사와 부러움을 전하고 싶다. 마스다 미리의 재미있는 작품이 잔뜩 기다리고 있으니까. 읽는 사이 신간이 속속 출간될 테니 빨리 따라잡을 욕심은 버리는 것이 좋다. 《주말엔 숲으로》와 《결혼하지 않아도 괜찮을까?》를 통해 싱글 여성의 고민을 만났다면, 이어지는 글에서는 《미우라 씨의 친구》와 《누구나의 일생》을 통해 마스다 미리의 소소하지만 큰, 단순하지만 단단한 이야기를 소개하려 한다.

우리는 언제까지 친구일까?
《미우라 씨의 친구》

나는 요즘 만화 《반장으로서의 책임과 의무》 시리즈를 만들고 있다. 90년대를 배경으로 펼쳐지는 고등학생 세 친구의 이야기다. 작년에 4권까지 출간했고 올해 봄 5권 출간을 목표로 작업 중이다. 만화의 주요 등장인물은 고등학교 2학년 여자 학생 이아랑, 곽연두, 하은. 이들은 학교생활을 성실하게 하는 모범생으로 같은 반 단짝이다. 이야기를 끌어가는 주인공은 이아랑과 반장이다. 어른들의 말을 물음표 없이 받아들이는 학생으로 나의 학창 시절 모습이 많이 담겨 있다. 나는 "어른 말을 들으면 자다가도 떡이 나온다."

라는 말을 철석같이 믿는 학생이었다. 떡을 얻는 방법이 겨우 '어른 말을 듣는 것'이라면 어려운 일은 아니라고 생각했다. 어른들 말만 들으면 좋은 일이, 지금 상황과 다른 행복한 미래가 펼쳐지기를 바랐다. 곽연두는 질투가 많은 캐릭터다. 언제나 주인공이 되어 돋보이고 싶고 노력하지 않아도 뭐든 잘하는 사람으로 보이고 싶어 한다. 안타깝게도 가장 친한 친구 아랑이에게 항상 1등을 뺏기는 바람에 속앓이를 한다. 연두는 누군가를 정확하게 떠올리며 만든 캐릭터는 아니지만 학창 시절 욕심이 많아 주변 사람을 불편하게 하거나 그런 모습을 감추기 위해 어색한 행동을 하던 몇몇 친구를 떠올리며 만들었다. 마지막으로 하은이는 '이런 친구가 한 명쯤 있으면 재미있지 않을까?' 생각하며 만든 캐릭터다. 선생님 말도 잘 듣고 공부도 열심히 하지만 성적은 잘 나오지 않는 친구. 등장인물이 둘보다 셋일 때 만들어지는 드라마가 많을 테고 두 친구와는 조금 다른 결의 모범생이 있었으면 좋겠다는 가벼운 생각으로 만들었다. 그런데 시간이 흐를수록 하은이에게 관심이 생겼다. 하은이에게 가장 마음이 간다는 독자들도 많아졌다.

'별다른 사고를 치지 않는 모범생만 나오는 만화가 재미있을까?'라는 가벼운 궁금증과 도전으로 시작된 만화는 점점 관계에 대한 이야기로 흘러가고 있다. 세 친구 사이에 존재하는 질서, 가벼운 긴장감, 숨기고 싶은 질투심, 갈등, 결국엔 우정…. '모범생'이라는 키워드가 4권의 시간을 거치자 '우정'이라는 키워드로 바뀌어 여물어가는 중이다.

미우라 씨와 [친구]의 우정

미드 〈섹스 앤 더 시티〉를 보며 우정에 대해 처음으로 진지하게 생각했다. 화려한 뉴욕의 생활을 재미있게 보다가 네 친구의 진한 우정이 너무 부러워 크게 쓸쓸해졌기 때문이다. 나에게는 몇 명의 친구가 있지? 어떤 사이를 친구로 꼽을 수 있지? 주변에 좋은 관계는 많지만 절친이라고 꼽을 수 있는 친구는 단 한 명이다. 그마저 '그 친구에게도 내가 절친일까?'라는 물음에는 자신이 없다. 항상 주변에 사람이 많은 인기 많은 친구니까. 그 친구마저 어떤 일로 멀어진다면 나는 '절친'이라는 단어를 피해 다니게 될지도 모른다. 단 한 명의 절친을 놓치고 싶지 않아 나의 모든 이야기를 친구에게 털어놓는다. 속상한 일이나 숨기고 싶은 일뿐 아니라 자랑이 될 만한 일도 일부러 더 이야기한다.

절친을 놓치고 싶지 않다면 말을 아끼는 게 맞겠지만 그러지는 않는다. 나의 모든 이야기를 받아주는 친구라는 믿음이 있기 때문이기도 하고 그것을 자꾸 확인하고 싶은 마음도 있다.

《미우라 씨의 친구》에 등장하는 주인공 미우라 씨에게도 절친이 한 명 있다. 친구의 이름은 지카. 주변 사람들은 당연한 듯 미우라 씨에게 지카의 안부를 묻지만 미우라 씨는 요즘 지카의 안부를 알지 못한다. 두 사람은 근래에 정확한 이유 없이 멀어졌다. 미우라 씨는 지카의 연락을 기다리고 종종 지카와의 관계를 되짚어 본다. '그 답장이 문제였을까?' 그렇지만 먼저 연락하지는 않는다. 누구보다 지카를 잘 알기에 지카의 마음을 돌리려는 노력은 하지 않는다. 대신 절친이 사라진 자리를 다른 존재로 채우기로 한다.

미우라 씨는 부동산을 통해 이사할 집을 찾다가 부동산에서 위탁 판매하고 있는 작품 [친구]를 보게 된다. [친구]는 걷기도 하고 말도 하는 실제 인간과 같은 크기의 로봇이다. 부동산 계약이 끝난 이후에도 [친구]가 계속 생각난 미우라 씨는 오랜 고민 끝에 [친구]를 집으로 데려온다. [친구]와의 동거는 꽤 만족스러웠다. 함께 피크닉을 가기

(출처: 《미우라 씨의 친구》, 마스다 미리 저, 박정임 역, 이봄, 2023년)

도 하고 게임도 한다. 쓸쓸했던 미우라 씨의 삶에 가벼운 온기가 생겨난다. [친구]는 한 번 충전하면 20킬로미터나 걸을 수 있지만 말할 수 있는 단어는 극도로 적다. 총 다섯 개의 단어를 말할 수 있는데 네 개는 미리 입력되어 있고 구매자가 한 단어를 추가할 수 있다. 미리 입력된 네 개의 단어가 무엇인지 구매하기 전에는 알 수 없다. [친구]와 동거하며 미우라 씨는 [친구]가 말할 수 있는 단어 세 가지를 금세 찾아낸다. 마지막 한 단어는 꽤 시간이 흐른 후 어떤 사건을 통해 알게 된다. 미우라 씨는 [친구]에게 '예쁘다'

라는 단어를 입력하고 함께 예쁜 것을 보러 다닌다. [친구]는 지카가 비운 자리를 훌륭히 메꾸는 듯했다.

미우라 씨와 [친구] 사이에 변화가 생긴 건 미우라 씨에게 새로운 친구가 생긴 후부터다. 새 친구는 같은 회사의 남자 동료 카지 씨다. 어느 날 카지 씨는 미우라 씨의 집에서 데이트를 하자는 제안을 한다. [친구]가 있는 집에서. 미우라 씨는 고민에 빠진다. 아무래도 로봇과의 동거를 남에게 보이고 싶지 않기 때문이다. 그래서 미우라 씨는 [친구]를 부동산에 반납하기로 결정한다. 여기서 재미있는 반전은 미우라 씨와 데이트를 하는 회사 동료 카지 씨가 [친구]를 만든 제작자라는 것이다. 카지 씨는 오래전 여동생을 사고로 잃고 여동생과 비슷한 모습의 로봇인 [친구]를 만들었다. 그리고 [친구]에게 친구를 만들어주기 위해 형의 부동산을 통해 위탁 판매를 부탁했다. 그 [친구]를 미우라 씨가 구입했고 미우라 씨와 카지 씨가 가까워지자 [친구]는 부동산을 통해 다시 카지 씨에게 반납된 것이다. 친구와 즐거운 시간을 보내고 집으로 돌아온 [친구]를 반기며 카지 씨는 [친구]의 전원을 끈다. 그렇게 이야기는 끝이 난다.

전원 끄게.

응.

마지막 페이지를 덮으며 쓸쓸함이 가슴을 휘감았다. [친구]를 반납하는 미우라 씨와 [친구]의 전원을 꺼버리는 카지 씨 때문이었다. 로봇과 함께 산다고 솔직하게 말할 수는 없었을까? 집으로 돌아온 [친구]의 전원은 꼭 꺼야 했을까? 마스다 미리가 생각하는 근미래의 인간은 이렇게 매정하단 말인가? 자매처럼 일상을 나누던 [친구]를 '이런 게 집에 있으면 완전 별로라고 생각할 텐데.'라며 부동산으로 돌려보내는 장면에서는 입을 다물 수가 없었다. 미우라 씨는 [친구]를 반납하기로 결심하며 말한다.

다시 사람 친구를 만나고 싶어졌어. 다섯 개의 단어 만으론 부족하니까.

듣고 싶은 말만 하는 로봇이 좋았지만 다시 다양한 이야기를 나눌 수 있는 인간의 필요를 느끼게 된 미우라 씨. 미우라 씨도 로봇 친구를 실제로 경험하고 나서야 로봇으로 메꿀 수 없는 부분이 있다는 것을 알게 됐을 테니 마냥 매정하다고 말할 수는 없을 것이다. 노트북이나 핸드폰의 필요가 끝나면 전원을 끄거나 버리는 것처럼 그렇게 처리할 수 있겠지. 같은 기계니까. 사람의 형상을 하고 있다는 이유로 사람처럼 말할 수 있다는 이유로 다른 기계들과 다르게 다뤄야 한다고 주장한다면 그건 너무나 사람 위주의 생각일 것이다.

그렇지만 아무리 그래도… 미우라 씨에게 [친구]는 그저 빈자리를 채우는 일시적 존재였던 모양이다. 지카와의 관계가 회복될 수 없다고 생각하자 로봇을 구입했고 로봇을 대신할 다른 사람이 나타나자 로봇을 반납한다. 미우라 씨를 이해하면서도 한 걸음 멀어지는 것은 어쩔 수 없다. 마스다 미리의 만화 속 인물과 거리감을 느낀 것은《여자들은 언제나 대단해》이후 처음이었다.《여자들은 언제나 대단해》는 2000년대 초에 출간된 마스다 미리의 초기작으로 여자 직장인들의 이야기가 담긴 만화다. 회사의 허드렛일을 맡으며 속으로 불만을 삭이는 모습으로 그려진 여자 직장인은 아무리 과거를 배경으로 하는 이야기라 할지라도 영 마음이 가지 않는 부분이 있었다.

쓸쓸함의 이유는 또 있다. [친구]가 다섯 단어 중 하나를 선택해 말하는 기준 때문이다. [친구]는 상대방의 표정을 읽고 그에 맞는 단어를 골라 말한다. 다시 말해 하고 싶은 말이 아닌 상대방의 기분에 맞는 말을 하는 것이다. 예를 들어 '오늘 내 옷차림 어때?' 하는 물음에 [친구]가 '괜찮아.' 하고 답한다면 내 표정에 '괜찮다고 말해줘.'라고 쓰여 있다는 뜻이다. [친구]의 역할은 맞장구쳐주는 상대, 내 기분을 상하지 않게 하는 존재인 셈이다. 우리가 친구에게 기대하는 것은 무조건적인 공감과 동의일까? 인간은 그 정도의 포용력밖에 없는 존재인가? 나도 그런 사람인가? 여러 질문들이 꼬리를 물며 떠올랐다. 결국 내가 친구에게 기대하는 것은 무엇일까?

탈락되지 않고 소외되지 않기 위해

다시 《반장으로서의 책임과 의무》를 떠올렸다. 하은이는 항상 웃고 있다. 재미없는 코미디 프로그램을 볼 때조차 웃음을 멈추지 못한다. 화면 너머 코미디언에게 미안하기 때문이다. 진정 혼자가 되었을 때 비로소 웃음을 멈출 수 있다. 다른 사람의 마음은 어떨까, 주변 사람들은 나를 어떻게 볼까. 하은이는 내가 아닌 상대방의 마음을 살피느라

분주하다. 친구들 사이에서는 말할 것도 없다. 아랑이와 연두 사이에서 내 자리는 어디인지, 불편함을 주거나 밀리고 있는 것은 아닌지 눈치 보기 바쁘다. 우등생 두 친구와 비슷해지고 싶어 공부를 열심히 하지만 성적은 오르지 않는다. 모르는 것을 모른다고 말했다가 선생님을 실망시킬까 걱정이 되어 매번 아는 척 넘어가기 때문이다. 관계가 유지될지 멀어질지는 각자의 선택에 달려 있는 건데 하은이는 그 선택이 자신의 손에도 있다는 것을 모른다. [친구]를 반납한 것처럼 아랑이가 자신을 반납해 버리거나 연두가 전원을 꺼버릴까 두렵다. 혼자가 될 자신이 없기 때문에 더욱 그렇다.

하은이에게 공감한다는 독자를 많이 만났다. 가장 좋아하는 캐릭터를 물었을 때 하은이를 꼽는 사람도 늘었다. 친구 관계에 애를 태워본 경험을 가진 사람이 그만큼 많다는 뜻일까? 내 눈에도 하은이가 안쓰럽게 보이지만 사실 나 역시 하은이와 크게 다르지 않다. 작가들 모임에서 친구들 단톡방에서 가족관계에서, 탈락되지 않고 소외되지 않기 위해 하은이보다 조금 더 세련되게 노력하고 있을 뿐이다. 앞서 말한 단 한 명의 절친과의 관계에서는 그렇지 않다. 어떤 말도 받아줄 거라는 믿음과 확신을 가지고 있다.

그래서 내겐 아주 애틋하고 소중한 사람이다. 미우라 씨에게 친구 지카는 그런 존재였을 것이다. 머리 쓰지 않고 언제나 연락할 수 있는 관계, 나의 모든 부끄러움과 자랑을 다 알고 있는 관계. 그런 친구와 확실한 이유도 없이 멀어졌을 때 미우라 씨가 느꼈을 당황스러움과 상실감을 짐작해 본다. 다가가려고 노력하다가 더 낯선 친구의 행동을 보게 될 것이 두려워 차라리 관계를 놓아버리는 선택을 했을지도 모른다. 나라면 그랬을 것 같으니까. 절친을 두 번 잃기보다는 새로운 존재로 빈자리를 채우려는 선택도 이해할 수 있다. 그렇다면 남자친구로 메꾼 절친의 자리는 괜찮을까? 절친의 빈자리를 동료 카지 씨가 다 채울 수 있을까? 쉽지 않을 거라 생각하지만 그럴 수 있기를 바란다.

만화로 삶을 배운다

《누구나의 일생》

일상툰을 좋아한다. 누군가의 하루 끝에 묻어나는 깨달음과 유머가 좋아 즐겨 본다. 처음 좋아한 만화는 《스노우 캣》이었다. '부지런함'이 아닌 '귀찮음'도 가치를 가질 수 있다는 것을 알려준 만화였다. 《스노우 캣》은 그 외에도 많은 것을 알려 주었다. 프리랜서가 되면 카페에서 일을 하게 된다는 것을(프리랜서가 꼭 카페에서 일하는 건 아니지만 나는 지금 카페에서 이 글을 쓰고 있다). 작업을 위한 카페는 커다란 공용 테이블이 있는 곳이 좋다는 것도, 쌀쌀한 바람이 불 때 팻 매스니 Pat Metheny 를 꺼내 듣는 낭만도, 〈스타워즈〉의 매력을 알려준 것도《스노우 캣》이었다. 재즈를 듣고 카페에 가고 뉴욕으로 여행을 가고 고양이를 키우고, 이 모든 것을 혼자 하는 사람이 있다는 것, 혼자 해도 된다는 것도 알려 주었다. 그 후 좋아하게 된 일상툰은《어쿠스틱 라이프》다. 2010년부터 연재하고 있는 (아마도) 최장수 일상툰으로, 고등학교 만화 동아리에서 만난 '난다'와 '한군' 그리고 자녀 '쌀'이의 일상을 담은 만화다. 꽤 오랜 기간 휴재기를 갖다가 최근에 다시 시즌 13의 연재를 시작했다. 오래 연락 없던 친구가 갑자기 옆집으로 이사 온 기분이었다. 그 사이 우리 쌀이는 부쩍 컸고 난다 작가는 장편 연재를 마쳤고 한군은 여전히 부지런히 지내고 있어서, 잘 지내다 돌아와 주어서 감사했다.

현실에선 하지 못한 말들

나처럼 일상툰을 좋아하는 이들에게 '화과자 가게의 하루코'를 소개하고 싶다. 제목 그대로 화과자 가게에서 일하는 하루코라는 여성의 일상을 담은 만화다. 하루코는 부모님과 함께 살면서 혼자 화과자 가게를 운영하고 있다. 단골

손님들의 취향을 기억하고 다정하게 이야기 나누는 사교성 좋은 캐릭터다. 이 만화의 작가는 쓰유쿠사 나쓰코. 하루코와 마찬가지로 젊은 여성이다. 낮에는 도넛 가게에서 도넛을 판매하고 퇴근 후 집에서 '화과자 가게의 하루코'를 그려 인터넷에 올린다. 아무리 피곤한 날도 어떻게든 그날의 일상을 당일에 그리려고 한다.

"만화 그리자.", "일단 만화를 그리자.", "잠깐 시간이 있으니까 그려볼까?", "자기 전에 조금 그리자."라는 말을 기합처럼 내뱉으며 책상에 앉는다. 퇴근 후 집으로 돌아와 저녁을 먹기 전 재빠르게 2층 자신의 방으로 올라가 만화를 그리고 1층으로 내려와 아버지와 함께 저녁 식사를 하는 것이 매일의 루틴이다. 아주 성실하고 부지런한 작가랄까? 사실 '화과자 가게의 하루코'는 마스다 미리의 만화 《누구나의 일생》에 등장하는 만화 속 만화다. 즉 '화과자 가게의 하루코'는 《누구나의 일생》의 주인공인 쓰유쿠사가 그리는 일상툰이다.

《누구나의 일생》은 쓰유쿠사의 하루와 그가 그린 만화가 번갈아 등장하는 재미있는 구성을 가지고 있다. 총 스무 개의 챕터로 구성되어 있으니 이 책을 다 읽으면 스무 개의 '만화 속 만화'도 함께 읽는 셈이다. 《누구나의 일생》

의 특별함은 쓰유쿠사가 하루 동안 경험한 일이 그의 만화 속에 어떻게 담기는지를 보여주는 부분에 있다. 등장인물을 쓰유쿠사에서 하루코로 바꾸고 배경은 도넛 가게에서 화과자 가게로 바꾼 다음 실제로 일어난 에피소드를 스리슬쩍 변형시켜 만화로 만든다. 예를 들면, 어느 날 쓰유쿠사의 도넛 가게에 단골손님이 찾아온다. 손님은 자신이 어떤 도넛을 사러 왔는지 기억하지 못하는 치매가 의심되는 행동을 보인다. 쓰유쿠사는 평소 손님이 어떤 분인지 자주 구매하는 도넛이 무엇인지 알고 있지만 아무런 대응도 하지 못한다.

이 에피소드는 '화과자 가게의 하루코'에서 이렇게 변형된다. 어느 날 하루코의 가게에 단골손님이 들렀고 마찬가지로 무엇을 사러 왔는지 기억하지 못한다. 그러자 하루코는 손님이 늘 구매하던 콩가루와 참깨 화과자를 자연스럽게 권한다. 그리고 손님을 안심시킨다. 현실에서 하지 못한 말이나 실수를 만화 속에서 멋지게 만회하는 것이다. 다른 예로, 어느 날 하루코는 도넛 가게 동료와 퇴근 후 팥빙수를 먹으러 간다. 고명이 잔뜩 올라간 빙수의 꼭대기 부분을 보며 상류층과 사회 계급에 대한 시니컬한 농담을 나눈다. 이 대화 내용을 만화 속에서는 엄마와 나누는 대화로 바꿔 등장시키는데, 시니컬하게 끝났던 현실 대화와 다르게 열심히 사는 삶에 대한 따뜻한 격려로 마무리된다. 돌아가신 쓰유쿠사의 엄마 대신 하루코의 엄마를 통해 응원과 조언을 얻는 것이다.

나는, 지금, 이렇게 생각했다

마스다 미리 작가의 작업 과정이 이와 비슷하지 않을까 추측해 본다. 어느 인터뷰에서 작가는 "항상 뭔가를 느끼면 '나는, 지금, 이렇게 생각했다'라고 머릿속에 문장으로 만들어 생각합니다. 잊어버리지 않도록 휴대폰에 메모하기도 합니다(월간 채널예스 2019년 4월호 《걱정 마, 잘될 거야》 출간 기념 인터뷰)."라고 말했다. 마스다 미리가 느낀 뭔가는 머릿속에서 문장으로 만들어져 휴대폰에 남겨진다. 그리고 언젠가 그 감정이 필요한 순간에 사용되겠지. 《주말엔 숲으로》를 소개하며 언급한 마스다 미리의 자전적인 작품 《평범한 나의 느긋한 작가생활》에는 항상 '무언가' 찾을지 모른다는 기대로 전혀 관심 없는 활동, 버섯 강좌나 밤 하이킹 같은 활동에 참여하는 마스다 미리가 나온다. 관심 밖의 행사도 혹시나 모를 무언가를 위해 참여하는 마스다 미리를 상상하는 일은 어렵지 않다. 내 주변의 많은 작가들도 그렇게 무언가를 찾으며 두리번거리고 있으니까. 그렇게 만난 무언가는 잘 저장되었다가 언젠가 필요한 곳에 반드시 쓰일 것이다.

내가 만화를 만드는 과정도 다르지 않다. 나 역시 나의 경험이나 생각을 잘 기록하고 기억해 두었다가 변형해서 만화를 만드는 데 사용한다. 실제 에피소드보다는 느낌, 생각, 분위기 등을 사용할 때가 더 많다. 실제로 경험한 에피소드는 여러 가지 현실적인 이유로 사용하기 어려울 때가 많으니까 그때 느낀 감정만이라도 잘 기억해서 필요한 순간에 떠올리려고 노력한다. 현실 속 아쉬움을 만화에 등장시킬 때도 종종 있다. 시원하게 대응하지 못했던 상황들을 다시 꺼내 '사이다' 장면으로 바꿔 그리기도 한다. 이렇게 말할 걸 저렇게 말할 걸 후회하다가 만화 속에서나마 소심한 복수를 그려 보는 것이다. 지루한 자리에 놓이거나 실수로 원치 않는 공간에 가게 되었을 때도 '혹시나 만화에 쓰게 될지도 모른다'는 희망을 가지면 지루함을 견딜 수 있다.

쓰유쿠사는 만화를 그릴 때 종종 만화 속 하루코에게

말을 건다. "하루코는 뭐라고 하고 싶어?"라고 의견을 묻거나 "하루코, 넌 나와 다르구나.", "하루코, 네 엄마랑 우리 엄마랑 비슷해."라며 마치 본인이 지어낸 이야기가 아닌 듯 말하기도 한다. 피터 래빗을 만든 작가 베아트릭스 포터의 이야기를 담은 영화 〈미스 포터〉에도 등장인물과 대화를 나누고 장난치는 베아트릭스가 등장하는데 공상인 듯 표현되는 장면이지만 조금 과장되었을 뿐 거짓은 아니라고 생각한다. 만화를 그릴 때 가장 많이 참고하는 것이 작가 본인의 얼굴 표정이나 몸짓이니 (많은 작가들이 거울을 보고 표정을 따라 그리거나 스스로를 촬영한 후 보고 그린다) 캐릭터는 응당 작가의 많은 부분을 닮을 수밖에 없고, 자신과 닮게 표현된 캐릭터에 작가는 더 감정 이입을 하게 된다. 나도 만화를 그릴 때 등장 인물들에게 자주 말을 건다. "너 진짜 왜 이렇게까지 하는 거야?"라고 타박하기도 하고 "이제는 더 이상 감싸줄 수 없겠다."라며 변명하기도 한다. 만화를 그리는 여러 날을 함께 보내다 보면 누구보다 각별한 사이가 되어버린다.

쓰유쿠사의, 누구나의 일생

《누구나의 일생》은 코로나 시기를 배경으로 하고 있다. 코로나가 한창일 때 시작된 이야기는 코로나가 끝날 때쯤 마무리된다. 마스크를 쓰고 등장한 사람들의 맨얼굴을 이야기의 끝에서 만날 수 있다. 당시 잔잔하게 우리 주변을 맴돌던 죽음의 공기를 기억한다. 《누구나의 일생》 여기저기에도 죽음의 흔적이 놓여 있다. 돌아가신 엄마, 엄마의 산소, 치매 걸린 손님, 풀숲에 들어가 죽는 고양이 등 죽음을 떠올리게 하는 장면이 하루코의 삶 곳곳에 존재한다. 그래서 늘 거실 좌식 의자에 앉은 채로 졸음에 빠지는 아버지를 보면 불안해진다. 아버지의 죽음이 그려질 수 있겠다는 합리적인 추측을 하게 된다. '엄마가 돌아가신 후 아버지까지 돌아가시면 쓰유쿠사는 어떻게 살아갈까?'라는 걱정스러운 마음이 들 때쯤 엄청난 반전이 벌어진다. 반전이라는 표현이 맞는지 모르겠지만 이렇게 놀라운 전개를 뭐라고 칭해야 할지 모르겠다. 제목에 들어가 있는 단어 '일생'을 그리는데 빠질 수 없는 이야기라고 하면 짐작할 수 있을까?

예상과 다르게, 갑작스럽게, 아버지가 아닌 쓰유쿠사가 죽음을 맞이하게 된다. 이야기의 5분의 4 지점에서 돌연

(출처: 《누구나의 일생》, 마스다 미리 저, 박정임 역, 이봄, 2024년)

쓰유쿠사는 죽는다. 퇴근 후 2층으로 올라간 쓰유쿠사는 다시 내려오지 않고 그렇게 하늘나라로 떠난다. 실제 죽음이 우리에게 찾아오는 식으로 그렇게 느닷없이. 그게 뭐 그리 큰 반전이냐 하는 분도 계시겠지만 마스다 미리의 이야기에 익숙한 독자라면 그의 만화에서 만나게 될 거라 생각하지 못했던 전개에 놀랄 수밖에 없을 것이다. 쓰유쿠사는 죽기 얼마 전 한 출판사 편집자로부터 만화 연재 제안을 받는다. 쓰유쿠사 인생의 새로운 장이 펼쳐지려는 순간이다. 편집자는 따뜻한 동물 만화를 주문한다. '화과자 가게의 하루코'가 아닌 새로운 이야기를 준비해야 한다. 그때부터 쓰유쿠사는 동물을 주인공으로 한 새로운 만화를 구상한다. 그리고 지금까지 그리던 이야기와 사뭇 결이 다른 이야기를 만든다. '이게 따뜻한 동물 이야기인가?' 쓰유쿠사는 고민에 빠진다.

쓰유쿠사의 죽음이 연재 준비에 따른 극심한 스트레스 때문이라고 볼 수도 있을까? 평범하게 잘 지내던 쓰유쿠사에게 다가온 유일한 변화는 연재 제안이었고 그것 때문에 고민하는 쓰유쿠사의 모습이 그려지는 점에서 나는 이렇게 추측했다. 만화를 함께 읽고 이야기를 나눈 지인은 '죽음의 예고 없음'을 이야기하려는 것 같다고 말했다. 좋은 일을 앞둔 순간이든 꿈이 이루어지려는 순간이든 상관없이 죽음은 닥칠 수 있다는 이야기를 하고 싶었던 것 같다는 설명이었다. 쓰유쿠사의 따뜻한 동물 만화를 기대하는 순간 찾아온 죽음은 정말 예상 밖이었기에 이런저런 이유를 생각해보지 않을 수 없었다.

쓰유쿠사는 연재를 고민하며 아버지의 추천에 따라 소금쟁이가 주인공인 두 편의 만화를 그린다. 연재를 준비하며 그린 동물 만화 중 나는 이 두 편의 만화 '소금쟁이'와 '자유'가 가장 마음에 들었다. 쓰유쿠사의 언니는 이렇게 습작으로 그린 만화와 인터넷에 올렸던 만화들로 소책자를 만들어 쓰유쿠사의 지인들에게 선물한다. 쓰유쿠사의 기대처럼 정식 연재가 되어 다수의 독자를 만나지는 못했지만 그녀를 기억하는 사람들에게 그들이 미처 알지 못했던 쓰유쿠사의 이야기를 들려준다. 그리고 책을 받은 지인들은 그 안에서 쓰유쿠사의 눈을 통해 바라본 본인들의 모습을 찾아내며 알 수 없는 힘을 얻는다.

이야기를 따라가던 우리도 쓰유쿠사에 대해 몰랐던 이야기를 소책자를 통해 알게 된다. 도넛 가게에 일하기 전 쓰유쿠사의 이야기, 도넛 가게를 선택한 쓰유쿠사의 생각과 아버지의 뒷모습을 바라보며 했던 생각들. 미발표한 작품을 사후에 공개하는 것은 불필요한 일이라고 생각하는 편인데 남겨진 사람들에게 위로가 된다면 의미 있는 일이 될 수도 있겠다고 생각하게 되었다. 아버지와 보낸 시간을 떠올리며 그린 만화 '호두'를 마지막으로 이야기는 끝이 난다. 단단한 호두 껍질 안에 그려놓은 쓰유쿠사의 마지막 이야기는 아버지뿐 아니라 나에게도 위로가 되었다.

마스다 미리의 여러 작품을 다시 읽고 소개할 수 있어 기쁘다. 마스다 미리는 동시대를 살아가는 좋아하는 작가가 있다는 것의 재미를 알려준 고마운 작가다. 지금처럼 지치지 말고 꾸준히 새로운 작품을 발표해 주기를 진심으로 바란다. 이제 오사카행 짐을 마저 싸야겠다. 북 마켓에서 만날 재미있는 일들이 기대된다.

김영대의
인생 만화

김영대 음악평론가. 음악인류학 박사. 한국대중음악상 및 MAMA 심사위원

소연이의 재발견

《슬램덩크》

마이클 조던과 시카고 불스, 독수리 5형제라 불리던 잘생긴 연세대 농구부 오빠들(고려대 오빠들에겐 미안), 농구와 유독 잘 어울리던 음악인 힙합, 그리고 내 용돈으로는 절대로 살 수 없었던(a.k.a 엄마가 안 사준) 나이키 농구화. 아, 하나가 더 떠오른다. '야발라바히기야모하이마모하이루라'를 외치면 성공할 수 있다던 이승환의 〈덩크슛〉. 그야말로 농구가 전부인 줄 알았던 시절이었다. 90년대 초 그 뜨거웠던 여름들, 피 끓는 청춘을 흙바닥(!) 농구 코트에 쏟아부으며 까진 무릎과 손바닥을 아무렇지 않게 털어내던 경험은 비단 나만의 것은 아니리라. 언제부터였는지, 어떤 계기 때문이었는지 정확히 회상하긴 어려워도 어느덧 그렇게 농구는 청춘과 열정을 상징하는 스포츠로 내 마음을 장악해갔다. 그리고 그 추억의 가장 중요한 지분은 원작 만화의 일본 이름 따위는 기억나지 않는 강백호와 서태웅 패거리들이 갖고 있다. 아무리 보아도 질리지 않는 내 인생 만화, 내게 꿈과 열정의 의미를 깨닫게 해준 《슬램덩크》 이야기다.

《슬램덩크》의 놀라운 점은 명색이 농구 만화인 주제에 이야기를 농구로 시작하지 않는다는 것이다. 농구도, 농구부도, 아니면 농구를 좋아하는 천재 소년도 아닌, 누가 봐도 얼빵한 일진 고딩 그 이상도 그 이하도 아닌 괴상한 빨강 머리가 고등학교에 올라와 처음으로 '퇴짜'를 맞는 장면이 첫 신이다. 그런데 이 유치한 소개를 통해《슬램덩크》라는 타이틀과 걸맞지 않는 뭔가 허접해 보이는 주인공에게 바로 몰입해 버렸달까. 물론 당시 고등학생이었던 나로서는 '좋아하는 여자친구와 함께 등교하고 싶다'는 백호의 소박하지만 불가능해 보이는 소원을 왠지 응원해 주고픈 마음도 있었던 건지도 모르겠다. 그런데 놀랍게도 이 농구 만화의 가장 결정적인 힘은 바로 그렇게 백호가 영원한 뮤

즈이자 이 이야기 최고의 히로인인 소연이라는 새로운 애정(집착)의 대상을 발견하는 순간으로부터 비롯된다. 소년이 스포츠맨으로서 각성하는 이유가 여자라는 점만을 놓고 보자면 언뜻 식상한 설정이지 싶겠지만 어찌 보면 그 순수한(음흉한?) 동기야말로 '단순왕' 강백호의 솜털처럼 가벼운 성격과 맞물려 이야기 안에서 더 유쾌한 설득력을 갖게 되는 부분일 것이다. 그리고 이 만화는 아무도 눈치채지 못한 사이에 그 궁극의 주제 의식을 완벽히 제시하는 데 성공한다. 소연이에 대한 강백호의 관심과 집착은 어느 순간 소연이가 좋아하는 농구에 대한 애정으로 오버랩되기 시작하며, 강백호는 그도 우리도 모르는 사이 소연이만큼 아니 그보다 더 농구를 사랑하는 자신을 발견하게 되는 것이다.

덕후의 심장을 뛰게 하는 로망

성장형 소년 스포츠 만화에서 주인공들은 천재적인 재능을 발견하고 빼어난 선수로 진화해 나가는 사실상 동일한 궤적을 그린다. 하지만 여기서 성장은 대개 기술적인 성장 혹은 인간적인 성숙을 이야기하는 데에 그치게 마련이다.

'그친다'라고 표현하기에 뭣할 정도로, 사실 그 정도만으로도 이미 훌륭한 스포츠 소년 만화의 뼈대는 완성된다고 말할 수 있다. 하지만 《슬램덩크》는 여기서 한 발짝을 더 뗀다. 이 만화는 강백호와, 채치수와, 정대만과, 서태웅의 농구에 대한 열정과 사랑을 말해주고자 한다. 당연히 그들은 이노우에 본인의 농구에 대한 사랑을 보여주기 위한 대리인이기도 하다. 원래부터 농구가 인생의 전부임을 의심하지 않았던 채치수의 순정에 비해 다른 캐릭터들에게 농구는 자신만의 어떤 것을 확인하고 증명하는 도구로 활용되는 경우도 많았다.

정대만에게 농구는 방황 속에 다시 찾은 열정의 마지막 불꽃이었고, 송태섭이나 황태산에게는 열등감과 애정 결핍을 극복하고 인정 욕구를 충족하려는 과정이었으며, 풍전고의 친구들에게는 함께한다는 즐거움의 표상, 정우성과 서태웅에게는 농구라는 스포츠의 매력을 생각하기에 앞서 '최고'를 향한 갈망 그 자체였다. 결정적으로 주인공인 바스켓맨 강백호의 각성은 이 만화에 그 어떤 스포츠 만화와는 다른 매력을 불어넣는다. 이 이야기는 결국 최고의 선수로 성장하는 강백호의 농구 선수로서의 완성이 아니라 농구를 사랑하는 자신을 발견하는 백호의 모습으로

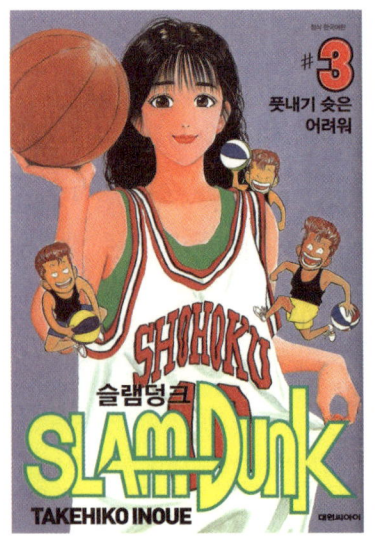

(출처: 《슬램덩크》 3권, 이노우에 다케히코 저, 김동욱 역, 대원씨아이, 2015년)

귀결된다. 최고나 우승이라는 목표 지향적 결과가 아니라 '사랑'을 발견하는 여정이라니… 이보다 더 덕후의 심장을 뛰게 할 로망이 또 있겠는가.

당시만 해도 시원시원한 성격과 성숙한 매력을 뿜어내던 한나를 더 좋아했던 내게 여동생 같은 소연이의 존재감은 그리 크게 와닿지 않았다. 그런데 최근 작품을 다시 읽으면서 생각지 못한 매력을 새로 발견하게 되었다. 백호가 소연이를 통해 농구에 대한 사랑을 새롭게 깨달아 가듯, 소연이 역시 자신이 좋아하는(혹은 그렇다고 믿는) 대상인 서태웅에 대한 애정과 백호와의 우정을 통해 그의 농구에 대한 애정을 새롭게 키워 나간다. 언뜻 보면 잘생긴 스타 농구선수를 좋아하는 흔하디 흔한 '오빠 부대'의 한 명 정도로 보일 수 있는 소연이지만 사실은 놀라울 만큼 비범한 관찰력과 통찰을 가진 인물이기도 하다. 우선 그 성격과 강단! 비록 강백호의 관점으로만 기술되어 객관성이 보장되지는 않지만(친오빠가 킹콩 채치수라는 점을 생각해볼 것!) '귀여운' 외모를 가졌다고 묘사되긴 하는데, 가녀린 외모와는 다르게 친구들은 무서워서 말도 쉽게 걸지 못하는 중학교 일진 출신의 강백호 패거리들과 아무런 거리낌 없이 친분을 나누는 대찬 면모를 갖고 있다. 실제로 무서움을 모르는 용감한 성격일 수도 있겠으나 나는 그것이 소연이가 가진 농구라는 스포츠에 대한 애정 때문에 가능한 것이었다고 믿는다.

소연이는 백호를 껄렁한 불량 청소년이 아닌 타고난 신체 조건과 놀라운 운동 신경을 가진 스포츠맨 탤런트로 재발견한 최초의 인물이었고, 초보자는 감히 꿈도 꾸지 못하는 슬램덩크라는 최고의 경지를 강백호에게 경험시켜 그 단순하기 그지없는 백호마저도 농구의 매력을 순식간에 납득하게 만든 놀라운 설득력을 겸비했다. 아마 현대

한국에서 태어났다면 스포츠팀의 코치는 물론이요, 케이팝 아이돌을 발굴해 내는 스카우트가 되었을지도 모를 일이다. 농구에 대한 감만 좋은 것도 아니다. 스스로 인정하듯 본인은 평범함에도 못 미치는 농구부원이었지만 핵심적인 기술과 꿀팁을 초보자인 백호도 알기 쉽게 가르쳐주는 좋은 과외 선생이기도 하며('놓고 온다'), 거칠고 투박한 강백호의 막무가내식 순정이나 자신의 짝사랑을 알면서도 무참히 무시로 일관하는 서태웅의 매몰찬 반응에도 쉽게 마음을 다잡는 강철 멘탈의 소유자이기도 하다.

강백호를 친구 이상으로는 단 한 번도 생각한 적 없는 소연이지만 그의 얼굴이 단 한 번 백호의 말에 의해 붉어진 적이 있다. 바로 산왕전에서 부상을 당했다 깨어난 백호가 소연이의 어깨를 잡으며 "좋아합니다."라고 말했던 바로 그 순간. 이 장면에 대해서는 만화 안에서도 해석이 엇갈렸지만 백호가 단순히 이 상황을 빌어 소연이에게 간접적으로 고백을 하려 했다라든지 혹은 그냥 꿈속의 상황과 착각을 해서 꿈속의 소연이가 던진 "농구 좋아하세요?"라는 질문에 무의식적으로 대답했을 뿐이라고 볼 수도 있다. 요즘 드는 생각은 이거다. 아무리 강백호라도 현실과 꿈을 착각했을 것 같진 않고, 그렇다고 그 격렬한 경쟁의 와중에 이성에게 한가하게 고백을 할 만큼 눈치가 없는 사람일 것 같지도 않다. 나는 그래서 그 장면을 이 만화의 주제 의식을 드러내는 하나의 상징적 장치로 본다. 백호는 소연이에 대한 애정이나 소연이에게 잘 보이기 위해 혹은 서태웅을 이기기 위한 미션의 일환이던 농구를 뛰어넘어 자신의 존재의 이유 그 자체가 된 농구라는 스포츠를 재발견하게 된 것이고, 바로 그 순간만큼은 소연이가 자신이 사랑하는 여인이 아닌 농구의 뮤즈 그 자체로 비쳤을 것이다. 그래서 백호의 그 고백은 단순히 뭔가를 좋아함을 넘어서 농구라는 스포츠에 자신의 열정과 삶을 바칠 것임을 선언하는 일종의 맹세는 아니었을까.

일정한 결함 또는 한계를 갖고 있는 캐릭터

《슬램덩크》에는 분량은 적지만 매력적인 스토리와 캐릭터성을 통해 깊은 인상을 남기는 경쟁자들이 많이 등장한다. 어떻게 보면 주인공인 강백호와 서태웅이 어딘가 압도적이라 하기는 어려운, 선수로서나 사람으로서의 매력에 있어서 일정한 결함 혹은 한계를 갖고 있는 캐릭터라는 점도 이유가 될 것이다. 강백호는 농구 만화의 주인공으로는 실력이 터무니없이 일천하며, 포지션 역시 화려함과는 거리가 먼 '리바운더'다. 물론 성장형 (자칭) 천재이긴 하나 객관적으로 봤을 때 그는 여러 중요한 순간에서 이미 '구멍'이었다. 그에 반해 서태웅은 무심한 듯 시크한, 농구적으로는 완벽한 조건을 가진, 천재성과 성장 서사를 모두 갖춘 세계관 최강의 사기 캐릭터지만 성격적으로 매력을 느끼기가 좀처럼 쉽지 않은 지나친 내향형 개인주의자다. 팀원이나 팀의 상황 따위는 아랑곳하지 않는, 내가 최고의 위치에서 승리를 이뤄내면 다른 모든 것은 부수적일 뿐이라는 독선적 마인드를 갖고 있다. 언뜻 NBA의 코비 브라이언트를 연상시키는 그의 철두철미한 승부사적 모습은 오히려 빌런 캐릭터에 어울린다고 생각이 들 정도다. 그래서인지 같은 팀의 조연이나 혹은 다른 팀의 주연들에게 자연스럽게 시선이 옮겨간다.

그중 가장 먼저 눈에 띄는 인물은 역시 윤대협이다. 설렁설렁 도무지 집중을 모르는 언뜻 보면 불완전한 에이스. 승부를 앞두고 잠을 자다 경기장에 늦게 도착하는 느긋함은 기본이고, 경기 중엔 상대 팀의 유망주의 실력을 끌어내는 것에 기쁨을 느끼고 그들을 도발하는 리스크를 아무렇지 않게 감수한다. 감독의 호통이나 상대방의 디스 따위에는 도무지 신경을 쓰지 않지만 본인이 필요하다고 생각하면 기어를 올려 끝끝내 승리를 이끌어 내고야 마는 차가운 듯 뜨거운 승부사. 삐쭉머리에 잘생기기까지 한 윤대협은 꿈에서나 가능할 법한 내 이상향이었다. (적어도 남이 보기에는) 과하게 노력하거나 남과의 경쟁을 지나치게 의식하지 않으면서 늘 내 페이스대로 여유로운 삶을 사는, 어찌 보면 전형적인 게으른 천재과.

하지만 오래 지켜보지 않아도 알 수 있는 타고난 천재성과 필요한 순간에만 빛을 발하는 승부욕은 '현내(도내) 최강'이라는 이정환의 비인간적인 완벽함과 좋은 대비를 이룬다. 팀메이트인 변덕규의 표현대로 윤대협은 사심을 담아 어쩌면 이정환을 능가할 만한 재목인지도 모른다. 하지만 동시에 그 포텐셜은 아직까지 완전히 증명되지 않은 것으로 묘사된다. 느슨한 천재가 완전히 꽃을 피운다면 어떤 모습일까? 농구 선수로서는 2프로가 모자란 윤대협은 만화 캐릭터로서는 모든 면에서 너무 지나치게 완벽한 창조물이다. 만약 《슬램덩크》의 후속편이 나온다면 가장 큰 관전 포인트는 역시 이정환이 없는 현내 최강의 자리를 윤대협과 서태웅 중 누가 차지할 것인가 하는 점일 테다. 농구에 대한 이해도가 좀 더 높은 윤대협의 손을 들어주고 싶지만 아무리 봐도 윤대협은 뭔가 부족한 2인자의 느낌이 더 어울리는 캐릭터라는 생각이 든다.

인간적인, 그래서 더 감동적인 이야기

학창 시절, 《슬램덩크》를 좋아하는 여자 친구들의 최애 리스트에 반드시 포함되던 또 한 명의 사기 캐릭터가 있었다. 바로 상양의 천재 가드 김수겸. 실적으로만 따지면 압도적인 지역 최강팀 해남과 리더 이정환의 그늘에 가려 3년 내내 현내 2위라는 성적표를 받은 게 고작. 전국대회 경험은 아예 전무하다. 하지만 선수겸 감독이라는 말도 안 되는 과부하에 선수로서의 실력을 온전히 다 끌어내지 못하는 딱한 상황, 반쪽짜리 선수들을 가지고도 늘 강팀을 유지시킨 만만치 않은 카리스마는 곱상하면서 차분한 외모와 더불어 김수겸을 가장 응원하고픈 언더독으로 만들어주는 충분한 이유가 된다. 위로는 이정환에게 막히고 아래로는 윤대협 및 떠오르는 서태웅에게 위협받아 결국 작품 내에서 비운의 패배자로 그려질 뿐이지만 그를 시시한 선수로 기억하는 사람은 없다. 이 역시 이노우에가 이끌어낸 캐릭터 빌딩과 서사의 힘이라고 할 것이다.

마지막으로 (누구나 예상하듯) '불꽃남자' 정대만 이야기다. 이름이 비슷하다는 이유로(사실은 전혀 비슷하지 않음), 농구 시합을 할 때 다른 건 잘 못해도 장거리 슛은 곧잘 넣는다는 이유로 농구를 같이 하는 친구들은 나를 '영대만'이라고 불렀고, 고백컨대 나는 놀림이 섞인 그 별명을 오히려 내심 뿌듯하게 생각했다. 그만큼 정대만은 매력적인 캐릭터다. 따지고 보면 그는 만화나 소설에서 어쩌면 흔히 볼 수 있는, 잊힌 영광을 뒤로한 채 이제는 망가져 버린 삶의 구렁텅이에서 빠져나오기 위해 몸부림치는 불안하고 불완전한 캐릭터다. 작중에서 '중학 MVP'로 회상되는 정대만은 농구를 2년이나 쉬었음에도 북산의 기적적인 현내 준우승과 전국대회의 역사적인 산왕전 승리를 가능케 한 가장 중요한 선수가 된다.

애초에 이노우에의 구상에도 없던 인물이 이렇게 중요한 역할을 부여받고 결국 팬들이 가장 사랑하는 캐릭터가 된 데는 소년 만화에서 더 매력적으로 느껴지는 방황과 극복이라는 서사가 주요했다. 하지만 내게 더 깊게 기억되는 장면이 있다. 중학 시절 정대만이 그렇게 대단한 선수였냐는 누군가의 질문에 권준호는 "그렇게 생각하는 건 정대만 본인뿐."이라고 말한다. 화려했던 과거에 발목을 잡혔던 그가 오직 그 화려했던 과거를 의지하며 한계까지 다다른 자신을 지탱해 끝끝내 승리한다는 이야기. 모순되지만 너무도 인간적인, 그래서 더 감동적인 이야기가 아닐까. 《슬램덩크》의 모든 부분이 그렇듯이.

초밥은 마음

《미스터 초밥왕》

주머니 사정이 넉넉하지 않던 90년대 후반 대학 시절, 우연히 찾아보게 된 《미스터 초밥왕》은 그야말로 나와는 상관없는 세상의 이야기였다. 솔직히 말하면 알바로 벌어들인 돈은 대부분 음반을 구입하거나 연애를 하는 데 탕진했기 때문에 초밥은 물론이고 맛집이나 음식에 돈을 투자한다는 것은 당시의 나로서는 있을 수 없는 일이었기 때문이다. 분식이나 패밀리 레스토랑 양식에 익숙한 내게 초밥이라는 음식은 낯설기 그지없는 세계, 음악으로 치면 들어본 적은 있지만 한 번도 관심을 두지 않았던 장르 같은 거였다. 내가 먹어본 초밥이란 기껏해야 우동이나 돈가스 등을 파는 동네 프랜차이즈 일식집에서 세트로 시키면 우동이나 메밀국수와 함께 나오는 새우 초밥이나 김초밥 정도가 전부였으니 말이다. 그마저도 특별히 맛있다라고 느껴지진 않았고 아 이런 밍밍한 걸 초밥이라고 하는구나 정도의 느낌이었달까? 훨씬 더 값싸고 훨씬 더 맛있는 김밥이 있는데 도대체 초밥은 뭐람? 아니 도대체 회는 무슨 맛으로 먹는 걸까? 《미스터 초밥왕》을 접하기 전의 나는 확실히 그랬다.

《미스터 초밥왕》의 스토리는 재미를 떠나 비현실적이기 짝이 없다. 홋카이도의 오타루라는 마을에 사는 열다섯 살 세키구치 쇼타라는 소년이 폐업 위기에 처한 아버지의 초밥 가게를 살리기 위해 한 번도 쥐어본 적 없는 초밥을 배워 프랜차이즈 초밥 기업인 '사사초밥'과 싸워나가며 결국 일본 최고의 신인 초밥 요리사가 된다는 이야기. 중간중간을 채우는 사이드 스토리나 단막극 에피소드 등을 제외하면 이야기의 큰 줄기는 신인 초밥 요리사 경연대회 → 전국대회 순으로 자연스레 레벨 업이 되는데, 매 에피소드가 일종의 대결처럼 구성되어 있다. 그리고 그 안에서 만나게 되는 사람들과 경쟁할 뿐 아니라 인간적인 정을 나누며 초밥 요리사로서 그리고 인간으로서 성장해 나간다는 정석적인 소년 만화다.

그런데 내가 비현실적이라는 표현을 쓴 이유는 그 과정에서 쇼타의 성장이 너무 급격히 그리고 현실과는 동떨어진 방식으로 이루어지기 때문이다. 하다못해 아버지의 초밥 가게에서 알바 한번 해 본 적 없는 쇼타가 초밥의 천재 DNA를 물려받았는지 처음 다뤄보는 생선, 처음 다뤄보는 재료를 완벽하게 처리하고 수년간 수련을 쌓아온(그것도 동경 최고의 초밥 가게에서) 선배들이 생각지도 못한 지식과 창의적인 레시피를 활용해 대부분의 대결을 승리로 이끈다라니. 이쯤 되면 '어우쇼(어차피 우승은 쇼타)'가 아닌가. 물론 그 과정 자체에 만화적 설득력이 없는 것은 아니다. 요리 초보에 특별히 유리한 신체적 조건을 갖고 있지도 않은 애송이 쇼타에게 믿을 수 있는 건 노력과 끈기 그리고 남들은 생각지 못하는 어쩌면 초보다운 변칙적인 아이디어뿐이다. 그런데 이게 나름 그럴듯하다. 요즘 셰프들이 나오는 예능에서도 종종 언급되는 내용이지만 좋은 음식은 단순히 기술뿐만이 아닌 창의적인 레시피에서 나오는 것인데 그런 면에서 쇼타의 창의성이 타고난 천재성이라고 말한다면 그 나름대로 말이 되기 때문이다.

천재성의 본질은 '노력하는' 재능

소년 만화의 얼개가 늘 그렇듯 쇼타는 이미 정해져 있는 주인공의 운명을 따라 온갖 시련을 맞닥뜨리며 결정적인 위기에 봉착하고, 또 그때마다 기적적인 승리를 거두며 사사초밥이라는 최종 빌런에 맞서기 위한 내공을 하나씩 축적해 나간다. 그런데 어느 시점부터인가 사사초밥과의 대결이라는 구도는 형식적으로 존재할 뿐 이 드라마의 진짜 동력은 초밥의 최고수들과 함께 경쟁하며 초밥의 한계를 (때로는 인간의 한계를) 뛰어넘는 쇼타의 성장으로부터 나온다. 그리고 그 성장의 핵심은 결국 재능이라고밖에 말할 수 없는 쇼타의 타고난 손 감각과 창의성에 있다. 하지만 이 만화는 쇼타를 천재 소년이라 부르기에 주저하지 않으면서도 그 천재성의 본질을 '노력하는' 재능이라고 규정한다. 누구나 생각하는 타고난 요리 재능이 없어도, 오랜 실전 경험이 없어도, 오로지 열정, 노력, 끈기면 최고의 초밥 요리사가 될 수 있다는 작품의 주제 의식은 한때는 쇼타의 선배였으나 가게를 떠난 후 야인으로 전전해 결국 최후의 빌런으로 등장한 사치안인, 그리고 신인인 주제에 '동북의 용'이라는 별명을 갖고 있는 완성형 초밥 요리사인 삼태랑

(출처: 《미스터 초밥왕 전국대회편》 1권, 테라사와 다이스케 저, 서현아 역)

과의 라이벌 구도에서도 잘 드러난다.

삼태랑은 초밥왕의 세계관에서 쇼타에게 유일한 패배를 경험케 한 최강의 적수이며, 요리사로서 필요한 체력이나 정신력, 그리고 창의성에 대한 묘사에서 유추해 볼 때 쇼타를 모든 부분에서 압도하는 그야말로 완벽한 천재다. 그런가 하면 사치안인은 오랜 수련 끝에 모든 맛을 구별해 낼 수 있는 '절대미각'을 얻게 된 또 한 명의 탈인간급 캐릭터다. 쇼타의 장점인 멘탈 승부에 있어서도 광기에 가까운 승부욕을 가진 사치안인은 애초에 쇼타와 비교할 수 없는 능력치를 가진 인물일지도 모른다. 하지만 쇼타는 노력하는 재능에 더해 이 만화에 등장하는 캐릭터들은 갖고 있지 못한 놀라운 능력을 하나 더 보유하고 있었다. 그건 바로 '마음'이다.

"초밥은 마음이었던 게야."라는 어느 캐릭터의 한탄은 쇼타가 가진 재능의 중요한 본질을 잘 설명해준다. 그것은 마음, 그러니까 초밥을 먹는 사람을 배려하고 그 배려하는 마음이 담긴 초밥을 만드는 것이 요리사의 가장 중요한 덕목이어야 한다는 의미다. 어째 뜬구름 잡는 소리처럼 들린다면 요즘 유행하는 '오마카세'의 궁극적 지향이라 생각하면 어떨까. 신선한 재료와 갈고닦은 솜씨가 요리의 기본이라면, 여기에 그날 그날의 날씨나 분위기를 감안해 요리를 선보이는 정도가 고급 기술에 속할 것이다. 거기에서 하나 더 나아가면 손님이 선호하는 입맛을 반영한 맞춤형 메뉴 구성을 떠올릴 수 있어야 하는데, 그러기 위해서는 가장 높은 수준의 서비스를 가능케 하는 정신 자세, 즉 '마음'이 필요하게 된다.

눈이 오는 추운 날 쇼타는 심사위원들을 위해 체온을 올려주는 생강을 초밥에 섞어 내놓고, 사치안인과의 결승에서는 단순히 맛을 뽐내는 것을 넘어서 병상에 누운 아버지에게 바치는 '생명을 주는' 초밥 한 접시 코스를 구성하기도 한다. 물론 이것도 요리사로서 갖춰야 할 '기술'의 일종이라 말할 수 있겠지만 그 바탕에는 섬세하고도 헌신적인 직업인으로서의 자세가 요구되는 것이다.

《미스터 초밥왕》은 그것을 마음이라 부르고 있는데 조금 간지럽지만 사뭇 철학적인 표현이 아닐 수 없다. 쇼타의 마음이 담긴(맛은 거들 뿐) 초밥은 실로 여러 사람에게 행복과 구원을 선사한다. 가족 간의 오해를 풀어주며, 잘못된 길로 빠진 사람을 올바른 길로 인도하는가 하면, 그를 싫어하고 저주하는 이들조차 눈물을 흘리게 만드는 엄청난 힘을 가졌다. 누군가는 가식이라고 비웃을지 모르는 그 우직하고 진실된 여정에서 쇼타의 그 마음은 뜻밖의 행운으로 돌아온다. 그리고 그 행운의 대부분은 쇼타가 뿌린 친절과 헌신의 씨앗에 응답한 '인맥'이라는 열매였다.

"초밥은 마음이었던 게야"

쇼타의 여정은 시작부터 끝까지 늘 언더독의 포지션에서만 펼쳐진다. 단 한 번도 쇼타가 객관적으로 우위에 선 대결은 없었다. 그럴 수밖에 없는 게 상대방은 늘 유명 초밥 요리사거나 전설적인 재야의 초밥 고수, 혹은 칼 기술, 김, 참치 등 본인의 주전공 또는 주재료에서만큼은 최고의 능력을 보유한(신인인데 진짜?) 전문가들이기 때문이다. 그런 면에서는 지나치게 전형적이고 뻔한 스토리 구조라 말해도 좋다. 고향에서는 동갑내기 친구가 운영하는 대형 초밥 프랜차이즈 사사초밥에게 굴욕을 당하고, 도쿄에 올라와서는 손윗 선배인 사치안인을 비롯해 만신일, 하등길 등 개성 강한 상대들과 만나 고전을 면치 못한다. 전국대회에서는 당연히 더 괴물 같은 참가자들과 맞닥뜨려 사실상 불가능에 가까운 승부를 벌이는데, 아무리 그래도 삼태랑, 키리시마, 사치안인 같은 실력자를 이기고 마침내 '생명을 주는' 초밥 한 접시로 우승을 차지하는 장면은 태권브이가 실제로 태권도를 하는 것만큼이나 비현실적인, 당연히 만화가 아니었다면 상상하기 어려웠을 결말이다. 설정상으로나 객관적으로나 이길 확률이 없어 보이는 절체절명의 상황, 하지만 그럴 때마다 쇼타의 인맥(?)은 기적처럼 빛을 발했다.

후배 토비오는 쇼타에게 늘 결정적인 힌트를 우연히 제공하고(셜록 홈즈의 왓슨과 같은 역할이다), 선장님과 '백만 불의 눈'은 친구를 위해 목숨을 걸고 최고의 재료를 공수해 온다. 지인들은 승부에 결정적인 역할을 하는 지역 특산물 식초나 향신료 등을 제공하는데, 중요한 건 이들이 모두 여정 속에서 쇼타의 따뜻한 인간미와 헌신 그리고 열정에 감동했던 사람들이라는 것이다. 쇼타는 주변인들의 응원과 도움, 그리고 염원을 등에 업고 초밥에 담은 마음의 의미를 한껏 더 극대화시키기 위해 애쓴다. 다행히도 이 진심은 전문가와 고수들에 의해 정당한 평가를 받는 데 성공한다. '박수손' 야스지로, '절대눈썹'의 이와사키 옹, '요리사 킬러' 쯔루에 씨 등의 설정은 다분히 과장되고 우스꽝스럽기 그지없지만 중요한 건 쇼타의 마음이 담긴 초밥(사실은 객관적으로도 분명 더 섬세하고 맛있는 초밥)을 인정해 주는 어른과 전문가들이 그래도 늘 있었다는 사실이다. 또 하나, 이들의 맛에 대한 평가는 독자 입장에서 초밥을 가상으로 시식하는 고통스러운 동시에 행복한 경험을 맛보게도 한다. 온몸이 문어로 뒤덮이고, 입안에서 새우가 날뛰며, 도미의 모든 맛이 농축된 검은 도미 초밥이란 도대체 어떤 경지일까. 아무래도 그게 뭔지 알게 되는 날이 내 생전에 올 것 같진 않지만 말이다.

선의는 결코 배반하지 않는다

〈반지의 제왕〉에는 간달프가 있고, 〈해리 포터〉에는 덤블도어 교장 선생님이 있다면, 《미스터 초밥왕》에는 정오랑 사장님이 있다. 쇼타의 표현대로라면 천하제일. 그 경쟁이 치열한 동경에서도 당해낼 자가 없다는 고수 중의 고수다. 더 화려한 테크닉을 가진 요리사들은 종종 있었지만 정오랑은 늘 기본기에 충실하고, 손님에게 진실하며, 돈과 명예 대신 행복을 주는 초밥을 만드는 데 평생을 바친 사람이었다. 그런 그가 그와 똑 닮은, 하지만 더 발칙하고 당찬 쇼타를 발견하고 느낀 희열은 어땠을까. 정오랑은 단지 초밥 요리사로서 쇼타의 가능성만을 본 것이 아니라 자신의 분신으로서 자신의 물질적·정신적 유산을 승계할 적임자를 오타루 시골에서 찾아낸 것이다. 그건 분명 삶을 바꾸는 짜릿한 경험이었을 테다. 아니나 다를까, 공정하고 틀림없어 보이는 정오랑 사장은 시작부터 쇼타를 편애한다. 연차를 무시하고 쇼타를 신속하게 진급시켰는가 하면, 수년간 공을 들였을 뿐 아니라 재능마저 충분한 선배 사치안인과 굳이 내부 경쟁을 붙여 사실상 사치안인의 탈락과 출가(?)를 유도하기도 했다. 물론 이것은 결과적으로 정오랑의 '빅

픽처'였다. 사치안인에게는 기술과 승부욕은 있었지만 마음이 없었고, 정오랑은 그가 넓은 세계에 나가 그 마음의 핵심을 깨닫길 바랐다.

웃긴 건 사치안인은 그 마음을 찾는 대신에 궁극의 비기를 얻는 데 성공했고, 그것을 무기로 쇼타와의 마지막 승부에까지 이르른다. 그리고 아니나 다를까, 정오랑 사장은 두 사람의 초밥을 각각 완벽한 초밥이라 평가하면서도 그 완벽의 너머에 '영혼'의 경지가 있다는 것을 다시금 상기시킨다. 달라진 점이 있다면 사치안인은 정오랑의 그 지적이 무엇을 의미하는지를 정확하게 이해할 만큼 성장했다는 사실이다. 그러니까 정오랑은 종교적인 세계관에 있어서는 신의 존재와 같다. 신은 우리가 원하는 행복을 주는 대신 우리에게 가장 어울리는 행복을 주려고 애쓴다. 그 와중에 그 의미를 깨닫지 못하는 사람은 영원히 행복을 얻지 못하겠지만 그 큰 뜻은 결코 틀리지 않다는 것이다. 인간의 입장에서 억울하고 얄밉기도 한 신의 '큰 뜻'이겠지만 다행히 《미스터 초밥왕》에서는 모든 사람이 그 뜻을 이해하고 받아들여 결국 자신이 설 수 있는 가장 합당한 자리로 찾아갔다. 쇼타는 고향에 돌아가 아버지의 뜻을 이어 나가게 되었고, 봉초밥의 주방에 한 번도 설 수 없었던 비운의 천재 사치안인은 쇼타와의 승부에서 패한 대신 정오랑 사장의 권유로 봉초밥의 주방장이 되어 꿈을 이뤘다.

생각해보니 내가 《미스터 초밥왕》을 다시금 열심히 읽게 된 건 서른 너머 마흔에 다다르면서 기약 없는 유학 생활을 이어갔을 때였다. 초밥이 먹고 싶어서가 아니었다. 도무지 마무리될 것 같지 않은 박사 논문을 마지막 데드라인까지 붙들고 씨름하며 날 지켜보는 가족들을 볼 때마다 내 나약함과 죄책감 때문에 몰래 눈물도 흘렸더랬다. 그런 나에게 쇼타의 열정과 끈기는 용기와 영감을 주었다. 아무리 만화지만, 진심을 다해 내 일을 열심히 한다면 언젠가는 내 꿈을 이룰 수 있다는 그 메시지를 막연하게 믿고 싶었다. 아쉽게도 책에 묘사된 초밥과 비슷한 것도 제대로 먹어보지 못했던 가난한 유학생이었지만 말이다. 이제 그 맛있어 보이는 초밥들을 원하면 먹을 수 있는 나름 여유로워진 삶을 살게 되었지만 아직도 혼자서 김밥을 시켜 먹을 때면 언제나 입에 넣는 순간 녹아 없어진다는 기름지고 고소한 참치 대뱃살 초밥을 상상해보고는 한다. '밥맛없는 인간'이라는 소리를 들으면서도 선의는 결코 배반하지 않는다는 표정으로 자신의 일과 주변의 사람을 대하던 그 확신에 찬 쇼타의 얼굴과 함께.

두부가게 86의 전설

《이니셜 D》

어렸을 때부터 차를 좋아했다. 다른 친구들이 변신 로봇을 갖고 놀 때도, 또 다른 친구들이 공룡 이름을 줄줄 외우고 다닐 때도, 또 누군가는 레고 블록으로 경찰서를 짓고 있을 때도 난 미니카가 더 좋았다. 공룡이나 동물은 원래부터 내 취향이 아니었고, 블록으로 된 레고로 뭔가를 어설프게 만드는 것보단 매끈한 완성품이 늘 더 좋았지만 그중에서도 유독 자동차는 뭔가 현실적인 로망을 자극하는 매력이 있었다. 탈 수 있는데(언젠간?) 멋있고 실용적이면서 럭셔리한 최고의 기계. 원하는 데에 데려다주고, 내 마음대로 움직이고, 음악을 들을 수 있고, 더위나 추위에 상관없이 달릴 수 있으며, 가끔 잠을 자거나 휴식을 취할 수 있는 더할 나위 없이 실용적인 물건.

초등학생 시절 아빠를 조르고 졸라 우리 집 차였던 프레스토를 골목에서 잠깐 굴려봤던 기억이 아직도 어제 일처럼 생생하다. 미니카와 자동차 잡지를 스크랩하는 것으로 만족했던 어린 시절을 지나 대학교에 진학해 면허를 딸 수 있게 되면서 자동차라는 드림은 현실이 되었다. 물론 현실에서는 드림카인 911이 아닌 부모님이 타다 물려준 중고 소나타가 전부였지만 그래도 대학생 신분에 그게 어디란 말인가! 코흘리개 시절부터 꿈에만 그려오던 자동차를 운전할 수 있다는 것 하나만으로 그저 좋았다.

그런 내가 자동차가 등장하는 영화나 만화 혹은 애니를 좋아하게 된 건 사실 지극히 자연스러운 일이었다. 내가 타는 차는 기껏해야 4기통인데 V8은 뭐가 얼마나 다른 걸까 늘 궁금했던 내게 〈매드맥스〉 시리즈는 포스트 아포칼립스와 자동차라는 내 두 가지 취향이 합쳐진 최고의 영화였고, 드로리안이라는 멋진 자동차를 알려준 내 인생 영화 〈백 투 더 퓨처〉, 자동차 덕후들의 로망 그 자체인 〈분노의 질주〉, 현기증을 일으키는 아드레날린의 결정체인

〈택시〉와 최근의 〈베이비 드라이버〉까지 멋진 자동차나 레이서들이 등장하는 영화들은 좀처럼 빠뜨리지 않고 챙겼던 것 같다. 그 관심은 비디오 게임으로도 이어져 게임기를 들인 이래 가장 많이 플레이했던 게임도 〈그란 투리스모〉라는 레이싱 게임이었다. 아직도 게임 속 내 차고에는 수백 종의 희귀 차들이 전시되어 있다. 허무한 상상이지만 이게 현실이라면 얼마나 좋을까 맘속으로 되뇌이며.

내가 원래 갖고 있었던 열정

《이니셜 D》는 아주 오래전 만화로 먼저 접했고 후에 애니메이션으로 또 한 번 즐기게 되면서 자동차를 좋아하는 내 심장에 새삼 불을 지른 대표적인 자동차 만화다. 설정부터가 흥미로웠다. 간토 지방 군마현에 있는 한 두부가게. 주인은 화려했던 길거리 레이서의 삶을 뒤로하고 조용히 튀김두부를 팔며 사는 인물이다. 그런데 그렇다고 레이서로서의 열정을 잃어버린 것은 아니어서 좀 오래된 차지만 기본기가 충실한 '86'이라고 하는 스포츠카를 배달용으로 사용하고 있다. 그는 하나밖에 없는 아들에게 중학교 시절부터 산 너머 호텔로 두부 배달을 시켜왔는데(아직 면허도 없는데!), 귀찮은 알바라 생각해 운전의 재미를 느낄 새도 없었던 이 소년은 고등학교를 졸업할 즈음이 되자 그 누구와 겨뤄도 모자람이 없을 '86' 최고의 테크니션이 되어 있었다. 그리고 그는 반강제로 참가한 고갯길 경주에서 승리하며 스스로 좋아하는지조차 확신할 수 없었던 레이서의 첫발을 뗀다.

만화답게 매 대결마다 과장과 억지가 난무하지만 내가 유독 흥미롭다고 생각한 부분은 바로 주인공 타쿠미가 자동차에 대한 애정을 처음에는 인지하지 못한다는 설정이다. 이 책에 나오는 주요 등장인물들은 모두 자동차나 운전을 신념처럼 생각하는 자동차 마니아들이다. 주유소에서 일하면서 동네 레이싱 팀인 '스피드 스타즈'를 이끄는 이케타니 선배를 비롯해 명문대 의대생이지만 길거리 레이싱에 더 관심이 있는 천재 레이서이자 인기 스타인 다카하시 료스케 등 자동차에 모든 것을 건 남녀(!)들이 등장한다. 심지어 아직 차를 살 형편이 못 되는 타쿠미의 절친 이츠키조차도 차에 대한 애정만큼은 그 어느 레이서들 못지않다. 그런데 정작 주인공인 타쿠미는 그렇게 환상적인 기술을 몸에 익히고 있는 주제에 자동차나 레이싱에 대해 어

(출처: 《이니셜 D 신장판》 1권, 시게노 슈이치 저, 학산문화사, 2021년)

떤 관심도 보이지 않는다. 전륜과 후륜 구동의 차이를 모르는 것은 애교 수준이고(심지어 그게 왜 중요한지도 모름), 자동차가 코드명으로 불리는 것에 대해 "코롤라를 왜 86이라 부르냐?"고 불평해 주변 사람들을 격분케 한다.

타쿠미가 자동차에 관심이 없는 건 사실 레이서 출신 아버지의 조기 교육 탓이다. 본인의 못 다 이룬 꿈을 자식이 이뤄주길 바라는 건 충분히 이해 가는 부모의 욕심일 터. 사실상 불법으로 공공도로를 달리는 고갯길 레이서가 아닌 더 큰 무대에서 활동하는 직업 레이서를 키우고 싶은 분타의 바람은 결국 배달을 핑계로 어린 아들을 위험천만한 고갯길로 밀어 넣기에 이른다. 그 교육은 실로 체계적이고 엄격했다. 컵에 담은 물을 흘리지 않도록 주문하며 가장 중요한 자동차의 하중 이동 이론을 가르치고, 비와 눈 등으로 늘 변화무쌍한 도로 상황에 적응하게 하면서 드리프트의 기본 원리를 스스로 깨치게 유도한다. 간간히 아키나산 고갯길에만 있는 지형지물을 활용한 주행 팁도 덧붙여가며 말이다. 동네의 어리버리한 가짜 레이서들이나 각 지역을 대표하는 고수들도 쉽게 접하지 못한 고급 강좌! 그런데 이 같은 조기 교육은 타쿠미로로부터 운전의 순수한 즐거움을 시작부터 빼앗는 역효과를 낳는다. 타쿠미에게 운전은 그저 '일', 그러니까 피곤하고 지루하며 꼭 해야만 하는 의무 같은 것이 되어버린 것이다. 타쿠미는 주유소 선배와 단짝 이케타니의 자동차 사랑을 이해할 수도 없을뿐더러 그들의 열정에 때로는 막연한 반감을 갖기도 한다.

그런데 흥미로운 건 타쿠미에게는 이미 스스로도 인식하지 못했던 자동차와 운전에 대한 애정이 자리하고 있었다는 사실. 그리고 그걸 깨우쳐준 건 비슷한 연배의 드라이버, 후에 그와 라이벌이자 좋은 동료가 되는 타카하시

케이스케였다. 자동차에 열정을 바치는 자신에 비해 재능을 가지고 있음에도 애써 운전에 대해 짐짓 무심한 태도를 보이는 타쿠미의 모습에 분노한 그는 "좋아하지도 않은 걸 그렇게 열심히 했을 리가 없잖아!"라고 폭발하며 사실은 타쿠미가 운전을 좋아하는 것이라고 일갈한다. 그리고 케이스케의 이런 돌직구는 쇼타의 잠자던 레이서 본능과 운전에 대한 애정을 각성시키는 결정적 계기가 된다. 맞아, 종종 나의 열정은 내가 아니라 누군가의 규정이나 설명에 의해 구체화될 수 있는 것이지. 물론 그것이 내가 원래 갖고 있었던 것이라는 전제하에. 그럴 기회를 갖는다는 것도 운이지만 말이다.

남에겐 별거 아닌 것에 목숨을 건 사람들

자동차에 관심 있는 마니아라면 《이니셜 D》는 자동차 포켓 백과라 말해도 무방하다. 비록 라이선스 문제로 일본 국산 자동차들만 등장하는 한계는 있지만 자동차의 구조와 원리에 대해 친절하고 흥미로운 방식으로 설명해 이해를 돕는다. FR, FF, 4WD 등 자동차 구동 방식 간의 차이와 각각의 장단점을 일러주기도 하고, 자연 흡기(N/A)와 터보의 주행상 차이도 섬세하게 설명한다. 다운힐이라 불리는 내리막 고갯길 주행에선 왜 자동차의 출력보다 가벼운 차체와 밸런스가 중요한지 제법 전문적인 설명이 이어지는가 하면, 핸들을 꺾은 각도보다 차체가 실제로 적게 혹은 많이 꺾이는 증상인 언더 스티어와 오버 스티어에 대한 설명도 불친절하게 넘어가지 않고 스토리 속에 효과적으로 녹여내어 몰입도를 높인다. 그중에서도 단연 압권은 이 만화의 핵심적인 요소이자 모두가 추구하는 궁극의 고갯길 주행 기술인 '드리프트'에 대한 소개와 설명이다. 드리프트는 일반적인 도로 환경에서 실수가 아니라면 평생 경험하기 어려운 현상이지만 레이싱의 세계에서는 별도의 종목이 있을 정도로 고도화되고 전문화된 하나의 레이싱 기술에 속한다.

이 만화는 일본 드리프트계의 전설인 츠치야 케이이치에게 감수를 받아 만화와 애니메이션을 제작했고, 그는 타쿠미의 아버지인 분타의 옛 친구로 잠깐 등장하기도 한다. 사실 레이싱 그 자체보다는 자동차에 흥미가 있는 나에게 드리프트의 장면들이 피를 끓게 만들거나 도전 의식을 불러일으키거나 한 것은 아니었지만, 감동했던 부분은 정작 따로 있었다. 바로 끊임없는 노력을 통한 기술의 정련에 대한 서사가 그것이다. 누구나 도전은 할 수 있되 진심을 다해 연구하고 연습하지 않으면 도달할 수 없는 경지, 하지만 직업이 아닌 다음에야 그 기술의 수준은 오로지 그것을 중요하다고 여기는 사람에게만 의미가 있는 것일 뿐이다.

사실 모든 취미란 게 그렇다. 사람들은 자신에게 진짜 취향이 있다고 여기지만 실제로는 그렇지 않다. 취향이란 함부로 갖기 어려운 것이고 취미는 결코 값싸거나 쉽게 들여지는 것일 수 없다. 어찌 보면 아무짝에도 쓸모없는 위험한 취미 그 이상도 이하도 아닌 고갯길 레이싱에 열정을 불태우고 자존심과 신념을 거는 사람들의 도전을 그린 이 만화는 그래서 더 덕후의 냄새가 폴폴 나 정겹기 그지없다. 물론 운전은 안전하게, 교통 법규는 지켜가며 뭘 불태워도 불태우는 것이 좋겠지만!

자동차라는 매력적인 문화

독일 차와 미국 차에만 익숙했던 내게 이 만화는 제법 다양하고 깊은 일본의 자동차 산업과 문화를 알려준 계기도 되었다. 모르는 사람들에겐 그 차이가 미미한 각 제작사와 브랜드의 차이나 각 엔진 간의 장단점을 흥미롭게 일러주며 그 차에 얽힌 일본 자동차 역사의 뒷이야기들을 풀어주기도 한다. '86'은 왜 운전하는 재미가 있는 차인지, '32'는 왜 무패의 신화인지, '란에보'를 왜 잘 다듬어진 복서의 몸처럼 완벽하다고 하는지 이 만화의 설명들은 무협지의 묘사처럼 흥미롭기만 하다. 물론 그 근간에는 일본인들의 일본산 자동차에 대한 애정과 자부심이 가득 담겨 있다. 당연히 자동차를 좋아하는 사람들이라면 사실 재미를 넘어 부러움과 시기심마저 느껴지는 부분이다. 아직도 자동차를 오로지 가격이나 크기만으로 평가하는 세간의 시선이 취미로서의 자동차의 본질을 왜곡하고, 취미와 폭력을 구분하지 못하는 일부 몰지각한 폭주족들의 행위들은 모터스포츠를 욕보이고 자동차라는 매력적인 문화를 점점 소외시키는 게 아닌가 싶어서 말이다.

'86'이라는 구식 소형 스포츠카를 몰면서도 운전 실력 그 자체에 자부심을 느끼는 타쿠미의 모습, 금세 신형으로 업그레이드하기보다는(물론 비싸서…) 차를 자신의 몸처럼 완벽하게 통제할 수 있을 때까지 기술을 연마하는 등장인물들의 모습은 다른 분야에서의 '장인 정신'과 본질적으로 다르지 않다. 그러기 위해서는 차를 진심으로 사랑하고 운전이라는 행위에 대한 자부심과 책임이 갖춰져야 한다는 점을 이 작품은 넌지시 말하고 있다.

아무래도 일본 차라는 부분에서 오는 위화감이나 일말의 반감도 없지는 않았다. 내가 어렸을 때 일본 자동차들이 지나가면 친구들은 왠지 몰라도 그런 차를 '양카'라고 불렀던 기억이 있다. 그런데 알고 보니 그건 자동차 브랜드의 국적과 무관한, 과하게 불법 튜닝한 차들을 말하거나 차의 종류와 무관하게 난폭하고 매너 없는 운전자들을 가리키는 표현이었다. 길거리 레이싱을 주제로 삼은 만화니만큼 불법적인 요소에 대한 비판이 없을 수는 없겠지만 《이니셜 D》는 불법적인 튜닝이나 난폭한 운전 매너에 대해 나름 비판적인 시선을 보내곤 한다. 이를테면 자동차의 가격이나 성능만을 믿고 도로를 난폭하게 달리거나 마치 학창 시절의 불량 학생들처럼 다른 운전자를 괴롭히는 몰지각한 드라이버들은 주인공 타쿠미에게 보기 좋게 응징당하는 부분들이 그렇다. 당연히 차량의 성능이 아닌 깔끔한 운전 실력으로.

어느 날인가, 나들이 후 함께 집으로 돌아오는 길에 여자친구 나츠키는 타쿠미의 편안하고 안정적인 운전 솜씨를 칭찬한다. 잘 나가고 귀엽게 생긴 '86'에 대한 애정이 담긴 코멘트와 아울러. 그냥 아버지의 두부 배달을 도와주는 영업용차라고만 생각했던 '86'이 마치 이름을 불린 김춘수의 꽃처럼 새로운 의미가 되어 타쿠미의 마음에 자리매김하는 순간이었다. 이 만화에 대한 이야기를 써 내려가며 또 한 번 든 생각이다. 내가 사랑하는 사람을 편안하게 태워줄 수 있는, 가고 싶은 곳으로 언제든 데려다주는, 원한다면 원하는 만큼 시원하게 나가주는, 내 맘에 쏙 드는 멋진 디자인을 가진, 게다가 볼륨도 제대로 올리지 못하는 고급 오디오보다 더 크고 시원스레 혼자만의 음악 생활을 즐기게 해주는 자동차만큼 그 비싼 값을 제대로 해주는 멋진 취미가 또 있을까. 갑자기 G21의 경쾌한 엔진음을 들으며 잠깐 바람을 쐬고 오고 싶어졌다.

오세연의
인생 만화

오세연 영화 감독이자 작가. 영화 〈성덕〉을 만들었고 책 《성덕일기》를 썼다.

영원한 나의 길티 플레저

《Why? 사춘기와 성》

학습 만화의 시대가 있었다. 내게는 이미 과거가 되어버린 시대지만, 누군가에겐 여전히 유효한 시대일 것이다. 학습 만화만큼 타겟층이 명확한 책도 드물 것이다. 어쩐지 유해할 것만 같은 화려한 표지의 만화책을 보기는 싫고, 그렇다고 활자만 가득한 책을 읽기에는 지겨웠던 어린 시절, 학습 만화의 존재를 알게 됐다. 자주 가는 도서관에서 대출을 하려고 책을 찾다 보면, 그 인기를 증명하듯 학습 만화 시리즈들은 전부 너덜너덜하고 더러웠다. 도저히 손을 대기가 싫어서 그냥 지나치면서도 그 책들이 너무 궁금했다. 얼마나 재밌길래 이렇게나 많은 사람들의 손을 거쳐 닳고 닳아버렸을까.

그래서 가끔 엄마가 인심 쓰듯 학습 만화를 사는 걸 허락해주면 고심해서 한 권을 골랐다. 한 번 읽은 것을 읽고 또 읽어도 재밌었다. 그렇게 보물찾기 시리즈, 살아남기 시리즈 같은 책들을 읽었다. 한껏 몰입해 앉은 자리에서 처음부터 끝까지 집중해서 읽었던 기억이 난다. 막연히 낯선 곳으로의 여행을 상상해 보기도 하고. 이후엔 학습 만화의 재미를 알아버린 탓에 책이 더러우면 장갑을 끼고서라도 빌려 읽었다. 《먼나라 이웃나라》, 《내일은 실험왕》, 《만화로 보는 그리스 로마 신화》 등 그 시절의 십 대 이하 소년 소녀들을 평정했던 책들은 거의 다 읽어본 것 같다.

그중에서도 가장 여러 번 읽은 책을 처음 발견한 건, 친구네 집에 놀러 갔을 때였다. 그 친구는 학교에서 앙숙이라 불릴 만큼 사이가 나쁜 남자애였는데, 엄마들끼리 친하다는 이유로 나는 우리 집이 아닌 그 집으로 하교하는 경우가 잦았다. 거의 매일 만나는 것 같은데 엄마들은 항상 무슨 할 얘기가 그렇게나 많은지. 집에 도착한 내게 먹을 것을 좀 내어주고, 학교에서 있었던 일들을 짧게나마 듣고 나면 엄마들은 다시 수다 속으로 빠져들었다. 가만히 앉아 있다 보면 무슨 얘기를 하는 건지 다 알아듣지도 못하겠고 내 귀엔 그다지 재밌는 이야기도 아니라서 책 구경을 하겠다고 방으로 들어가 버리곤 했다. 학원에 가고 없는 그 남자애의 방에는 책이 정말 많았다. 초등학생 자녀를 둔 집에는 책장 가득 학습을 위한 전집이 빼곡히 꽂혀 있곤 했다. 우리 집 역시 마찬가지였다. 매일 아침마다 《타임캡슐 우리 역사》를 한 권씩 읽고 등교했고, 《비주얼 박물관》과 《새봄나무 고전 전집》을 하루에 한 권씩 읽는 걸 방학 계획으로 세우기도 했으니까.

대놓고 읽는 사람은 없었던 이상한 학습 만화

그런데 그 친구네 집엔 우리 집에 없는 책들이 많았다. 솔직하게 말하면, 좀 더 재밌어 보이는 책들이 그 집에 더 많았다고 할 수 있겠다. 책등만 봐도 알 수 있었다. 게임이나 만화에 나올 것 같은 캐릭터들이 그려진 색색의 책들. 그리고 그중에서도 단연 눈길을 끈 제목은, 《Why? 사춘기와 성》이었다. 그게 살면서 가장 여러 번 읽은 책과의 첫 만남이었다.

아마 내 동년배들 대부분은 나와 똑같이 대답할 것이다. 'Why?' 시리즈는 한국에서 가장 많이 팔린 만화책 중 하나다. 그리고 그중에서도 가장 인기 있는 편이 바로 '사춘기와 성'이었다. 이렇게 자신 있게 말할 수 있는 이유는, 언제 어딜 가더라도 책의 상태가 가장 나쁜 게 '사춘기와 성'이었기 때문이다. 어릴 적 방문했던 부산 시내의 수많은 도서관과 친구들의 집을 통틀어서 목격한 사실이다. 심지어 책의 인기가 나의 어린 시절에만 국한된 것은 아니었던 건지, 대학생이 된 후 어린이 도서관에서 근로를 하다가도 곧 두 쪽으로 갈라질 것처럼 헐어버린 책을 본 적도 있다. 《Why? 사춘기와 성》은 상태가 안 좋아진 기존 도서를 폐기하고 종종 새로 들여놓을 정도로 여전히 인기가 많은 책이었다.

내용이 전혀 그렇지 않음에도, 그 당시 초등학생들에게 《Why? 사춘기와 성》은 '야한 책'이라는 인식이 강했다. 알고 나면 별 볼 일 없지만, 오히려 안 알려 주면 더 궁금한 게 사람의 마음이다. '성'에 대한 모든 궁금증에 대해 19금 딱지가 붙는 세상에서 초등학생에게 허락된 야한 책이라니. 한국에서 그 역할을 하는 책은 딱 한 권뿐이었다. 그래서 더 귀했다. 보건 시간에 배우는 성교육 이외에는 궁금증을 해소할 방법이 없었으니까. 하지만 그맘때의 성교육에는 디테일이 부족했다. 여자와 남자가 사랑을 하면 아기가 생긴다고? 정자가 달리기를 해서 난자에 도착하면 아기가 생긴다고? 사랑을 어떻게 하면 아기가 생기는 건지, 정자가 어디서 어떻게 달리기를 해야 난자에 가닿는 건지 그게 궁금했다.

어린이가 어른을 가장 난처하게 만들 수 있는 방법은 아마도 "엄마, 나는 어떻게 태어났어?" 같은 질문일 것이다. 하지만 여기에 제대로 된 대답을 해주는 어른은 없었다. 육교 밑에서 주워 왔다는 할머니의 말은 내가 너무 엄마와 닮았기에 도저히 믿을 수가 없었다. 어른들이 잠을 자면 아기가 생긴다는데, 잠은 나도 밤마다 자는데 왜 어른들만 아기가 생기는 건지 궁금했다. 교육에서의 부족한 디테일을 상상으로 채우는 데에도 한계가 있었다. 결국 전국의 도서관에 꽂혀 있던 《Why? 사춘기와 성》은 나처럼 답답했던 모든 어린이들의 호기심을 해결해야 하는, 막중한 임무를 가진 탓에 닳고 닳아버렸다.

그렇다고 《Why? 사춘기와 성》이 궁금증을 다 충족시켜줬냐 하면, 그건 아니었다. 초등 저학년을 대상으로 쓰인 만화가 할 수 있는 성교육에는 분명 한계가 있었을 것이다.

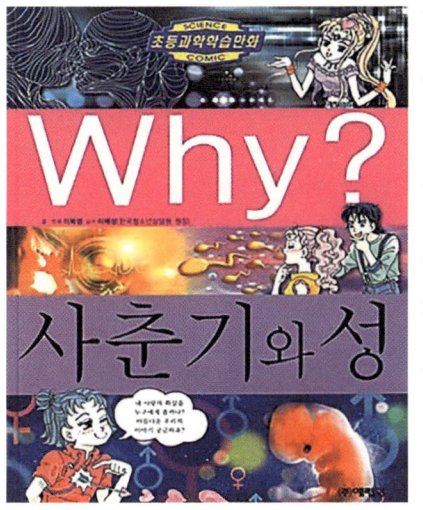

(출처: 《Why? 사춘기와 성》, 이북영 저, 예림당, 2003년)

그래서 처음에는 성적 호기심으로 그 책을 봤지만, 나중에는 그런 것과 상관없이 그냥 그 책 자체가 좋았다. 다른 학습 만화도 여러 권 접해보긴 했지만, 《Why? 사춘기와 성》은 좀 특별한 구석이 있었다. 우선, 그림체가 달랐다. 대체로 학습 만화의 주인공은 개구쟁이 같은 얼굴을 하고 머리는 성게 같이 삐죽삐죽 튀어나온 3등신 정도 되는 캐릭터가 주로 이야기를 이끌어 갔다. 성격적인 특징이라면, 단순 무식하고 장난기가 많으며 모험심과 호기심이 강했다. 대부분 바보 같이 실없는 소리를 전문으로 해서 독자들로 하여금 '내가 이 책의 주인공보다 똑똑하다'는 약간의 우월감에 취할 수 있게끔 만들어 주기도 했다. 하지만 몽이와 나루는 달랐다.

주인공인 오몽이와 강나루는 같은 학교 친구이다. 몽이는 여자애들을 괴롭히는 남자애들을 한 방 먹이는 데 능한 쾌녀였고 나루는 눈물이 많고 내성적인 친구였다. 순정 만화 주인공처럼 예쁜 얼굴에 비율도 좋고, 옷도 잘 입는, 심지어 나와 비슷한 고민을 하고 있는 두 사람. 마음에 쏙 들었다. 몽이와 나루는 십 대에 접어들어 몸과 마음에 생기는 변화로 인해 혼란을 겪는다. 두 사람의 생각과 고민, 감정들이 어쩐지 나와 맞닿아 있는 것 같아서 더 정이 갔다. 물론 내게는 성교육을 위해 별나라에서 내려온 요정 같은 건 없었지만 말이다.

처음 《Why? 사춘기와 성》을 집어 들었을 때, 누구에게도 들켜선 안 될 것 같은, 죄를 짓는 기분이 들었다. 다시한번 말하지만 그 책은 야한 책도 아니고, 불온 도서도 아니고, 봐선 안 되는 장면이 등장하지도 않는다. 당연하다. 이건 초등학생들을 위한 책이니까. 학습 만화니까! 그런데도 그 책을 읽을 때마다 부끄러웠다. 중간중간 등장하는 삽화에서 여성과 남성의 신체나 성기가 등장해서 그랬을까? 성에 대해 관심이 많은 사람처럼 보이기 때문이었을까? 어린이에게 '그런' 궁금증은 금기시된다는 걸 느꼈기 때문일까? 분명한 건, 그 부끄러움은, 외부의 시선에 의한 것이었다.

읽지 말라는 사람도 없었지만 대놓고 읽는 사람도 없었으며 학교에서 읽고 있는 사람을 한 번도 본 적이 없으나 늘 대출 중이거나 두 동강 나기 직전인 상태로 겨우 생명을 부지하고 있던 책이니까. 그런 책을 안전한 우리 집도 아니고 남의 집에서 읽고 있었으니 왠지 긴장되는 건 당연했다. 지금에 와서 생각해 보면, 오히려 성에 대해 관심을 갖는 게 지극히 당연한 일이라는 걸 인정하고 공교육 차원에서 제대로 된 성교육을 더 많이 해줬다면 그 책을 그렇게 많이 읽는 일도, 그 책을 읽을 때 괜히 부끄러워지는 일도 없었을 것 같다. 하지만 그땐 2006년이었다.

재미와 상식을 곁들인 훌륭한 도피처

그러다 잊을 수 없는 사건이 발생한다. 언제나처럼 친구 집에 가자마자 '그 책'을 집어 들고 방에서 숨죽여 읽고 있었다. 친구는 여느 때와 같이 학원에 가느라 없었고, 그 집엔 우리 엄마를 비롯한 같은 반 친구 엄마들 몇몇이 있었다. 거실에 나가면 시끄럽기도 하고, 방해 받고 싶지 않아서 방에 앉아 책을 봤다. 그런데 내가 너무 몰입한 나머지 해가 지는 줄도 모르고 불을 켜지 않고 그 방에 있던 게 화근이 됐다. 잠시 대화에 공백이 생긴 엄마들은 너무 조용한 내가 신경 쓰였는지, 갑자기 관심 밖에 있던 내게 소리쳤다.

"세연아. 방 어두워서 눈 나빠진다. 나와서 읽어라."

"…네?"

한창 오몽이와 강나루의 이야기에 빠져들고 있던 나는 그 순간 무척 당황했다. 불 켜고 여기서 읽겠다는 말 한마디였으면 됐는데, 그 말이 안 나왔다. 방에서 나가지 않으면 떳떳하지 못한 상태란 걸 들킬 것만 같았다. 무슨 잘못을 저지른 게 아닌데도 당당하지가 못했다. 아마 어느샌가부터 그 집에 갈 때마다《Why? 사춘기와 성》만 집어 드는 나 스스로를 과하게 인식한 탓도 있었을 것이다. 결국 나는 쭈뼛거리며 책 제목이 보이지 않게 뒤표지가 보이도록 책을 꼭 끌어안고 거실로 나갔다.

"아이고. 여자애들은 꼭 저거 읽더라."

"저번에도 읽지 않았나?"

소파에 앉아 있던 엄마들의 시선이 내게 집중됐다. 뒤표지만 보고서도 내가 뭘 읽고 있는지 바로 알다니. 충격이었다. 얼마나 충격이었으면 거의 20년 가까이 지난 일이 생생하게 기억 날까. 그 아줌마들의 말 몇 마디에 나는 얼굴이 시뻘게졌다. 아무런 대꾸도 하지 못하고 그냥 고개를 푹 숙이기만 했다. 엄마들은 시선을 거두고 다시 하던 이야기로 돌아갔지만, 나는 책으로 다시 돌아갈 수가 없었다. 거실에 앉아 있는 내내 책의 내용이 눈에 하나도 안 들어왔다. 한편으론 좀 짜증도 났다. 애들 읽으라고 만든 책을 애가 좀 읽겠다는데 뭐 어때서? 여자애들은 꼭 이 책을 읽는다고? 오히려 남자애들이 더 읽어야 하는 책인데? 쪽팔리기도 하고 억울하기도 해서 그냥 책을 덮어버렸다. 결국 그날이 친구네 집에서 그 책을 읽는 마지막 날이 되었다. 그로부터 시간이 꽤 지난 후에, 엄마와 함께 서점에 가서 'Why?' 책 한 권을 고를 수 있는 기회를 얻었다. 한참 고민하는 척하다 마음속에 이미 정해둔, 나의 최애,《Why? 사춘기와 성》을 뽑아 들었다(아마 엄마도 내가 그 책을 고를 줄 알고 있었을 것 같다). 물론 이미 너무 많이 봐서 내용을 거의 외우고 있긴 했지만.

최근에 당근 마켓에서 그 당시에 내가 읽었던 버전의 《Why? 사춘기와 성》을 구매했다(여러 차례 개정되어 지금은 캐릭터와 내용 모두 바뀌었다). 우습게도 그 책 역시 너덜너덜했다. 예나 지금이나 이 책이 내게 '길티 플레저'인 것은 분명한지 당근 거래를 하러 지하철역에 내려가며 모자를 푹 눌러썼다. 아마 어릴 적의 부끄러움과는 다른 종류인 것 같긴 하지만. 다시 읽어도 여전히 몽이의 가족들은 따뜻했고 나루의 짝사랑은 흥미진진했다. 이 책의 도움으로 알게 된 것들도 제법 많았다. 이를테면 사춘기에 생기는 신체적 변화, 생리를 하는 이유, 임신이 되는 과정, 성병의 발병 원인, 성범죄 피해 시 대처 방법 등 꼭 필요한 내용들이 책 속에 있었다. 물론 2000년대 초반에 발간된 책이다 보니 성인지 감수성이 부족해 보이는 대목에서 당황하기도 했다. 시간이 지나면서 낡아버린 내용들이 있기에 자꾸만 책이 개정되는 거겠지만, 수십 수백만 명의 청소년들이 이 책으로 성교육을 받았다고 생각하니 아찔했다. 살면서 가장 많이 읽은 만화인 건 확실한데, 인생 만화로 이 책을 꼽아도 될지 한참 고민했다. 명작이라고 하기도 애매하고, 인생 만화라고 하기에도 모자란 구석이 있는 책이지만, 여태껏 가장 많이 읽은 만화, 그리고 앞으로도 그 기록이 깨지지 않을 것 같은 만화임은 분명하다. 학습 만화는 공부와 놀이 사이에 걸쳐져 있는, 소소한 재미와 상식을 곁들인 훌륭한 도피처였다. 영원한 나의 길티 플레저가 지금의 어린이 청소년들에겐 숨어 읽는 책이 아니길 바란다.

딸기 타르트와 두부조림

《꿈빛 파티시엘》

초등학교 5학년 때였나. 그즈음에 엄마는 저녁 식사 시간이 지나서야 퇴근을 하셨다. 그래서 언니와 나는 주로 둘이서 저녁을 해결해야 했다. 그렇다고 해서 매번 음식을 사 먹거나 요리를 할 필요는 없었다. 보온 밥솥에는 엄마가 아침에 해둔 밥이, 냉장고에는 냄비째로 들어 있는 국이, 밀폐 용기에는 할머니가 해 주신 반찬이 들어 있었다. 데워서 그릇에 담고 상을 차리기만 하면 간단하게 식사 준비 끝! 그때 자주 먹었던 할머니의 반찬 중에서 특히나 내가 좋아했던 건, 두부조림이다. 어떤 음식은 차가우면 먹기가 싫은데, 두부조림은 차가워야 더 맛있었다. 그래서 좋았다. 귀찮게 데울 필요 없이 그냥 덜어 먹기만 하면 되니까. 두부조림 한 조각이면 다른 반찬은 쳐다도 안 보고 밥 한 그릇을 다 먹을 수 있었다. 오히려 두부조림을 더 먹고 싶어서 밥을 한 그릇 더 퍼 올 정도였다. 할머니가 돌아가신 지 몇 해가 지난 지금도, 살면서 해 주신 수많은 맛있는 음식 중에 그 두부조림이 유독 그립다. 어떻게 만드는지 제대로 보고 배워둘걸. 어디에서 두부조림을 사 먹어도, 그때 그 맛이 안 난다.

할머니의 두부조림을 마음껏 먹을 수 있던 그 시절, 우리는 종종 텔레비전을 틀어놓고 밥을 먹었다. 하지만 언니와 내가 저녁을 먹던 다섯 시 즈음은 하필이면 TV가 제일 재미없는 시간대였다. 지역 특산물이나 맛집 등을 소개하는 정보 프로그램과 뉴스에는 그다지 흥미가 없었고, 은은한 막장에 중독되어 챙겨보던 일일 드라마는 일곱 시나 되어야 시작했다. 그렇게 여러 채널을 전전하며 심심한 식사를 반복하던 어느 날, 투니버스 채널이 우리의 시선을 끌었다. 이유는 단순했다. 요리사 같은 차림을 한 아이유가 노래를 부르고 있었기 때문이다.

♪ 포근포근 달콤해~ 둥글둥글 부푸는 마음~ 맛있는 꿈을 그려봐요~ 행복한 꿈빛 파티시엘 ♪

그 노래는 투니버스 채널에서 방영하는 애니메이션 《꿈빛 파티시엘》의 오프닝 주제가였다. 처음엔《꿈빛 파티시엘》이 무슨 내용인지는 별 관심도 없이, 그 노래를 또 듣고 싶어서 그냥 틀어만 두고 밥을 먹었다. 그런데 그게 하루가 되고, 이틀이 되고, 몇 달이 되더니 나중에는 굳이 서로에게 물어볼 필요도 없이, 암묵적으로 약속된 우리의 '밥친구'가 되었다. 나는 또래에 비해 애니메이션에 관심이 없는 편이었다. 짱구의 가족들이 어떻게 생겼고 도라에몽의 친구들은 누군지 전혀 몰랐다. 대신에 일일 드라마와 주말 드라마, 아침 드라마를 포함해 방영 중인 모든 드라마의 내용을 다 꿰고 있었으며 〈우리말 겨루기〉의 답을 맞히는 걸 좋아했다. 컴퓨터 게임보다는 언니와 알까기나 오목을 하며 놀았고, 도서관에 가서 어른들이나 읽을 법한 두꺼운 소설책을 읽은 후 좋아하는 선생님들과 감상을 나누는 일을 즐겼다.

또래 친구들과 나는 정신 연령이 조금 다르다고 생각하는, 일종의 애늙은이 콤플렉스에 갇혀 있었던 것이다. 이토록 어른스러운 내가 애니메이션을 보다니. 게다가 주제가를 따라 부르다니. 심지어 속으로 주인공을 응원하기까지 하다니… 아무도 뭐라고 하지 않는데도 나는 그런 내가 괜히 부끄러웠다. 그래서 《꿈빛 파티시엘》의 애청자라는 사실을 친구들에게는 말하지 못했다. 그렇게 언니와 둘이서만 가끔 곱씹던 추억을 10년도 훨씬 더 지난 지금에서야 고백한다.

《꿈빛 파티시엘》의 주인공인 감딸기는 '여주(여자 주인공)'의 모든 덕목을 갖춘, 한 마디로 클리셰란 클리셰는 다 갖고 있는 소녀다. 화목한 가정의 사랑받는 딸래미. 천방지축 사고뭉치지만 웃음을 잃지 않는 명랑 쾌활한 성격. 아무리 힘든 일이 있어도 금방 눈물을 닦고 일어나는 오뚝이 같은 캐릭터. 특출나게 잘하는 것도, 간절하게 하고 싶은 것도 없는 그저 그런 중학생. 하지만 그런 딸기에게도 반짝이는 재능이 있었다. 딸기는 케이크를 아주 많이 먹었다. 케이크 많이 먹기 대회 챔피언이 될 정도로. 뭐 사실 그것만이 딸기의 재능은 아니고, 한 번 맛을 보면 그 맛을 잊어버리지 않는 절대적인 미각과 수준 높은 미적 감각을 가지고 있다. 다만 그걸 모른 채로 살아간다.

그러던 어느 날, 딸기는 명문 제과 학교 '세인트 마리'

의 앙리 선생님을 우연히 만나게 된다. 그가 만든 딸기 타르트는 어릴 적 딸기네 할머니가 만들어 주신 것과 맛이 거의 똑같았다. 알고 보니 할머니는 세인트 마리를 우수한 성적으로 졸업한 유능한 파티시엘이자 앙리 선생님의 대선배였다. 한 번 먹어본 음식의 맛을 기가 막히게 기억해 내는 딸기의 능력을 한눈에 알아본 앙리 선생님은 딸기에게 세인트 마리 학교에 입학할 것을 제안한다. 디저트를 먹기만 해왔던 딸기는 이제 디저트를 만드는 사람이 되어 보기로 결심한다. 돌아가신 할머니가 만들어 주신 딸기 타르트를 그대로 재현해 보겠다는 꿈을 가지고.

서로를 도우며 성장해 나가는 이야기

하지만 케이크마냥 부풀었던 딸기의 꿈은 입학 첫날부터 박살이 난다. 어릴 적부터 파티시에가 되겠다는 꿈으로 실력을 갈고닦은 친구들은 오븐의 온도 하나 조절하지 못하는 딸기를 무시했다. 앙리 선생님의 낙하산으로 학교에 들어왔으니 질투와 견제 또한 심했다. 결국 첫 수업에서 형체를 알아볼 수 없는 시꺼먼 밀크 크레이프를 만든 딸기는 보기 좋게 망신을 당한다. 케이크를 많이 먹는 건 누구보다 자신 있었지만, 만드는 데에는 아무런 관심이 없었으니 당연한 결과였다. 하지만 우리의 여주 감딸기는 아주 잠깐 풀이 죽었다가 다시 힘차게 일어나 밤마다 연습을 했다.

그런 딸기를 지켜보는 작고 반짝이는 무언가가 있었으니, 그건 바로 스위트 요정. 세인트 마리에는 일종의 전설이 있는데, 스위트 여왕님이 다스리는 스위트 왕국에 사는 요정을 만나게 되면 어떤 케이크라도 잘 만들 수 있게 된다. 유치하고 귀여운 이야기다. 딸기를 닮아서 조금 덜렁대지만 성실하고 착한 스위트 요정 바닐라는 밤마다 조리실의 불을 켜고 홀로 연습하는 딸기에게 좋은 친구이자 파트너가 되어준다. 그리고 딸기의 곁에는 세 명의 남자들이 있다. 외모도 실력도 출중해서 학교에서 '스위트 왕자'라고 불리는 이들은 머리색 만큼이나 서로 다른 매력을 가지고 있다(마치 〈꽃보다 남자〉나 〈성균관 스캔들〉 같은 드라마의 파티시엘 버전을 보는 것 같은 기시감이 들기도 한다).

먼저 노란 머리의 원가온. 초콜릿을 다루는 모든 디저트는 가온이를 따라갈 자가 없을 정도로 전문적인 수준의 제과 실력을 갖고 있다. 게다가 잘생긴 외모와 까칠한 성격까지, 남자 주인공으로서의 요건을 모두 충족하고 있어

(출처: 《꿈빛 파티시엘》 포스터, 스즈키 이쿠 감독, 2009~2010년)

서 인기가 많다. 항상 윽박을 지르고 짜증을 내지만, 뒤에서는 딸기를 은근히 챙겨주고 이것저것 가르쳐주는 츤데레 스타일이다. 그리고 파란 머리의 안도하. 유명한 전통과자점 '몽월'의 손자로, 녹차나 팥 등을 접목한 동서양의 조화를 이루는 디저트를 만드는 데 소질이 있다. 대놓고 상냥하고 다정한 데다 언제 어디서나 수요가 있는 안경남이다. 어린 동생들이 많기 때문에 의젓하다는 점까지 도하의 매력 포인트다. 마지막으로 초록 머리의 서로진. 등장하는 장면마다 꽃이 휘날리고 느끼한 음악이 배경에 깔리는 장미 왕자님이다. 화려한 장식과 공예가 특기다. 모든 아름다운 것을 사랑하는데, 그중에서도 자기 자신을 가장 사랑해서 늘 거울을 달고 산다. 재밌는 점은 오로지 여자에게만 친절하고 신사적이다. 최고의 디저트를 만들기 위해 온 마음을 다하는 이 중학생들은 때로는 딸기를 가르치고, 때로는 딸기에게 배우며 '딸기 팀'으로 활동한다. 이들에게도 그들을 꼭 닮은 스위트 요정 파트너가 있다. 네 명의 사람, 네 명의 스위트 요정들은 서로를 도와가며 조금씩 성장해 나간다.

쓰러질 것 같으면 얼마든지 쓰러져도 돼

나는 꿈을 좇는 사람들의 이야기를 보면 늘 가슴이 뜨거워진다. 찬란하고 아름다운 결과만이 아니라, 실패하고 좌절해도 한 뼘 나아가는 과정을 지켜볼 수 있기에 더욱 그런 것 같다. 어쩌면 그래서 《꿈빛 파티시엘》을 좋아했는지도 모르겠다. 10화에서, 딸기는 모처럼 맛있는 푸딩을 만들어 이사장님께 초특급 칭찬을 받고 들뜬다. 매번 제대로 된 결과물을 만들지 못했던 딸기로서는 최고로 기분 좋은 순간이 아닐 수 없었다. 덕분에 자신감을 가지고 세인트 마리의 가장 큰 경연 대회인 케이크 그랑프리에 출전해 우승하겠다는 포부도 갖게 된다.

하지만 스위트 왕자들은 냉정했다. 노력만으로 이길 수 있다고 생각하는 건 큰 착각이라는 둥, 이제 겨우 푸딩 하나 만드는 주제에 까불지 말라는 둥 쓴소리만 늘어놓는다. 딸기를 염려하는 마음에서 나온 말이었지만, 칭찬이나 격려를 기대했을 딸기에겐 그 말들이 너무 가혹했다. 결국 딸기는 누구도 자신을 인정해 주지 않는다고 절망하며 학교를 그만둘 생각으로 짐을 싸 들고 집으로 돌아가 버린다. 오랜만에 만난 가족들과 화기애애한 시간을 보내던 딸기는 할머니가 운영하시던 케이크 가게에 방문한다. 가게를 물려받아 운영하고 있는 큰아버지도 만나고, 디저트를 만들고 싶었던 처음의 마음에 대해 다시 생각한다. 그리고 결국 다시 학교로 돌아가게 된다.

딸기를 학교에 데려다주는 길에, 엄마는 이렇게 말한다.

딸기야, 쓰러질 것 같으면 얼마든지 쓰러져도 돼. 그 대신 다시 일어나면 되는 거란다. 사람은 그러면서 조금씩 더 성장하는 거야.

눈물이 핑 돌았다. 어쩌면 이 말이,《꿈빛 파티시엘》을 관통하는 대사 같았다. 쓰러지고 넘어지는 게 무서워서 겁만 내고 있었던 나에게 해주는 말 같기도 했다. 그 뒤로 딸기와 스위트 왕자들은 모든 걸 포기하고 싶을 만큼 어려운 순간들을 겪는다. 자신의 실력에 대한 의심, 겨뤄야 하는 상대에 대한 두려움, 극복하지 못한 트라우마, 미래에 대한 불안감 같은 것들이 자꾸만 그들을 괴롭힌다. 하지만 도망은 잠깐일 뿐, 결국엔 학교로, 조리실로, 친구들의 곁으로 돌아간다. 딸기 엄마의 말처럼 아무리 쓰러져도 계속 다시 일어난다. 성장통을 함께 겪어낸 딸기와 스위트 왕자들은 점점 더 단단해진다. 케이크 그랑프리에서 우승해 파리 본교로 유학을 가겠다는 목표를 향해 매일같이 노력한다. 뭔가를 잘하는 방법은 계속해 보는 것뿐이라는데, 연습하고 또 연습해온 그 꾸준함의 효과인지 딸기 팀은 케이크 그랑프리 결승에까지 오르게 된다.

실력과 경험, 우정을 찬찬히 쌓아 올리는 과정들을 모두 지켜보다 보니 딸기 팀의 열렬한 팬이 될 수밖에 없었다. 그리고 과정만큼이나 빛나는 훌륭한 결말을 마주했다. 결승에서, 딸기는 꿈의 시작점에 있었던 할머니의 딸기 타르트를 만들어 보기로 결심한다. 그러나 할머니의 레시피에 그 내용은 지워져 있었다. 살면서 먹어본 중 가장 맛있었던 그 맛을 그대로 재현해야만 한다는 생각에, 딸기는 연습도 내팽개치고 할머니의 레시피를 찾아 헤맨다. 그리고 대회가 얼마 남지 않은 시점에, 레시피에 대한 집착을 멈추고 중요한 것을 깨닫는다. '할머니의' 것이 아닌 '나만의' 딸기 타르트를 만들어야 한다는 걸 말이다.

그 덕에 딸기는 특유의 독특한 발상을 접목해 기술을 뛰어넘은 특별함을 품은 딸기 타르트를 만들어내 케이크 그랑프리에서 최종 우승한다. 주인공이 우승하는 결말은 너무 당연한 거지만, 딸기가 해낸 건 그보다 더 대단한 것들이었다. 재현한다고 해서 내 것이 되는 건 아님을 인정하는 것, 나만이 할 수 있는 걸 찾아내기 위해 나 자신을 믿는 것, 그리고 해내는 것. 그걸 할 수 있는 사람은 많지 않을 것이다. 그래서 딸기의 성취가 더욱 멋지게 느껴졌다. 성장 드라마의 주인공다웠다.

좋아하는 일을 계속 좋아하기 위해서

솔직하게 말하자면, 초등학생 땐 케이크 그랑프리의 결과보다도 딸기가 누구랑 사귀게 될지가 관건이라고 생각했던 것 같다. 남자 주인공 치고는 가온이 분량이 너무 짜다고 아쉬워하던 기억도 어렴풋이 난다. K-드라마에 너무 익숙해진 탓이다. 세월이 많이 흘러 다시 보니 《꿈빛 파티시엘》에서 중요한 건 그런 게 아니었다. 꺾이고 부러져도 계속하는 마음, 실패를 인정하되 얽매이지 않는 마음, 때로는 옆에 있는 사람에게 의지하는 마음, 좋아하는 일을 계속 좋아하기 위해 노력하는 마음. 뭐 그런 마음들에 대한 이야기가 아니었을까 싶다. 오히려 지금에서야 더 와닿는 소중한 이야기를 그 아이들이 케이크를 만들면서 보여주고 있었다.

한편, 딸기가 할머니의 딸기 타르트를 추억할 때마다, 나도 우리 할머니의 두부조림이 그리워서 혼났다. 하루종일 케이크만 만드는 딸기와 친구들은 자꾸만 나를 초등학교 5학년 때 언니와 둘이 차려 먹던 그 밥상 앞으로 데려갔다. 화려하고 먹음직스러운 케이크를 보면서 할머니의 두부조림을 떠올리는 사람은 나밖에 없겠지. 그 시절, 좋은 밥 친구를 두어서 다행이다. 문득, 딸기처럼 '나만의' 두부조림을 만들어 볼까 하는 생각이 든다. 오늘은 두부를 사러 가야겠다.

뒤를 돌아보면

《룩 백》

뒷모습을 좋아한다. 어딘가로 걸어가는 뒷모습, 무언가에 열중하는 뒷모습, 표정이 보이진 않지만, 왠지 상상하게 되는, 읽을 수 있을 것 같은, 그런 뒷모습. 자신의 뒷모습을 볼 수 있는 사람은 어디에도 없다. 그래서 누군가의 뒷모습을 바라보는 일이 좀 더 애틋하게 느껴지는 것 같다. 항상 가장 좋아하는 영화로 꼽곤 하는 에드워드 양의 〈하나 그리고 둘〉에도 뒷모습에 대한 이야기가 나온다. 사람들이 모르고 있는, 미처 보지 못하는 진실의 반쪽을 알려주고 싶다는 꼬마 양양은 카메라를 들고 다니며 사람들의 뒷모습을 기록한다. 그 엉뚱하고도 순수한 행동이 꽤나 맘에 들어서, 나도 사람들의 뒷모습을 더 자주 찍게 됐다. 뒷모습을 담은 영화를 더 좋아하게 된 것은 물론이다. 그리고 올해 가장 인상적이었던 뒷모습은 바로,《룩 백》속에 있었다.

오시야마 키요타카 감독의 애니메이션 영화《룩 백》은《체인소 맨》으로 인기를 끈 만화가 후지모토 타츠키의 동명의 단편 만화를 원작으로 만들어졌다. 이 사실은 나중에서야 알았다. 극장에 들어서기 전, 영화에 대해 내가 아는 건 두 가지였다. 첫째, 만화에 대한 만화다. 둘째, 원작이 있다고 하더라. 어떤 영화는 외부적인 정보들을 너무 많이 알고서 보게 되지만, 때로는 제목 말고는 그닥 아는 게 없이 일단 극장에 앉게 되기도 한다. 내게는《룩 백》이 그랬다.

《룩 백》을 궁금하게 만든 건 여름 즈음 올라온 친구의 인스타그램 때문이었다. 일본 여행 중에《룩 백》을 보고 감격에 차 코멘트를 남겼는데, 내용이 잘 기억나진 않지만 그 벅찬 감각만큼은 꽤 오래 기억에 남아서,《룩 백》이란 제목을 잊지 않고 있었다. 그렇게 개봉하고 며칠쯤 지나 극장을 찾았다. 띄엄띄엄 좌석을 채운 대부분의 관객이 혼자라는 점에서 잠시 당황하고, 이거 오타쿠 영화인가 생각하다가, 나 역시 혼자 왔다는 사실을 깨닫고서야 영화를 보기 시작했다. 그리고 곧, 그 누구보다도 오타쿠처럼 눈물을 펑펑 흘리게 됐다.

단 한 사람의 인정

매주 학교 신문에 네 컷 만화를 두 편씩 싣는 '후지노'라는 아이가 있다. 만화를 잘 그린다는 건 어떤 건가. 이야기도 잘 써야 하고, 그림도 잘 그려야 하고, 주어진 컷을 활용하는 센스도 있어야 한다. 후지노는 만화에만 소질이 있는 게 아니라, 운동도 잘 하고 친구들 사이에서 인기도 많다. 재주가 많고 그걸 알아봐 주는 이들이 주변에 많으니 후지노는 늘 자신감에 차 있다. 그런 후지노의 세계가 어느 날 갑자기 붕괴된다. 선생님의 제안으로 학교를 거의 나오지 않는 무단결석생 '쿄모토'도 네 컷 만화를 그리게 되었기 때문이다. 후지노가 그린 만화와 쿄모토가 그린 만화가 나란히 실린 학교 신문이 배포되는 날, 후지노는 크게 당황한다. 학교도 안 나오는 녀석이 그림은 제대로 그리겠나 싶었는데, 제대로 그리는 걸 넘어서 너무 잘 그린 것이다. 사실 후지노와 쿄모토의 만화는 완전히 다르다. 하지만 후지노는 나란히 붙은 자신의 만화가 쿄모토의 것보다 못하다고 생각한다.

그날부터 후지노는 오로지 만화를 잘 그리기 위해 연습하는 데에 전념한다. 계절이 여러 번 바뀌고, 다 쓴 스케치북이 쌓이고, 함께 놀던 친구들이 불만을 표할 때까지 후지노는 계속해서 그리고 또 그린다. 세상과 단절하고 펜만 붙잡고 있는 후지노의 뒷모습에선 어떤 열의가 느껴진다. 책상을 뚫어버릴 것 같이 강하게. 하지만 굽은 등으로 하염없이 만화를 그리는 후지노의 뒷모습을 보고 있으면, 손에는 힘이 잔뜩 들어가 있어도 눈에는 생기가 없을 것 같다는 상상을 하게 된다. 시간이 흐르고, 오래간만에 실린 쿄모토의 네 컷 만화는, 또 한 번 후지노를 패배감에 빠지게 했다. 하지만 후지노의 반응은 이전과 달랐다. 감히 대적할 수 없는 상대라고 생각했을까. 후지노는 더 이상 스케치북을 사지 않았다. 책상 앞에 앉아 밤낮이고 시간을 보내지 않았다. 만화 그리기를 그만두고, 친구들과 우스갯소리를 하고, 언니가 추천한 가라테 도장에 다녔다. 하나도 아쉽지 않은 사람처럼. 그 많던 스케치북을 망설임 없이 다 버린 후지노는 깔끔하게 결과에 승복하고 후련한 얼굴인데, 나 혼자 그게 아까워서 마음 아파하는 것 같았다.

다시 시간이 흘러 초등학교 졸업식 날, 선생님은 후지노에게 쿄모토의 졸업장을 전달할 것을 부탁한다. 졸업장을 놓고만 오려고 찾아간 쿄모토의 집 복도에는 사람 한 명이 겨우 지나갈 수 있는 좁은 공간을 두고 양옆으로 스케치북이 가득 쌓여 있었다. 그 앞에서 빈 네 컷 만화 용지를 발견한 후지노는 오랜만에 만화를 그린다. 집 밖으로 나오지 않고 은둔하는 쿄모토를 놀리는 내용이었다. 순식간에 손에서 놓친 종이는 문틈으로 쏙 들어가 버리고, 그 만화는 방 안에 있던 쿄모토에게 닿는다. 그 일 때문에 쿄모토는 아주 오랜만에 세상 밖으로 나온다.

후지노를 열의에 타오르게 만들고, 꿈을 포기하게 만들었던 쿄모토는 더듬으면서 말한다. 당신이 내 선생님이라고. 나는 당신의 엄청난 팬이라고. 그런데 왜 이제 만화를 그리지 않는 거냐고. 아마 이때부터 내 눈에서 물이 나오기 시작했을 것이다. 나를 성장시킨 사람이, 동시에 나를 좌절시킨 사람이 실은 나의 열렬한 지지자였음을 알게 된 순간의 기분이란. 갑자기 내린 비에 옷이 다 젖어도 사뿐한 걸음으로 노래를 흥얼거릴 만큼 심장이 벌렁거리고 떨듯이 좋았을 테다. 수많은 사람의 칭찬보다 훨씬 더 크게 느껴지는 단 한 사람의 인정. 그게 다름 아닌 쿄모토라서,

(출처: 《룩 백》 포스터, 오시야마 키요타카 감독, 2024년)

후지노는 기뻤을 것이다.

그렇게 후지노는 다시 만화를 그리기 시작한다. 하지만 방 안에만 고립된 것처럼 보이지 않는다. 쿄모토와 함께라서. 두 사람은 더 이상 혼자가 아니다. 후지노의 뒤에는 쿄모토가, 쿄모토의 뒤에는 후지노가 앉아 있으니까. 두 사람은 그 어느 때보다 행복하게 만화를 그린다. 제법 시간이 걸려 완성한 두 사람의 첫 작품은 큰 공모전에서 수상한다. 각자의 만화를 나란히 싣던 두 사람이 함께 그린 만화가 세상에 나오다니. 뭉클했다. 쿄모토는 여전히 세상과 마주하는 일이 어렵지만, 후지노는 그런 쿄모토의 손을 잡아끌고 시내로 놀러 나간다. 낯선 하루를 보낸 쿄모토는 말한다.

방에서 나오게 해 줘서 고마워.

후지노는 그 말을 듣고 무슨 생각을 했을까. 이 애를 방 밖으로 나오게 한 자신의 능력에 으쓱했을까. 아니면, 열등감의 방에서 나오게 해 줘서 내가 더 고맙다는 말을 속으로 삼켰을까. 뭐가 됐든 확실한 건, 후지노도 쿄모토와 함께 만화를 그리는 게 무척 즐겁다는 사실이다. 서로의 친구로, 동료로, 스승으로 그리고 팬으로 함께하며 두 사람은 혼자였으면 절대 만들지 못했을 수많은 작품들을 그려낸다. 만화를 그린다는 공통점 외에는 비슷한 점이 거의 없는 두 사람이지만 그 공통점 하나면 너무 충분했다.

무뎌질 리 없는 아픔 속에서 할 수 있는 일

하지만, 정식 연재 제의를 받은 직후에 두 사람은 틀어진다. 후지노가 이야기 구성과 인물을 맡아 그리면 주로 배경 그림을 담당했던 쿄모토는 어느새 만화보다는 그림 자체에 더 관심을 갖게 됐다. 앞을 향해 가느라 바빠서 뒤를 보지 않는 후지노가 만화가로서의 성취에 집중하는 동안, 쿄모토는 그림을 제대로 배워 더 잘 그리고 싶다는 생각에 빠진 것이다. 언제까지나 함께일 것 같았던 쿄모토가 미술 대학에 가고 싶다고 말했을 때 후지노는 화를 낸다. 내 뒤만 따라오면 된다고, 혼자서는 아무것도 못 할 거라고 못된 소리들을 마구 내뱉는다. 만약 후지노가 자존심을 굽히고 애원했으면 어땠을까. 니가 필요하다고, 니가 아니면 안 된다고, 그러니까 대학은 조금만 미루자고 붙잡았으면 어땠을까. 그럼 두 사람은 계속 같이 만화를 그렸을까. 스타 작가의 반열에 나란히 올랐을까. 쿄모토가 사고를 당하는 일도, 후지노가 쿄모토를 잃을 일도 없었을까.

내 안에서 일어나는 끝없는 가정보다도 훨씬 앞선 시간의 일을 후지노는 더 이상 인기척이 없는 쿄모토의 방문 앞에서 떠올린다. 쿄모토를 이 방에서 끌어내지 않았으면 어땠을까. 그럼 화를 입을 일은 없었을 텐데. 후지노는 모든 일이 자기 탓이라고 자책한다. 그리고 두 사람이 함께하는 평행세계(혹은 상상) 속으로 잠시 다녀온다. 다시 돌아온 현실에서 바뀐 것은 없다. 인생에서 가장 중요한 사람을 잃어버렸다는 슬픔은 여전하다. 하지만 후지노는 다시 책상 앞에 앉는다. 그리고, 만화를 그린다. 늘 그랬던 것처럼. 후지노의 작업실 창밖이 어두워지고, 내가 앉은 극장엔 불이 켜질 때까지 만화를 그린다. 그 뒷모습을, 이젠 뒤를 지키는 사람이 없는 그 뒷모습을 보면서 엉엉 울었다. 거북목과 굽은 등은 여전한데, 조금 힘이 들어간 어깨가 전보다 훨씬 무거워 보였다. 쿄모토를 잃은 후지노는, 펜을 더욱 꽉 쥐고 있을 것 같았다. 시간이 지나도 무뎌질 리 없는 아픔 속에서, 할 수 있는 건 계속 만화를 그리는 것뿐이니까.

내가 나의 뒷모습을 볼 수 있다면

겪어본 것 중에 최고로 순수했고 그래서 더 나를 아프게 했던 시절들이 《룩 백》을 보면서 자꾸 되살아났다. 동경이나 설렘부터 열등감, 무력감, 패배감 같은 감정들, 그리고 그런 것들을 가르쳐 주었던 사람들까지도. 나에게는 너무 많은 후지노가 있었다. 그들과 있을 때 나는 영락 없는 쿄모토였다. 어떤 후지노는 나를 방 밖으로 꺼내 주었고, 끌려나온 나는 처음 만나는 세계가 두렵고도 신기해서 가슴이 두근거렸다. 어떤 후지노가 나의 도움을 필요로 하면 기뻤다. 어떤 후지노와 가장 가까운 곳에 있는 사람이 나라는 게 좋았다. 내가 보고 있는 게 앞모습이든 뒷모습이든 상관없었다. 같이 있을 수만 있다면 그걸로 됐으니까.

반면 쿄모토도 있었다. 내가 먼저 손을 내밀어 주어야 할 것 같았던 사람, 따라잡을 수 없을 것 같은 재능으로 나를 작게 만들었던 사람, 하지만 자기가 가진 것이 얼마나 대단한지 잘 알지는 못하는 사람. 그래서, 나 없이는 안 될 것 같았던 사람. 그들에게는 내가 후지노였겠지. 내가 누구였고 그들이 누구였든지 간에 함께라는 사실은 소중했다. 아름다웠다. 그 끝은 썩 좋지 못했더라도.

내 뒷모습을 볼 수 있게 된다면, 내 뒤에 있는 사람을 볼 수 있게 된다면, 우린 앞만 보는 것보다 좀 더 괜찮은 선택들을 하게 될까. 잘 모르겠다. 어떤 것들은 시야 안에 있다고 해서 다 보이는 게 아니고, 시간이 지나야만 눈에 들어오는 법이니까. 뒤를 돌아보면 언제나 나를 향해 웃고 있을 것 같았던 사람도 언젠간 나를 떠날 수 있다는 사실을 그때는 몰랐다. 그 사람이 보는 내 뒷모습은 어떻게 생겼는지, 그 사람은 내 뒤에서 무슨 표정을 짓고 있는지 잘 몰랐다. 내내 나란히 걷고 있는 줄 알았는데, 그 사람은 내 앞모습보다 뒷모습을 더 많이 봤을지도 모른다는 걸 한참이나 시간이 지나서야 생각했다. 앞에 있는 것을 보느라 정신이 팔려서 돌아보지 못한 내 뒤에서, 그 사람은 무슨 생각을 했을까. 어떤 기분이었을까. 아주 잠깐이라도 나와 똑같은 마음으로 즐거웠을까. 가끔은 나를 떠올릴까.

넌 왜 만화를 그려?

이 어려운 질문 앞에서 후지노가 가장 먼저 떠올리는 건 쿄모토의 얼굴이다. 내가 그린 만화를 반겨주던 얼굴, 어떤 장면이든 킥킥대며 웃어주던 얼굴, 한 컷도 놓치지 않으려고 집중하는 얼굴. 굳이 물어보지 않아도, 쿄모토도 마찬가지였을 것이다. 그리고 나 역시, 이 일을 왜 하냐는 질문을 받을 때 떠올리는 건 사람의 얼굴이다. 인상적인 순간마다 깊이 각인된 그 얼굴들은 절대 지워지지 않는다. 끝내 나에게 상처를 주고 떠난 사람이라 해도.

시간의 물살을 타고 사람들은 저마다의 방향으로 흩어진다. 영원한 건 없단 걸 알면서도 가끔은 그게 싫어서 원망도 해 보고, 이유를 찾으려고 애도 써봤다. 평행한 세계가 있다면 그곳에 사는 우리는 여전히 서로에게 가장 가까운 사람일까? 거기서는 서로의 앞이나 뒤가 아닌 옆을 지키는 관계일까? 그렇다 해도 결국에는 멀어졌을까? 지금 우리가 속한 세계에선 관계가 끊어져 스쳐 지나가 버린 사람들에게 기대할 수 있는 게 많지 않다. 그럼에도 딱 한 가지만 바라본다. 자꾸만 뒤를 돌아보게 하는, 나의 시작이자 이유, 동기가 되어주었던 사람(들)이 모두들, 어떤 세계에서든 잘 살았으면 좋겠다.

김중혁의
인생 만화

> **김중혁** 소설가. 소설 《스마일》, 《딜리터》, 에세이 《영화 보고 오는 길에 글을 썼습니다》, 《뭐라도 되겠지》 등을 썼다.

스누피는 거절당했다
《피너츠》

나의 첫 소설에는 '스누피Snoopy'의 형 '스파이크Spike'가 등장한다. 대학문학상에 응모했다가 가작을 수상한 작품이다. 지금은 읽을 수 있는 경로가 없지만, 나는 그 소설을 '나의 첫 소설'이라고 부른다. 제목은 '놀이공원에 오신 여러분, 환영합니다'. 도저히 눈 뜨고 볼 수 없을 정도의 패기와 치기로 똘똘 뭉친 문장들이 많지만, 스파이크를 인용한 대목은 여전히 좋아한다.

사방에 널려 있는 선인장을 보다가 성천은 갑자기 웃기

시작했다. 스파이크가 생각난 것이다. 스파이크, 스파이크, 낄낄낄, 클랙슨을 눌러대고, 창문을 두드리며, 웃음을 멈출 수가 없다. 스누피의 형, 스파이크, 사막에 홀로 유배된 스파이크는 적적함을 달래지 못해 선인장에다 온갖 장식을 꾸민다. 때는 바야흐로, 크리스마스. 색지를 오려서 뿌리고, 징글벨을 달고, 빨강 노랑 파랑 전구를 달고, 색실을 길게 늘어뜨리고……. 그러고는 플러그를 한손에 들고 이쪽을 쳐다본다, 멍하니, 머쓱하니, 계면쩍은 얼굴로. 우하하, 스파이크, 크흐흐.

사막에, 콘센트, 따위는 없다.

《피너츠Peanuts 완전판》(찰스 M. 슐츠 저, 신소희 역, 북스토리, 2015~2020년)의 많고 많은 등장인물 중에서 왜 스파이크에게 마음이 갔을까? 찰리 브라운도 아니고, 루시도 아니고, 라이너스도 아니고, 어째서 스파이크였을까? 아마도 스파이크가 나와 가장 닮았기 때문이었던 것 같다. 스파이크의 모습은 부랑자에 가깝다. 언제나 갈색 모자를 쓰고, 다듬지 않은 수염은 양쪽으로 삐죽 튀어나와 있고, 눈은 게슴츠레하다. 스파이크는 캘리포니아 니들스의 사막에서 선인장과 바위와 대화를 나누면서 혼자 살아간다. 가끔 스누피에게 놀러 가는 일 말고는 여행을 떠나지도 않는다. 아웃사이더 중의 아웃사이더다. 아웃사이더로 살던 중에 스파이크를 사랑하게 됐다.

스파이크보다 스누피를 먼저 좋아했다. 아무래도 주인공이라서 그랬겠지만, 스누피가 소설가 지망생이라서 더 마음이 갔다. 스누피는 개집 위에 앉아서 타자기로 소설을 쓴 다음 출판사에 투고한다. 첫 문장은 매번 똑같다.

It was a dark and stormy night.
폭풍우가 몰아치는 어두운 밤이었다.

이 문장은 19세기 영국의 소설가 '에드워드 불워 리튼 Edward Bulwer-Lytton'의 《폴 클리포드》 첫 문장에서 가져온 것이다. 지나치게 극적이며 장황한, 진부한 첫 문장의 표본으로 유명하다. 1982년부터 '불워 리튼 픽션 콘테스트'도 열린다. 최악의 첫 문장으로 시작하는 소설에 상을 준다. 《피너츠》의 작가인 찰스 슐츠는 스누피가 뛰어난 작가가 아니라는 점을 분명하게 밝히고 있는 셈이다. 새로운 소설을 전혀 쓰지 못하고 매번 '폭풍우가 몰아치는 어두운 밤' 타령만 하고 있으니 좋은 소설을 쓸 가능성은 희박하다. 그렇지만 스누피는 계속 쓴다. 아름다운 문장을 이어서 쓸 때도 있다.

> It was a dark and stormy night, but everyone stayed inside and nothing happened.
> 어둡고 폭풍우가 치는 밤이었지만 모두 집 안에 머물렀고, 아무 일도 일어나지 않았다.

헤밍웨이는 여섯 단어로 최고의 소설을 썼지만(For sale: baby shoes, never worn.) 스누피 역시 열네 단어로 그에 버금가는 소설을 써냈다. 어둡고 폭풍우가 치는 밤이라서 끔찍한 일이 일어날 것 같지만, 모두 집 안에 머무르는 바람에 그 어떤 일도 일어나지 않았다. 당황스러울 정도로 마음이 놓이는, 이렇게 소설이 끝나도 되나 싶을 정도로 급작스러운, 최고의 해피 엔딩이다. 소설 자체로는 훌륭하지만 출판사에서는 좋아할 수 없다. 열네 단어 소설로는 돈을 벌 수 없다.

거절당해도 계속 쓰는 소설가 지망생

찰스 슐츠는 스누피에게 다양한 캐릭터를 선사했다. 하이킹을 좋아하는 모험가, 아이스하키 선수, 제1차 세계대전의 격추왕, 변호사, 의사 등 못하는 게 없는 능력자다. 소설을 쓰지 않아도 재미난 일로 가득한 세상인데, 시간이 날 때마다 스누피는 개집 위로 올라가서 소설을 쓴다. 스누피는 언어를 통해 세상을 파악하고, 자신의 마음을 글로 쓰면서 세상을 이해한다. 쓰지 않으면 안 되는 사람……, 아니 개다. 연인에게 이런 편지를 쓴 적이 있다.

> 가장 소중한 연인에게
> 내가 당신을 얼마나 사랑하는지,
> 내가 당신을 얼마나 사랑하는지
> 말로는 다 표현할 수 없소.
> 그러니 관둡시다.

말로 표현할 수 없는 세상은 꿈꿀 수 없는 세상이고, 사랑이 너무 거대하여 글에 담을 수 없으면 사랑 자체를 포기한다. 그렇기 때문에 스누피는 어떻게든 써보려고 노력한다. 글이 안 써질 때면 위대한 소설을 흉내 낼 때도 많다. '전쟁과 벌'이라고 썼다가 타자기 종이를 버린다. 다시 종이를 넣고 쓴다. '죄와 평화'. 톨스토이와 도스토예프스키를 어떻게든 섞으면 위대한 소설이 나오지 않을까. 그러려면 무엇보다 다른 사람의 이야기가 아닌, 자신의 이야기를 써야 한다는 사실을 깨닫는다. 다시 종이를 버린다. 지구에서 가장 훌륭한 비글인 스누피는 타자기에 새로운 종이를 끼운다.

이것은 자유로운 정신을 가진 개 이야기입니다.
허클비글 핀.

다시 종이를 버린다. 《허클베리 핀》보다 나은 소설을 쓸 자신이 없어진 거다. 스누피는 귀가 얇다. 찰리 브라운과 친구들이 한마디 할 때마다 소설이 달라진다. "어둡고 폭풍우 치는 밤이었다."라고 썼다가 "작품이 잘 안 팔린다면 도입부를 좀 달리해 보는 게 좋다."는 충고를 듣고는 "폭풍우 치고 어두운 밤이었다."로 바꾼다. "어둡고 폭풍우 치는 밤이었다. 갑자기 총소리가 울려 퍼졌다!"라는 문장을 썼다가 "요즘 세상에 폭력은 이미 충분하지 않니?"라는 충고를 듣고는 "어둡고 폭풍우 치는 밤이었다. 갑자기 뽀뽀 소리가 울려 퍼졌다!"로 바꾼다. 스누피를 보면 볼수록 작가가 되기 전 나의 모습과 닮았다. 좋은 소설을 쓰고 싶은데, 자기 확신은 없고, 세상에다 내 이야기를 전하고 싶은데, 길을 찾기가 힘들다.

스누피는 출판사에 원고를 보내지만 번번이 거절당한다. (만화적인 표현이지만) 거절 편지가 돌멩이에 묶여서 스누피의 얼굴을 강타하기도 하고, 우체통이 갑자기 도망가기도 하고, 원고를 보내려는 찰나에 거절 편지가 먼저 도착하기도 한다. 세상에, '말도 안 되는 만화 같은 이야기'라고 생각하겠지만 출판사에 원고를 보내본 사람은 고개를 끄덕이게 된다. 나 역시 수년간 출판사에 원고를 보냈고, 많은 거절 편지를 받아 보았기 때문에 스누피의 심정을 몹시 잘 알고 있다. 소설가가 되기로 마음먹은 후 6년 정도 거절을 경험했다. 신춘문예에는 한 번도 투고하지 않았고, 문학 전문 출판사에만 소설을 보냈다. 신춘문예라는 형식이 마음에 들지 않았고, 내 소설을 인정해 주는 출판사를 찾는 게 더 빨라 보였다. 거절 편지조차 없는 경우가 많았지만, 거절 편지를 받을 때면 세상의 모든 빛이 사라지고 암흑으로 변한다. 세상이 나를 통째로 거부하는 것 같은 느낌, 내가 뭔가 시작하려고 하기도 전에, 내 말을 듣지도 않고, 내 글을 읽지도 않았으면서 나를 거절하는 것 같은 느낌이 들 때가 많았다. 나는 할 말이 많고 쓰고 싶은 글도 많은데 시작조차 하지 못하게 만드는 세상을 원망했다. 스누피가 받은 수많은 거절 편지 중에서 나를 울게 만든 것도 있다.

> 귀하의 단편소설을 보내주셔서 감사합니다. 유감스럽게도 현재 우리의 필요와는 맞지 않는 작품입니다. 혹시라도 그렇게 된다면 우리로서는 큰일이겠지요.

거절을 여러 번 당하다 보면 나쁜 상상을 하게 된다. 출판사 직원들이 모여 앉아서 내 소설 험담을 하고 있지 않을까. '이 친구, 소설을 또 보냈네.', '이 친구 참 부지런하긴 해.', '우리의 필요와 맞지 않아서 참 다행이야, 그치?', '이 친구 글을 출판하는 날은, 우리 출판사가 문 닫는 날이 될 거야.' 같은 대화를 주고받지 않을까 상상하곤 했다. 자신감은 바닥까지 떨어졌고, 세상 모든 사람들이 내 소설을 비웃는 듯한 괴로움이 밀려든다.

거절을 당해도 스누피는 다시 쓴다. 눈물이 날 지경이

다. 스누피는 주눅 들지 않는다. 귀는 얇지만 손가락은 튼튼해서 쓰고 또 쓴다. 내가 가장 좋아하는 스누피의 모습은 타자기 앞에 앉아 글을 쓰다가 등 뒤로 종이를 버릴 때다. 거의 비슷해 보이는 장면이지만 조금씩 다르다. 종이의 구김이 다르고, 스누피의 표정이 다르다. '이 작품도 실패했군, 흠, 어쩌겠어, 버리고 다시 써야지.' 같은 표정을 지으면서 '시크하게' 종이를 던진다.

스누피는 짧은 소설(많아야 세 줄)을 주로 쓰지만 제법 긴 소설을 쓸 때도 있다. 제목은 '아무것도 하지 않았던 개'.

"넌 집에 머물러 있으렴. 착하지."
사람들은 이렇게 말했다.
그래서 그는 착한 개답게 집에 머물렀다.
그러다 더 착한 개가 되기로 결심한 그는
지나가는 모든 사람에게 짖어댔다.
게다가 이웃집 고양이도 쫓아내 버렸다.
"어떻게 된 거니? 넌 정말 착한 개였잖아."
사람들이 말했다.
그가 짖는 것과 고양이 쫓아다니는 것을 그만두자 사람들은 이렇게 말했다.

"착하구나."

이 이야기의 교훈은 다음과 같다.

"아무것도 안 하면 착한 개가 될 수 있다."

제목이 결론이다. 그래서 결국 착한 개가 되기로 결심한 그는 아무것도 하지 않게 되었다. 아무것도 하지 않고 삶을 마감한 개는 얼마나 슬픈가. 엄청난 새드 엔딩이다.

스누피의 소설 중에는 훌륭한 작품도 많다. 세르반테스의 《돈키호테》에 비견할 만하다. 《돈키호테》가 중세 기사 문학을 풍자했듯 스누피는 에드워드 불워 리튼의 문장을 풍자하면서 작품을 쓴다. 돈키호테가 자신을 위대한 기사로 믿고 있는 것처럼 스누피 역시 환상과 망상의 세계를 살아간다. 때로는 자신을 변호사로, 때로는 비행기 조종사로 생각하면서 이야기를 발전시킨다. 돈키호테에게 산초가 있듯 스누피에게는 찰리 브라운이 있다.

스누피가 알려준 농담과 따뜻한 냉소

소설가가 되기 전의 나 역시 스누피와 비슷한 삶을 살았다. 멋진 삶을 마음껏 상상했고, 멀리 보이는 미래를 줌 인 하여 가깝게 느끼며 꿈을 키웠다. 때로는 망상처럼 느껴질 때도 많았다. 여러 번 좌절했지만 매번 타자기 앞으로 돌아와 앉았다. 신인문학상 최종심까지 올라갔다가 '원석'이라는 말도 들었다. 처음에는 그 말이 비난처럼 느껴졌지만, 나중에는 칭찬으로 생각했다.

거절이 거듭될수록 내가 쓰는 소설들은 점점 암울해졌고, 냉소적으로 변했다. 선후 관계를 명확하게 밝히긴 어렵다. 태생적으로 어두운 사람이었는데, 밝은 소설을 써보려다 포기한 것인지, 거절을 거듭 경험하면서 냉소적인 소설 쓰기로 방향을 바꾸게 됐는지는 분명하지 않다. 주인공은 비참한 상황 속에서도 농담을 던졌고, 농담을 던지면서 울음을 터뜨렸다. 《피너츠》를 읽으면서 농담을 배웠고, 망상과 상상의 차이를 알았고, 따뜻한 냉소를 익혔다. 스누피가 쓴 몇몇 소설을 볼 때면 그 시절의 내 표정이 떠오른다.

나의 밸런타인에게.
당신을 얼마나 사랑하는지 몇 마디 전하려 하오.
당신을 처음 본 날부터 쭉 사랑해왔소.
그게 언제였든 간에.

보면 볼수록 감탄스러운 캐릭터다. 사랑에 빠지면 가끔 자신의 감정에 빠져 허우적거릴 때가 있다. 사랑한다는 감정이 너무 커서, 내가 당신을 사랑한다는 사실에 도취되어서, 상대방에게 사랑을 전하는 게 아니라 사랑에게 사랑을 전하게 된다. '그게 언제였든 간에'만큼 냉소적인 표현이 또 있을까.

내 사랑, 파리에서 보낸 저녁을 기억하오?
우리는 빗속을 걸었고 당신은 흠뻑 젖었지요.
나한테는 우산이 있었으니까.

영화 〈식스 센스〉를 능가하는 반전이 숨은 소설이다. 첫 줄은 로맨틱한 장면을 떠올리게 한다. 추억에 빠진 누군가 파리에서의 저녁을 떠올린다. 소설의 둘째 줄에서는 인물을 클로즈업한다. 두 사람이 걷고 있는데 비 때문에 흠뻑 젖었다. 셋째 줄에서의 반전. 두 사람 모두 젖은 건 아니었다. 한 사람은 우산을 쓰고 있었다. 왜 옆사람에게 우산을 씌워 주지 않았을까? 이기적인 인간이다. 내 사랑이라고 부르더니 자기만 우산을 썼다. 숨은 이유가 있을까? 알 수 없지만 소설은 끝났다. '플래시 픽션 Flash Fiction'으로 유명한 리디아 데이비스Lydia Davis의 소설을 읽은 것 같다.

《피너츠》에 등장하는 모든 소설은 당연히 찰스 슐츠가 쓴 것이다. 스누피라는 가상의 존재를 통해 자신의 글을 선보인 것이다. 하지만 반드시 그런 건 아닐지도 모른다. 나 역시 그런 경험을 한 적이 있다. 소설 속 A라는 가상 인물을 만들고, 그 사람의 직업을 소설가로 설정했는데, 내가 A의 소설을 쓰는 게 아니라 A가 자신의 소설을 알아서 직접 쓰는 것 같은 경험을 한 적이 있다. 찰스 슐츠 역시 분명 그런 경험을 했을 것이라 생각한다. 무려 50년 동안 연재를 하다 보면 자신이 창작한 인물이라 하더라도 살아 있는 존재처럼 느껴질 때가 많았을 것이다. 나는 《피너츠》에 등장하는 소설을 스누피가 직접 썼다고 믿는 쪽이다.

소설가로서의 정체성이 스누피와 닮았다면, 자연인으로서는 스파이크를 더 닮은 것 같다. 《피너츠》를 읽다가 스파이크만 등장하면 반가웠다. 스파이크가 혼자 노는 장면은 거울을 보는 듯했다. 50년 동안 연재된 1만 7천여 편이 넘는 《피너츠》를 다 보지는 못했기에 이번에 큰마음 먹고 25권짜리 《피너츠 완전판》에 도전했는데, 스파이크에 대한 엄청난 비밀을 알게 됐다.

스파이크의 비밀

《피너츠》

스파이크는 캘리포니아 니들스의 사막에서 선인장과 코요테와 바위와 대화를 나누면서 혼자 살아간다. 가끔 스누피에게 놀러 가는 일 말고는 여행을 떠나지도 않는다. 아웃사이더라고 부르기에도 민망할 정도다. 고향에 보내는 편지에 이렇게 적었다.

> 전 여전히 이곳 사막에서 살고 있어요. 코요테와 선인장 친구들도 많이 있고요. 스누피와도 가끔씩 만나고 있어요. 걘 머리통 둥근 녀석 집에서 잘 지내고 있지요. 전 애

완견은 절대 못 될 거예요. 독립적인 삶이 좋거든요. 엄마한테도 안부 전해주세요. 행복한 아버지날 보내시고요. 사랑하는 스파이크.

독립적인 스파이크의 삶을 응원하고 싶지만 그 아래에 붙어 있는 추신을 읽고 나면 마음이 울적해진다.

추신: 10달러만 좀 보내주세요.

스파이크는 왜 이런 삶을 선택한 것일까? 경제적인 활동을 전혀 할 수 없는 사막에 어째서 스스로를 유배한 것일까? 10달러를 보내달라는 말을 어렵게 꺼내면서도, 편지도 착불로 보내야 하면서도, 사막을 떠나지 못하는 이유가 뭘까? 스파이크가 《피너츠》에 처음 등장하는 1975년, 아니 《피너츠》의 시작인 1950년으로 거슬러 가야 한다.

《피너츠》의 전신은 만화 《릴 포크스 Li'l Folks》였다. 1947년부터 1950년까지 연재했던 《릴 포크스》에는 슈뢰더를 닮은 남자아이가 등장하고, 패티를 닮은 여자아이도 등장한다. '찰리 브라운'이라는 이름도 처음 등장한다. 스누피의 전신이랄 수 있는 강아지도 등장한다. 찰스 슐츠의 말에 따르면 "몇몇 컷은 꽤 괜찮았고, 지금 봐도 나쁘지 않지만 결국엔 성장하는 과정"이었던 작품이다. 《릴 포크스》는 《피너츠》로 나아가는 계단이 되었다. 찰스 슐츠는 연재처를 옮겨 '착한 청년 찰리 브라운'이라는 제목을 원했지만 반대에 부딪혔다. 회사에서는 《피너츠》라는 제목을 원했다. 당시 인기를 끌던 텔레비전 쇼의 영향 때문에 만들어진 제목이었다. 제목이야 상관없었다. 《릴 포크스》 스타일을 그대로 살려 연재를 시작했고, 50년 동안 계속됐다.

스누피의 형 스파이크가 사막에 사는 이유

찰리 브라운과 스누피는 곧바로 인기를 얻었다. 찰스 슐츠는 어린 시절에 키웠던 개 '스파이크'를 모델로 '스누피'라는 캐릭터를 만들었고, 이상한 걸 계속 먹는, 버릇없고 엉뚱한 캐릭터가 만들어졌다. 찰스 슐츠는 어린 시절의 스파이크를 "내 평생 그렇게 드세고 영리한 개는 없었다."고 기억한다. 찰스 슐츠는 25년 동안 스누피에 대한 이야기를 만들다가 확장되는 이야기가 필요했을 것이다. 독립적으로 살고 있는 개의 외로움에 대한 이야기를 하고 싶은데,

스누피는 이미 찰리 브라운의 친구가 되어버렸고 모두의 사랑을 받고 있다. 그렇다면 스누피의 형을 만들자. 어릴 때 친구였던 스파이크의 이름을 붙이자. 그렇게 해서 탄생했을 것이다. 1929년 슐츠 가족은 니들스로 가서 2년 동안 살았는데, '한없이 우울한 곳'으로 그곳을 기억하고 있다. 스파이크는 찰스 슐츠의 어린 시절을 고스란히 반영하는 캐릭터가 되었다.

스누피의 형 스파이크가 《피너츠》에 처음 등장한 것은 1975년 8월 13일이었다. 그보다 9일 앞서 (8월 4일) 편지 속의 이름으로 먼저 등장하는데, 니들스 사막에 살던 형이 스누피를 만나러 온다는 설정이다. 스파이크의 첫 등장은 충격적이다. 스누피에 비해 삐쩍 마른 몸에다 어울리지 않는 모자를 쓰고, 정리되지 않은 수염이 이리저리 뒤엉켜 있는 몰골이었다. 루시는 스파이크를 집으로 데려가서 라이너스의 침대에 눕힌 다음 라이너스의 담요를 입히고, 밀크 셰이크를 먹인다. 며칠 후 스파이크는 풍선처럼 빵빵해진 몸으로 다시 등장한다.

《피너츠》에서 스파이크가 등장하는 부분은 또 다른 만화를 보는 것 같다. 스누피와 함께 나오는 장면도 있지만 스파이크는 독립적으로 등장할 때가 더 많다. 선인장과 대화를 나누고, 혼자 독백을 하고, 부모에게 편지를 쓴다. 때로는 정신 분열증에 걸린 개 같기도 하고, 때로는 사물과 대화를 나누는 우리들의 모습 같기도 하다. (두 팔을 들고 있는 듯한) 선인장의 모습은 변하지 않는데, 스파이크는 거기에다 온갖 다양한 이야기를 부여한다.

선인장 뒤에다 하키 골대를 갖다 두면 선인장이 골키퍼로 변신한다. 왼손에 접시, 오른손에 메뉴판을 안겨주면 웨이터 같다. 모자를 던져서 걸면 옷걸이가 된다. 총을 겨누고 "좋아, 돌아서서 두 손 들어!" 하면 두 손 든 용의자가 된다. 스파이크가 에어로빅 강사 역할을 할 때는 뻣뻣한 수강생이 된다. 혼자 야구를 할 때면 언제나 '아웃'을 외치는 심판이 된다.

선인장은 움직이지 않는데 계속 역할이 바뀐다. 로버트 저메키스의 영화 〈캐스트 어웨이〉에서 배구공과 이야기를 나누는 주인공 '척 놀랜드(톰 행크스)'도 생각난다. 윌슨은 단순한 배구공이었지만 손자국을 찍어서 어떤 형상을 만드는 순간 생명체로 바뀌었다. 자신의 불안을 쏟아붓는 대상이 될 때도 있고, 기쁠 때 함께 춤을 추는 파트너가 되기도 한다. 절망할 때면 "윌슨, 내가 여기서 미쳐가는 거야?"라며 함께 슬퍼할 수 있는 친구가 된다. 〈캐스트 어웨이〉를 볼 때마다 윌슨이 없었다면 척 놀랜드는 결코 살아남지 못했을 것이라는 생각이 든다. 절망은 무인도보다 무섭다. 배구공이 없었다면 손전등이나 페덱스 상자나 시계나 스케이트나 비디오테이프에게 그런 역할을 부여했을 것이다. 스파이크 역시 선인장을 그런 친구로 만들었다. 게다가 선인장은 배구공과 달리 살아 있는 생명체다. 가끔 바위와 이야기를 나누긴 하지만 척 놀랜드보다는 스파이크가 훨씬 '덜' 미쳤다.

스파이크가 나를 닮았다고 생각하면서도 그가 왜 사막에서 혼자 살아가는지 궁금해하지 않았다. 그저 혼자 노는 걸 좋아하는 개라고 생각했다. 이번 기회에 1975년부터 2000년까지의 《피너츠》에서 스파이크가 등장하는 부분만 다시 보았다. 처음 보았을 때처럼 재미있는 부분도 많았고, 다시 보니 슬픈 유머도 많았다. 보지 못한 부분도 많았다. 그러다 1994년 연재분에서 새로운 걸 발견했다. 선인장 친구 '조 캑터스'에게 자신의 비밀을 털어놓는 장면이다.

내가 왜 이곳 사막에서 혼자 살아가는 거냐고?/ 내가 아무에게도 말하지 않았던 이야기를 들려줄게./ 오래 전 내가 젊었을 때 어떤 사람들과 함께 산책을 나갔어./ 갑자기 토끼 한 마리가 우리 앞을 떠나갔지!/ '저놈 잡아와!' 사람들이 외쳤어!/ 난 그러고 싶지 않았지만 곧바로 토끼를 뒤쫓아 달려갔지!/ 내가 그 토끼를 잡았다 해도 어떻게 해야 할지 몰랐겠지만……./ 다음 순간 일이 터지고야 말았어! 토끼는 도로로 뛰어들어 차에 치이고 말았지!/ 난 경악했어! 내가 왜 그랬을까? 내 자신이 너무 미웠어./ 그리고 나한테 '저놈 잡아와!'라고 외친 사람들도 미웠지./ 그래서 내가 이곳 사막까지 온 거야. 여기서라면 나도 다시는 누군가를 해칠 수 없을 테니까.

옛일을 말하는 스파이크의 멍한 눈빛은 슬펐다. 토끼가 차로 뛰어들어 차에 치였다고 말할 때 스파이크는 눈을 가렸다. 얼마나 힘들었을까. 개는 토끼를 향해 달려야 하지만, 스파이크는 그러기 싫었고, 죽은 토끼를 보고도 아무렇지 않아야 했지만, 스파이크는 그럴 수 없었다. 사냥개가 될 수 없는 스파이크는 스스로를 유배시킬 수밖에 없었고, 그렇게 세월을 흘려보내고 있었다. 찰스 슐츠는 스파이크의 비밀을 고백하는 만화를 이렇게 끝내지 않았다. 고백을 마친 스파이크는 "이 얘기는 지금까지 아무한테도 들려준 적이 없는데……."라며 조 캑터스를 쳐다본다. 조 캑터스는 당연히 아무 말도 없다. 두 팔을 들고 있다. 놀란 것일까? 스파이크는 덧붙인다. "아무래도 여전히 그런 걸로 봐야겠네(여전히 아무한테도 들려준 적이 없는 걸로 여겨야겠네)." 조 캑터스는 입이 무겁다. 아마 조 캑터스가 아니었다면 스파이크도 비밀을 말하지 못했을 것이다. 독자들은 스파이크의 비밀을 알게 됐지만, 비밀을 말하고 아무런 '리액션'도 받지 못한 스파이크의 표정을 보면서, 웃어야 할지 울어야 할지 고민에 빠지게 된다.

찰스 슐츠는 1975년에 스파이크를 등장시킬 때부터 비밀을 알고 있었을까? 아마 아닐 것이다. 처음에는 어린 시절의 강아지를 떠올리면서 '사막에서 혼자 사는 스누피의 형 스파이크'로 설정했을 것이다. 이야기를 그려 나가면서, 선인장과 노는 장면을 만들면서, 스파이크에 대해 조금씩 더 알게 됐을 것이다. 그러다 어느 순간 스파이크에게 비밀 이야기를 들었을 것이다. 창작자들은 자신이 만든 캐릭터로부터 고백을 받는다. 마음 깊이 묻어두었던 이야기를 끄집어내면, 작가는 꼼짝 못하고 붙들려서 조 캑터스처럼 들어야 한다. 차이가 있다면, 작가는 입이 가볍다. 곧장 모든 독자들에게 비밀을 이야기한다.

스파이크의 비밀 외에도 새로운 사실들을 더 알게 됐

다. 선인장에다 장식하고 플러그 꽂을 데가 없어서 멍하니 서 있는 스파이크의 모습을 좋아했는데, 그걸 소설로도 썼는데, 뒷이야기가 더 있었다. 스파이크에게는 시간이 많고, 포기하는 법이 없다. 선인장에다 장식을 끝낸 스파이크는 플러그를 들고 계속 걸어간다. 하염없이 걷다 보니 보름달이 사막을 환하게 채우고 있다. 전기가 필요할까? 스파이크는 계속 걷는다. 장면 전환. 찰리 브라운이 스누피에게 신문 기사를 읽어준다.

여기 캘리포니아주 니들스로부터 온 흥미로운 소식이 있는데……, 어젯밤 누군가 상공회의소 건물에 숨어 들어가서 전선 연장 코드를 꽂았대. 연장 코드는 시내를 벗어나 사막 어딘가로 이어져 있었대. 대체 누가 왜 그런 짓을 한 건지 아무도 갈피를 못 잡고 있대.

다음 장면을 아주 좋아한다. 스파이크는 환한 전구를 흡족하게 바라보면서 누워 있다. 오직 나만의 크리스마스 트리를 바라보는 스파이크는 행복해 보였다. 물론 다음 장면에서 곧바로 빛은 사라진다. 누군가 크리스마스 트리의 플러그를 뽑았고, 사막은 다시 캄캄해졌다.

스파이크는 친구 조 캑터스를 자주 껴안는다. 가시가 가득 박힐 걸 알면서도 끌어안는다. 가만히 앉아서 선인장이 자라는 걸 보는 순간을 즐거워하지만, 자신만 행복한 것 같아서 죄책감을 느낀다. 움직이지 못하는 선인장을 또 끌어안는다. 전에는 선인장 가시에 찔리는 스파이크의 동작이 웃기게만 보였는데, 그의 비밀을 알고 나니, 여전히 죄책감에서 벗어나지 못한 스파이크가 슬퍼 보인다. "그건 네 잘못이 아니었어, 스파이크."라고 말해 주고 싶다. 스파이크는 아마도 뒤를 돌아보면서 이렇게 대답하겠지. "그럼 누구 잘못이야?" 스파이크가 더 좋아졌다.

사막에서 쓰는 글들

스파이크도 글을 쓴다. 사막에서 종이로 편지를 쓰고 가끔 소설도 쓴다. 언젠가 스파이크의 소설을 읽고 싶었는데 찰스 슐츠가 없으니 이제는 힘들게 됐다. 스파이크는 가끔 자신의 이야기를 꺼낼 때가 있다. 오래 전 사랑했던 여자가 있었는데, 그녀의 아버지는 스파이크가 '아무것도 이루지 못할 거라면서' 사랑을 방해했다고 한다. 스누피에게 이런 편지를 보내기도 했다.

> 내 동생 스누피에게,
> 이곳 사막에서의 생활은 정말 흥미진진해.
> 어젯밤엔 해가 졌고 오늘 아침엔 해가 떴지.
> 항상 뭔가 사건이 일어난다니까.

스파이크는 언젠가 멋진 소설을 쓸 것 같다. 아무 일도 일어나지 않는 듯하지만 해가 뜨고 지는 사건이 일어나고, 마음속에서 끊임없는 이야기가 솟아오르는 스파이크의 작품이 궁금하다. 사랑 이야기일까, 도스토예프스키 같은 스타일일까, 아니면 제임스 조이스 같은 소설을 쓸지도 모르겠다. 스파이크가 쓴 소설은 사막의 바람에 날려 흩뿌려지겠지만 몇 장은 선인장의 가시에 걸려 흔적이 남을 수도 있을 것이다. 스파이크는 사막에서 타자기를 발견한 적이 있다. 그걸로 장편 소설을 써보려고 했다.

> 처음에는 오르막에서 쓰려고 했지만 그랬더니 단어가 너무 느리게 떠오르더라.
> 왠지 모르지만 내리막에서 쓰면 단어가 더 빨리 떠오르

거든(내리막에서 글을 쓰다가 절벽 아래로 타자기가 미끄러졌다). 하지만 보다시피 결국 난 지금도 손으로 편지를 쓰고 있단다.

《피너츠》의 연재는 끝났고, 찰스 슐츠는 세상을 떠났지만, 소설을 쓰는 동안 종종 스파이크를 떠올릴 것 같다. 글이 잘 써지지 않을 때면 사막에서 종이와 연필로 편지를 쓰는 스파이크를 생각할 것이다. 단어가 잘 생각나지 않으면 내리막에서 글을 쓰고, 너무 빨리 쓴다 싶으면 오르막으로 자리를 옮길 것이다. 무엇보다 선인장을 끌어안는 스파이크를 자주 생각할 것이다. 가시에 찔려 '아얏!' 소리를 내지만 웃으면서 다시 끌어안는 스파이크를 생각할 것이다.

50년 동안 1만 7,897편
《피너츠》

찰스 슐츠는 1950년 10월 2일부터 2000년 2월 13일까지 《피너츠》 연재를 했다. 딱 한 번, 1997년 추수감사절부터 새해 첫날까지 5주 동안 연재를 쉬었다. 그때 찰스 슐츠는 75세였고, 처음으로 휴가를 떠난다는 소식이 신문에도 실렸다. 신문사들은 이전에 발표된 《피너츠》 만화를 재연재하는 방식으로 지면을 채웠다. 50년 동안 1만 7,897편을 연재했고, 대장암으로 1999년 12월 은퇴를 발표했고, 2000년 2월 13일 마지막회에 이렇게 적었다.

친애하는 여러분, 거의 50년 동안 찰리 브라운과 친구들을 그릴 수 있었던 저는 정말 운 좋은 사람입니다. 저의 어린 시절 소망이 이루어진 것이니까요.

유감스럽게도 저는 이제 더 이상 일일 만화 연재에 요구되는 스케줄을 유지할 수 없습니다. 우리 가족은 다른 사람이 《피너츠》를 이어받아 연재하는 것을 원하지 않기에, 저는 이로써 은퇴를 선언하려고 합니다.

오랜 시간을 충실히 일해온 담당 편집자들, 이 만화의 팬들이 저에게 보내준 놀라운 성원과 사랑에 감사드립니다. 찰리 브라운, 스누피, 라이너스, 루시……, 제가 어찌 이들을 잊을 수 있을까요?

찰스 슐츠는 마지막 연재가 발표되기 하루 전날인 2월 12일 저녁에 세상을 떠났다. 마지막 인사 역시 찰스 슐츠다웠다. 찰리 브라운이 전화를 받으면서 "아니, 지금은 글 쓰고 있는 것 같아."라고 말을 하면 스누피가 타자기 앞에서 '친애하는 여러분'이라는 글을 시작한다. 그는 스누피이자 찰리 브라운이자 루시이자 라이너스였다. 상상하기 힘들다. 한 가지 일을 50년 동안 하는 것도 힘든데 하나의 세계를 만든 다음 50년 동안 이야기를 이어나가는 건 얼마나 힘든 일일까?

그는 매일 오전 두세 시간 동안 아이디어를 구상하고, 점심을 먹고 나서 서너 시간 동안 만화를 그렸다. 생각이 막히면 창밖을 뚫어져라 바라봤고, 상상력을 끄집어내기 위해 노트에 낙서를 했다. 아이디어가 떠오르면 글씨부터 쓰기 시작했다. 잉크 작업 전에 여러 번 만화를 고쳤다. 말풍선은 마지막에 작업했다. 50년 동안 단 한 번도 배경 작업을 위한 어시스턴트를 고용하지 않았다. 그러는 이유에 대해서 이렇게 말했다.

"그러면 아널드 파머가 다른 사람을 시켜 칩 샷을 치는 것과 뭐가 다른가?"

찰스 슐츠다운 유머다. 성실한 작가의 표본으로 삼고 싶은 작가다. 하루 이틀이야 가능하겠지만 50년을 한결같이 작업한다는 건 아무나 할 수 있는 일이 아니다. 찰스 슐츠의 자료를 찾아보다가 작가에게 교훈이 될 만한 내용을 더 찾아냈다. 스누피는 타자기 앞에서 글을 쓰다가 마음에 들지 않으면 종이를 뒤로 집어던진다. 찰스 슐츠의 작업 방식도 그랬던 모양이다. 찰스 슐츠의 모든 작업을 모아놓은 책 《PEANUTS 아트 오브 피너츠》(찰스 M. 슐츠·칩 키드 저, 지오프 스피어 사진, 최세희 역, 월북, 2016년)의 책임 편집자 디자이너 칩 키드의 말이다.

"카툰 작가로 활동하는 내내 슐츠는 작업한 후의 스케치들은 버리거나 남에게 줬다. …(중략)… 신문 인쇄 용지나 노란색 규격 용지에 그린 최종 단계의 그림들은 구겨져 있는데 슐츠가 둥글게 뭉쳐서 쓰레기통에 던져 버렸기 때문이다. 다행히 1995년부터 2003년까지 크리에이티브 연합에서 비서로 일했던 에드나 포이너가 역사가 담긴 쓰레기통에서 가급적 많은 것들을 구해냈는데, 그녀는 이 러프 스케치들이 슐츠의 사유 과정을 엿보는 귀중한 혜안을 제공한다는 것을 알고 있었다."

글을 쓰거나 그림을 그리는 작가들이여, 쓰레기는 나중에 복원이 가능한 형태로 버려야 한다. 파쇄하거나 접어서 버리지 말고, 둥글게 구겨서 공 형태로 버려야 누군가 주워서 되살릴 수 있다. 그게 어떤 형태냐고? 《피너츠》에서 스누피가 휴지를 버리는 방식을 참고하기 바란다. 아주 여러 번 나오니까 다양한 각도의 자세를 공부하면 좋겠다.

《피너츠》 완전판을 보면서 기이하다는 생각이 들었다. 세계에서 가장 유명한 캐릭터고, 전 세계 사람들이 가장 사랑하는 만화 속 인물인데 하나같이 우울하고 부정적이다. 찰리 브라운은 자신감이 부족하고, 스스로를 보잘것없는 인간이라 생각한다. 자주 패배하고, 경기를 시작하기도 전에 질 것이라 생각한다. 빨간 머리 소녀를 좋아하지만 말을 걸 용기는 없다. 반대편에 루시가 있다. 루시는 오만하고 독단적이다. 자신이 세계의 중심이라 생각한다. 화를 자주 내고, 때로는 폭력적이기까지 하다. 페퍼민트 패티는 운동에 뛰어나지만 교실에서 자주 졸고, 시험에 떨어지고, 남 탓을 잘한다. 찰리 브라운의 동생 샐리는 모든 것을 쉽게 얻으려고 하고, 원하는 게 이뤄지지 않으면 화를 낸다. 슈로더는 베토벤에 광적으로 집착하는 바람에 현실의 인간관계에 소홀하다. 감정적으로 미성숙하고, 관계를 두려워한다. 라이너스는 담요가 없이는 조금도 버티지 못한다. 가끔 철학적인 말을 하지만 그건 자기 내면의 혼란스러움을 숨기기 위한 방편이다. 스누피는 망상이 심해서 자신이 어떤 개인지 정확하게 알지 못한다. 소설을 쓰고, 가상의 세계에서 살아가며, 자신을 변호사, 의사, 격추왕 등으로 여긴다. 스누피의 단짝 우드스톡은 고소공포증으로 제대로 날지 못하는 새다. 픽펜은 늘 더러운 상태로 돌아다닌다. 모두 엉망진창이다.

이렇게 나열해보니 마음이 가는, 닮고 싶은 캐릭터가 하나도 없다. 불완전하고, 불안정하고, 불만투성이 캐릭터뿐이다. 사람들은 《피너츠》를 읽지 않고 그저 귀엽게 생겼다는 이유로 찰리 브라운과 그의 친구들을 좋아하는 걸까? 모든 캐릭터 아래에 그들의 단점을 적어둔다면 상황이 달라질까? 찰리 브라운 그림 아래에다 '소심한 아이'라 적고, 스누피에다 '망상증 환자'라 적고, 루시에다 '오만방자한 아이'라 적으면 사람들의 사랑이 식을까? 아니, 오히려 그런 이유 때문에 사람들이 《피너츠》를 사랑하는 것 같다. 이렇게 약점 투성이에다 불완전한 캐릭터인데, 그들은 친구로 지내면서 자신들의 세계를 꾸준히 지켜 나간다. 싸우고 욕하고 거절당하지만 다음 날이면 무슨 일이 있었냐는 듯 다시 친구가 된다. 50년 동안 그들은 그렇게 살아왔다.

처음에는 '만화 속 세계니까 그럴 수 있는 거지.'라고 생각하다가 어느 순간 '어쩌면 그들이 실존하는 걸지도 몰라.'라는 생각을 하고 나면 '나도 그렇게 살고 싶다.'는 쪽으로 방향이 바뀐다. 만화 속 캐릭터들의 약점이 곧 나의 약점이다. 멍청한 실수를 잔뜩 하고 집으로 돌아온 날에도

《피너츠》의 친구들을 보면 희망이 생긴다. 시험에 떨어지고 앞날이 막막한 날에도 《피너츠》의 친구들을 보면 위로를 받게 된다. 물건에 집착하다가 '아, 라이너스도 그랬지.'라고 생각하게 된다. 라이너스가 그랬다면, 나도 그래도 된다. 아이돌이나 뮤지션에 몰두하는 자신이 싫다가도 '아, 슈로더가 이런 마음이었구나.' 알게 된다. 베토벤도 그 시대의 아이돌이었지. '난 왜 이렇게 바보 같을까, 찰리 브라운처럼.', '오늘은 루시처럼 화를 내고 싶네.', '이상하게 자꾸 졸리네, 페퍼민트 패티를 닮아가나?' 이런 생각을 하게 되면서 나를 긍정할 수 있다.

찰스 슐츠는 마지막 연재에다 "찰리 브라운, 스누피, 라이너스, 루시……, 제가 어찌 이들을 잊을 수 있을까요?"라고 썼는데, 나 역시 잊지 못할 《피너츠》의 몇몇 에피소드를 사람들과 함께 나누고 싶다. 50년 역사에서 고작 몇 장면을 소개하는 게 우스운 일이기도 하지만.

루시의 풋볼 놀이

루시의 풋볼 놀이는 《피너츠》의 만우절 같은 놀이다. 1952년

11월 16일에 처음 나온 에피소드인데, 찰리 브라운은 미식축구 공을 차기 위해서 루시에게 공을 붙잡고 있게 한다. 찰리 브라운이 달려오고 공을 차려는 순간, 루시는 공을 빼버린다. 찰리 브라운 꽈당. "찰리 브라운, 네 신발이 너무 더러워서 내 공을 더럽힐 수 없었어." 찰리가 화를 내면서 다시 도전. 이번엔 루시가 공을 너무 꽉 붙들고 있는 바람에 다시 한번 찰리 브라운 꽈당. 루시의 풋볼 놀이와 찰리 브라운의 굴욕은 매년 변주되면서 지속됐다.

1979년에는 감동적인 변주도 있었다. 찰리 브라운이 병원에 입원해 있을 때, 루시는 "찰리 브라운이 낫는다면 다시는 풋볼 공을 뒤로 빼지 않겠다."라고 약속한다. '살아가야 할 이유'가 생긴 찰리 브라운은 건강하게 돌아온다. 루시의 동생 라이너스는 절대 누나를 믿으면 안 된다고 말한다. 루시는 공을 뺄까? 아니면 약속을 지킬까? 찰리 브라운은 루시의 말을 믿고 공을 향해 달려간다. 뻥, 이번에는 루시의 손을 차고 말았다. 손에 깁스를 한 루시의 악담이 이어진다. "다음에 또 입원을 하거든 계속 거기 있으라고!" 역시 루시다.

야구와 찰리 브라운

찰스 슐츠는 스포츠를 좋아하는 걸로 유명하다. 《피너츠》에도 다양한 스포츠가 이야기의 소재로 등장한다. 야구, 피겨 스케이팅, 아이스하키, 농구, 테니스, 골프, 수영, 펜싱, 마라톤 등 종목으로만 따지면 올림픽을 방불케 한다. 찰스 슐츠는 야구를 좋아했지만 잘하지는 못했다. 개인적 경험이 찰리 브라운에게 고스란히 투사됐다. 찰리 브라운은 야구팀의 리더지만, 그의 팀은 매번 진다. 어이없는 실수를 하거나 엄청난 실력 차이로 패배한다. 찰리 브라운은 마운드에서 꽈당 넘어지거나 공에 얻어맞기도 하지만 포기하지 않는다. 다른 팀원들이 모두 집으로 돌아갔는데도 끝까지 남아서 경기를 이어갈 때도 많다.

다른 팀원들도 형편없긴 마찬가지다. 루시는 우익수로 뛰는데, 늘 공을 놓친다. 포수 슈로더는 투수인 찰리 브라운에게 공을 주기 위해 매번 마운드로 걸어온다. 유격수 스누피는 잠들어버릴 때가 많다. 라이너스는 신발끈이 풀려서 넘어질 때가 많고, 우드스톡은 야구 배트를 잡을 수도 없다. 찰리 브라운의 팀은 600 대 0으로 진 경기도 있다. 왜 콜드 게임으로 끝나지 않았는지, 몇 시간이나 걸린 건지에 대해서는 나오지 않는다. 야구 경기는 찰스 슐츠가 이야기를 풀어가는 중요한 도구였다. 실패하고 싸우고 다시 도전하는 친구들의 모습을 그리기에 야구만 한 스포츠가 없다.

테니스와 여성 스포츠

테니스 역시 《피너츠》의 중요한 스포츠다. 스누피는 자신이 '세계에서 가장 유명한 테니스 선수'라는 망상에 빠질 때가 있다. (2001년에 출시된 〈스누피 테니스〉라는 게임 속에서는 스누피가 테니스를 멋지게 치지만) 만화 속에서는 게으른 선수일 뿐이다. 당시 최고의 선수였던 애시, 코너스, 오커르, 보리 같은 선수들을 상대로 싸우는 게 싫은 이유에 대해서 이렇게 말한다. "그 녀석들은 계속 공을 맞받아친다고!"

찰스 슐츠는 테니스를 좋아했고, 최고의 테니스 선수였던 빌리 진 킹 Billie Jean King의 팬이었다. 당시 빌리 진 킹은 '여성 스포츠 재단 Women's Sports Foundation'을 만들고 여학생들의 스포츠 참여를 위해 노력했지만 결과는 신통치 않았다. 찰스 슐츠가 힘을 보탰다. 1979년 9월 즈음의 《피너츠》에는 마치 교육 만화 같은 메시지가 실려 있다.

"교육법 개정안 제9조 말이야. 한 번만 더 설명해줄래?"
"1978년에 남학생 대상의 대학 간 운동 경기 평균 예산은 717,000달러였지만, 여학생 대상의 운동 경기 평균 예산은 141,000달러였어."
"그거 멋진 농구공인걸. 여학생들이 받은 공은 이것의 절반만큼도 안 좋은데."
"우린 70년 동안 여성 운동 선수를 향한 불공평함에 대해 침묵을 지켜왔지."

여성들의 스포츠 참여가 저조했던 시기, 《피너츠》에서만큼은 남녀와 강아지와 새도 평등하게 스포츠 활동을 펼쳤다.

《피너츠》가 내 인생에서 '가장 재미있게 본' 만화는 아니겠지만, '가장 오랫동안 내 작품에 영향을 미치는' 만화인 것은 분명하다. 스누피, 스파이크에게 매료된 후 루시와 페퍼민트, 찰리 브라운과 라이너스와 슈로더의 기이한 성격을 조금씩 탐구하고 있다. 찰스 슐츠는 50년 동안 엄청난 세계를 창조했고, 나는 천천히 그 세계에 물들고 있다.

50년 동안 그의 머릿속에서는 어떤 일들이 펼쳐졌을까?

"하루도 빠짐없는 스케줄을 소화해 내려면, 모든 경험과 지금껏 해온 모든 생각을 그림으로 표현할 줄 알아야 한다. 다시 말해서 의미와 대상을 가리지 않고 다 해낼 수 있어야 한다."

그는 매일 연재되는 짧은 만화 속에다 인생의 모든 경험을 압축해 넣었고, 우린 천천히 찰스 슐츠의 다양한 경험을 압축 해제하며 삶을 살아간다. '인생은 짧고 예술은 길다'는 말이 이처럼 잘 들어맞는 경우가 없다. 그는 77년을 살았지만 찰리 브라운과 스누피는 100세 이상 장수할 것이다. 내가 가장 좋아하는 찰스 슐츠의 말은 유머에 대한 것이다.

"내가 아는 카툰 작가 대부분은 의기소침하거나 우울한 성향의 사람들이다. 나는 우리 태반이 정말로 우울하다고 생각한다. 하지만 그런 감정에서 유머가 나온다."

찰스 슐츠는 스누피와 스파이크와 찰리 브라운을 그리

면서 자신의 우울을 잠깐이라도 잊었을 것이다. 작가는, 때때로 자신이 창조한 인물들에게 위로를 받는다. 세상은 앞으로도 계속 우울하겠지만, 스누피와 스파이크, 찰리 브라운과 친구들이 있어 다행이다. 틈날 때마다 1만 7,897편의 만화를 다시 볼 것이다. 스누피의 소설처럼 마무리를 해야겠다.

나의 피너츠 친구들에게.
너희들을 얼마나 사랑하는지 전하고 싶어.
너희들을 다시 만날 때까지 계속 그리워할 거야.
그게 언제이든 간에.

이정모의
인생 만화

이정모 전 국립과천과학관 관장이자 과학 크리에이터. 책 《찬란한 멸종》, 《과학의 눈으로 세상을 봅니다》 등을 썼다.

명랑 소년 꺼벙이

《꺼벙이》

나는 부유하게 자랐다. 실제로 부유했다기보다는 그렇게 느끼면서 살았다. 1970년대 초 (지금은 여수시가 된) 여천군 삼일면 월래리 바닷가의 정유 공장 사택은 여름에는 시원하고 겨울에는 따뜻했다. 여름에는 에어컨을 켜면 됐고 겨울에는 라디에이터가 있는 거실 소파에 앉아서 (KBS만 나오는) 텔레비전을 보거나 온돌 바닥인 방에서 뒹굴었다. 이렇게 쓰는 동안에도 위 몇 줄의 장면이 잘 떠오르지 않는 것은 실제로는 사시사철 바깥에 나가서 뛰어놀았기 때문이다. 배가 고파서 도저히 견디기 힘들다든지 아니면 캄캄

해서 앞이 보이지 않거나 같이 놀 친구가 없을 때에야 비로소 집에 들어가고는 했다.

그 좋은 집을 놔두고 바깥으로 돈 까닭은 순전히 단 한 번도 "공부해라.", "숙제했냐?" 같은 말을 하지 않은 부모님 탓이다. 엄마와 아버지는 자식 교육에 별 관심이 없으셨고, 두 분 모두 각자 자기 친구들과 놀기에 바쁘신 분들이라 자식을 자주 방치하셨으며 아이들은 거기에 맞춰 알아서 잘 컸다(고 생각한다). 우리 형제들은 특히 아버지를 기다리는 일이 없었다. 아버지는 아버지, 우리는 우리였다.

그런데 아버지의 퇴근을 기다릴 때가 한 달에 한 번은 있었으니 바로 소년 잡지 《소년중앙》이 흰색 불투명 비닐봉지에 담겨 배달될 때였다. 《소년중앙》은 딱히 만화 잡지라고는 할 수 없다. 만화가 절반 정도 차지했지만 여러 가지 상식이 담긴 글이 잔뜩 실려 있었다. 워낙 읽을거리가 없던 시절이라 모든 글을 샅샅이 읽었지만 지금 기억에 남는 것은 없다. "지능이 뛰어난 미군 돌고래가 소련 군함을 격침시킬 수 있다.", "가라테는 태권도를 쫓아오지 못한다.", "공산당은 빨간 늑대처럼 생겼다." 뭐 이런 것들이었던 것 같다.

《소년중앙》에서 가장 기억에 남는 것은 신동우 화백이 그린 두 쪽짜리 '진주햄 소시지' PPL 광고였다. 물론 그때 PPL에 대한 개념이 있었던 것은 아니지만 두 쪽짜리 만화를 보고 나면 진주햄 소시지가 저절로 먹고 싶어졌다. 요즘은 막걸리집 안주로 나오지만 당시 초등학교에 다니는 우리 반 아이 그 누구도 진주햄 소시지를 반찬으로 싸 온 일은 없었다. 우리 반에서 (다른 애들은 300원 또는 450원 내는) 육성회비를 무려 600원이나 내는 몇 안 되는 아이 가운데 하나였던 나도, 여천에 살 때는 끝내 진주햄 소시지를 먹어보지 못했다.

잡지가 배달되면 나는 동생과 함께 금세 읽어버렸다. 동생은 나보다 두 살이나 어리지만 얄밉게도 낚시도 나보다 잘하고 심지어 바둑도 나보다 잘 두었다. 그러니 나에게 의지할 게 없었지만 《소년중앙》을 볼 때만은 내 옆에 바짝 엎드려서 소리 내어 읽는 내게 귀를 기울였다. 하지만 딱 한 편만은 내가 동생에게 읽어주지 않았다. 동생도 내가 읽어주기를 기다리지 않았다. 그건 토요일 오후에 아버지가 읽어줄 때까지 기다렸다.

아버지는 무뚝뚝하거나 엄한 분은 아니었지만 그렇다고 살가운 분도 아니었다(직장 동료들에게는 엄청나게 살가우셨다).

일찌감치 부모님을 여의고 아홉 살 때 고향인 개성을 떠나 함경도 원산까지 가서 머슴살이를 해야 했던 아버지는 부모님께 받은 게 없으니 자식들에게 어떻게 뭘 해줘야 할지도 잘 모르는 분이었다. 그래서인지 자기 하고 싶은 것은 뭐든지 열심히 하셨다. 사진, 여행, 캠핑…. 여기에 끌려다니는 자식들도 나쁘지 않았다. 아마 자식들이 싫다고 하면 억지로 데리고 다니지 않으셨을 것이다. 각자의 '자유'(라기보다는 거의 방임에 가깝기만)를 존중하신 분이니까.

이런 아버지를 (당시 오전 근무만 하던) 토요일 오후가 될 때까지 기다리면서 우리가 끝까지 읽지 않던 코너가 있었으니 그것은 바로 길창덕 화백의 《꺼벙이》였다. 원래 《꺼벙이》는 1970년부터 (나는 그 존재조차 몰랐던) 《만화왕국》에 연재되었다고 한다. 그러다가 1974년에 《소년중앙》으로 옮겨 연재를 계속했다. 우리가 굳이 《꺼벙이》를 읽지 않고 아버지를 기다린 데는 그럴 만한 이유가 있었다.

우리 아버지는 재밌는 분은 아니었지만 《꺼벙이》를 읽어주실 때만큼은 그렇게 재밌을 수가 없었다. 아버지가 《꺼벙이》를 읽어주시면 우리끼리 읽는 것보다 173배는 더 재밌었다. 항상 일정한 루틴이 있었다. 기름을 먹인 종이 장판 바닥에 셋이 나란히 배를 깔고 엎드린다. 아버지가

(출처: 《꺼벙이》 1권, 길창덕, 바다출판사, 2001년)

가운데, 페이지를 넘길 수 있는 유리한 자리인 오른쪽에는 내가, 그리고 왼쪽에는 동생이 엎드렸다. 꺼벙이를 두세 차례 반복해서 읽고 나면 우리는 함께 점심으로 특식을 먹었다(그게 왜 특식인지는 모르지만 아버지가 특식이라고 하셨으니 특식인 것이다).

지금 돌이켜보면 아버지는 만화에 등장하는 모든 캐릭터를 적절히 소화하셨다. 이 글을 쓰느라 《꺼벙이》를 다시 꺼내 읽는데 마치 아버지의 음성이 지원되는 듯한 느낌을 받았다. 아버지가 두 아들을 즐겁게 해주기 위해서만 만화를 재밌게 읽어주신 것은 아닐 것이다. 그럴 분이 아니다. 아마 아버지 자신도 자기 입으로 여러 캐릭터를 소화하면서 읽는 게 훨씬 재밌기 때문이었을 것이다.

서울 아이, 꺼벙이

꺼벙이는 이름만으로도 캐릭터를 잘 보여준다. 그전까지 꺼벙이라는 말을 들어본 적이 없지만 꺼벙한 놈일 것이다. 꺼벙이라는 이름과 꺼벙한 캐릭터 가운데 어느 게 먼저인지는 모르겠다. 하지만 '꺼벙함'이라는 이미지를 모르는 사람도 꺼벙이라는 이름만 들으면 어떤 캐릭터인지 알 것이다.

나는 꺼벙이가 꺼벙해서 좋았다. 왜? 세상에는 잘난 놈들이 너무 많기 때문이다. 초등학교 저학년인 나조차도 반의 똑똑한 몇 놈 때문에 받는 스트레스가 이만저만이 아니었다. 우리 반의 똑똑한 놈들은 대체로 공부만 잘한 게 아니라 운동도 잘했고 그림과 노래 실력도 뛰어났으며 게다가 부잣집 자식이었고 반장이었으며 무엇보다도 키가 크고 잘생겼다. 그런데 만화에서는 꺼벙한 꺼벙이가 주인공이다. 우리 반장과는 정반대다. 나도 모르게 감정 이입을 하며 물아일치의 경지에 도달할 수밖에(그러고 보니 앗, 우리 아버지도 그런 것이었나?).

꺼벙이가 좋은 이유에는 (이게 말이 되는 건지 모르겠는데) 서울 아이였다는 것도 있었다. 생각해 보시라. 해남 땅끝마을 정도는 아니지만 전라선 끄트머리 여수역에서 버스를 타고 40분은 들어가야 하는 여천군 삼일면 월래리에 사는 꼬마에게 서울은 어마어마한 곳이었다. 마치 상감마마가 사시는 한양 같은 느낌이라고 할까? 서울 꺼벙이는 아무래도 우리 반 반장보다는 훌륭한, 우월한, 똑똑한, 튼튼한 아이라는 생각이 들었다(도대체 왜?).

《꺼벙이》의 만화 배경은 주로 동네다. 어촌이 아닌 도시 속 동네, 태풍이 불지 않는 동네, 생선 비린내가 나지 않는 도시다. 여기에는 순대 장수가 있고, 파출소가 있으며, 어린이회관, 짜장면집, 수영장, 창경원, 만화가게가 있다. 꺼벙이는 뻑 하면 버스를 타고 어디를 간다. 심지어 꺼벙이는 자기 아버지 회사도 찾아간다. 시골 꼬마가 꺼벙이를 본다는 것은 요즘으로 치면 유럽 여행기를 보는 것과 마찬가지였다.

매달 연재되는 만화였기 때문에 배달되는 시점에 일어

날 만한 에피소드를 다뤘다. 예를 들어 여름방학 때가 되면 시골 할머니집 또는 친척집에 놀러 가는 식이다. 또 시골에서 올라온 친척 때문에 생기는 에피소드도 재밌었다. 그런데 서울 풍경에는 도둑과 사기꾼이 참 많이도 등장했다. 당시에는 도둑과 사기꾼이라고 할 만한 사람들이 얼마나 많았던 것인가? 그리고 파출소도 뻑 하면 나온다. 요즘과 달리 파출소 순경들은 친절한 민중의 지팡이가 아니라 상당히 권위가 있었다. 1권 125쪽에서 시작하는 '1일 파출소장' 편이 대표적이다. 이런 식으로 《꺼벙이》의 독자는 절기節氣를 익혀 나갔으며 서울의 풍경을 배울 수 있었다.

반대로 꺼벙이도 시골에 자주 갔다. 주로 여름방학 때다. 집에서 텔레비전만 보고 있는 꺼벙이를 부모님이 강제로 시골에 보냈는데 다른 만화처럼 할머니네 원두막에서 낭만적인 여름을 보내는 게 아니라 여관을 경영하는 친척집에서 일이나 실컷 하는 장면이 펼쳐진다. 이런 파격들이 넘치니 재미가 있을 수밖에. 뻔한 소재지만 이야기를 절대로 뻔하게 펼치지 않는 길창덕 선생님께 존경의 마음을 감출 수가 없다.

우리 선생님도 꺼벙이

이 글을 쓰려고 《꺼벙이》를 다시 꺼내 읽기 전에 이미 떠오른 몇 가지 에피소드가 있었다. 1권 83쪽에서 시작하는 '곤충 채집'도 그 가운데 하나다. 일 년에 두 번은 나오는 방학 숙제 에피소드 가운데 하나다. 방학 숙제는 하지 않고 TV 시청과 잠으로 여름방학을 보내는 꺼벙이에게 아버지가 곤충 채집 숙제는 어떻게 할 거냐고 닦달하자, 꺼벙이는 백화점에서 곤충 표본을 사서 제출할 거라고 대답했고, 당연하게도 아버지는 노발대발한다. 잠자리를 잡으러 나선 꺼벙이는 잠자리를 잡기는커녕 오히려 자신을 놀리는 잠자리에게 약이 올라 온 서울을 헤매며 쫓다가 인천에 가서야 마침내 잠자리를 잡는 데 성공한다. 하지만 기쁨도 잠시. 아뿔싸! 잠자리를 잡은 곳은 홍콩행 화물선 위였다. 배는 이미 출발했으니 꺼벙이는 돌아갈 수 없다. 꺼벙이 부모님은 동네 사람들 그리고 순경과 함께 온 마을과 뒷산을 뒤지지만 찾지 못한다. 하지만 화물선에서 보낸 전보를 통해 꺼벙이의 안전을 확인한다.

여기까지가 딱 재밌었다. 바로 다음 날 꺼벙이는 비행기를 타고 돌아오기 때문이다. 어린 나도 헷갈렸다. "인천에서 떠난 배가 다음 날 벌써 홍콩에 도착했어?" 그리고 비행기삯에 대한 이야기는 없다. 항상 이런 식이다. 꺼벙이는 온갖 사고를 치고 다니는데 손해 배상은 없다. 그저 아버지가 머리를 한 번 조아리면 되는 식이다. 아무리 봐도 서울은 정말 좋은 곳이다.

내가 단지 만화가 아니라 현실처럼 경험하며 진정으로 동감한 에피소드도 있다. 1권 13쪽에서 시작하는 '키 크기 작전'이다. 꺼벙이가 아버지에게 1만 원을 달라고 한다. 유니버시아드 대회 배구 시합에서 우리나라가 동메달에 그친 것은 키가 작아서였다며 자기가 많이 먹고 키를 키워서 애국을 하겠다고 나선 것이다. 아버지는 옆집 꼬마는 엄청 먹지만 키는 안 크고 살만 쪘다면서 코웃음을 치셨다. 그러자 키 크기를 포기한 꺼벙이는 발에 스프링을 달고 농구를 하다가 멈추지 못하고 온 동네를 폴짝폴짝 뛰어다닌다.

이 에피소드가 특히 기억에 남는 까닭이 있다. 우리나라가 1974년 서독 월드컵 예선 최종 결정전에서 호주에 져서 본선에 진출하는 데 실패하자 당시 우리 담임 선생님은 남자아이 22명을 선발해서 자비로 매일 우유를 사주시며 하루에 두 시간씩 수업은 내팽개치고 축구를 시켰다. 일주일 내내 우유를 먹었지만 우리의 키는 클 기미를 보이지 않았다. 우유 먹고 축구하는 데도 지쳤다. 또 재미없는 축구를 보며 응원해야 했던 친구들은 오죽했겠는가. 이런 일이 일주일이 넘게 진행된 후에야 교장 선생님이 학생들 앞에서 노발대발하심으로써 막이 내렸다. 지금 생각하면 우리 담임 선생님은 딱 꺼벙이였다(나를 한 대도 때리지 않은 좋은 분이었던 걸로 기억한다).

꺼벙이는 명랑 만화

당시 1만 원은 어떤 정도의 액수였을까? 2권 139쪽에서 시작하는 '금메달을 따자' 편을 보면 알 수 있다. 올림픽에서 금메달을 따면 5천만 원을 포상금으로 지급한다는 신문 기사를 보고 꺼벙이가 어느 정도의 돈이냐고 묻자, 아버지는 지금 살고 있는 집 열 채, 250만 원짜리 고급 승용차 스무 대라고 알려준다. 당시 물가를 알 수 있다.

이 에피소드에는 시골에 살다가 갑자기 서울 집에 나타난 꺼벙이의 여동생 꺼실이가 나온다. 꺼실이는 꺼벙이보다 힘이 더 세서 꺼벙이를 주눅들게 한다. 아, 어쩜 나와 내 동생 관계와 이렇게 같단 말인가? 힘은 내가 더 셌지만 동생은 잡기雜技에 강했다. 꺼벙이의 느낌을 내가 안다. 이 에피소드에서 꺼실이는 기계체조 연습을 한답시고 집 마루를 다 부수고, 꺼벙이는 마라톤 연습을 한답시고 안양까지 달려갔다가 모르는 아저씨에게 업혀 온다.

사실 모든 에피소드를 냉정하게 살펴보면 모두 고통스러운 이야기다. 그런데 웃기다. 조금 고상하게 밝을 명明, 밝을 랑朗을 써서 명랑明朗하다고 표현할 수 있다. 아니 고통스러운 이야기가 왜 명랑하냐고? 독자와 같은 이들이 만화에 등장하기 때문이다. 독자의 현실이 만화적으로 표현되었을 뿐이다. 남을 비하하기보다는 자기를 비하한다. 그런데 과하지 않다. 그 누구도 불쾌하거나 불편하게 하지 않으면서 사람을 웃긴다. 그리고 과하게 다치거나 죽지 않는다. 누구도 망하지 않는다. 웃어 넘기거나 화를 내더라도 돌아서면 그만이다.

방학인 줄 모르고, 또는 낮잠을 자다가 깼는데 지각할까봐 서둘러 학교에 간 적 있지 않은가? 내가 겪은 이야기 또는 누구나 겪을 만한 이야기가 아버지, 엄마, 할아버지, 복덕방 할아버지, 우체부, 파출소장, 동네 친구의 관계 속에서 펼쳐진다. 내 이야기니까, 동네 이야기니까 명랑하게 느껴진다.

꺼벙이를 좋아하던 나는 어떻게 되었을까? 일찍이 아버지 뜻에 따라 서울로 유학을 가게 되었다. 당연히《꺼벙이》에서 보던 그런 서울은 아니었다. 만화와 달리 그 누구도 친절하지 않았다. 그리고《꺼벙이》를 아는 친구들도 많지 않았다. 서울 아이들은《소년중앙》보다는《새소년》과《어깨동무》를 많이 봤던 것 같다. 재미없는 문학, 과학, 상식이 너무 많고《꺼벙이》는 없었다. 서울에 올라온 바다 소년 이정모는 대신《여성중앙》을 기웃거렸다. 왜냐하면 거기에는 길창덕 화백의《순악질 여사》가 연재되고 있었기 때문이다.

꺼벙이와 순악질 여사는 명랑한 인물이었다. 우리는 언제 다시 명랑 사회를 이룩할 것인가? 우리의 내면에 꺼벙이가 남아 있기나 한 걸까?

저도 최선을 다하기는 어렵습니다만
《아직 최선을 다하지 않았을 뿐》

한적한 오후, 아버지가 중년 사내의 등판을 바라보고 있다. 며칠 전 15년간 별탈 없이 다니던 직장을 그만둔 사내는 TV에 연결한 플레이스테이션으로 게임을 하고 있고, 아버지는 오래된 앉은뱅이 나무 탁자 위에 다 식어버린 차 한 잔을 앞에 두고 있다. 방에는 게임 소리만 들릴 뿐 두 남자 사이에는 어색한 정적이 흐른다. 아버지가 짜증 섞인 목소리로 묻는다.

"무슨 생각으로 회사를 그만둔 게냐? 뭘 하고 싶은 게야?"

사내는 잠시 머뭇거리다 대답한다.

"후회스러운 삶을 살고 싶지 않아요. 진정한 나 자신을 발견하고 싶어요."

회사를 그만두고 한 달. 마침내 하고 싶은 것을 찾았다.

"나는 만화가가 되겠어요."

마침내 아버지는 울고 말했다.

"네 녀석은 바보구나? 이제 네 맘대로 해라."

사내는 중년의 시점과 참신하면서도 예리한 관점으로 자신이 40년을 어떻게 살아왔는지 만화로 표현할 다짐을 한다. 그리고 왼손에는 담배, 오른손에는 연필을 잡고 만화를 그린다. 방바닥에는 구겨진 종이가 쌓여간다. 문제는 그릴 게 없다는 것. 무료한 사내는 (퇴폐업소가 분명한) 안마방에 갔다가 고등학생 딸을 만난다. 둘은 어색한 인사를 나눈 후 헤어진다. 딸은 유학이 가고 싶어서 안마방에서 일했다고 한다. 사내는 화를 내지도 않는다. 단지 딸이 자신과 상의하지 않았다는 게 섭섭할 뿐. 자전거 사고로 다친 후 딸에게 그 일을 그만두라고 부탁한다.

이 장면은 주인공 사내의 삶에서 한 페이지가 넘어가는 순간이다. 안정된 회사원에서 꿈을 향한 도전자로, 그 첫발을 떼는 장면이다. "이제 시작이다. 나는 성공할 수 있다. 아직 최선을 다하지 않았을 뿐!"

서른아홉에 만화가가 되겠다는 사내

《아직 최선을 다하지 않았을 뿐》은 일본 만화가 아오노 슌주의 대표작으로, 평범한 회사원이었던 주인공 시즈오가 마흔의 나이에 갑작스럽게 회사를 그만두고 만화가가 되겠다고 결심하면서 벌어지는 이야기를 담고 있다.

주인공 시즈오는 흔히 볼 수 있는 평범한 중년 남성이다. 그는 특별한 재능도 없고, 그렇다고 뚜렷한 목표 의식이 이는 것도 아닌 평범한 인물로 그려진다. 하지만 어느 날, 자신의 무기력한 삶을 뒤돌아보며 갑작스레 만화가의 꿈을 좇기로 결심한다. 문제는 그가 이렇다 할 실력이나 계획 없이 그저 '해 보고 싶다.'는 마음만으로 시작한다는 것. 작품은 바로 이 시즈오의 어설픈 도전과 매번 실패를 반복하면서도 끝내 포기하지 않는 모습을 중심으로 전개된다.

이 만화의 매력은 전형적인 성공담과는 거리가 멀다는 데 있다. 시즈오는 한 방에 성공하기는커녕 오히려 계속해서 좌절을 겪는다. 그의 원고는 늘 거절당하고, 주변 사람들로부터 조롱과 실망을 동시에 받는다. 하지만 그는 삶의 무게에 짓눌려 주저앉기보다는 자기만의 페이스로 묵묵히

길을 걸어간다. 이 한심한 모습은 많은 이들에게 묘한 위로를 준다. 나에게도 마찬가지다. 시즈오는 내게 위로를 준 사내다.

작품의 배경은 경기 침체와 직장 문화의 경직성이 심했던 1990~2000년대 일본. 이 시기 일본 중년 남성들이 느꼈을 법한 개인적 고뇌와 사회적 압박이 사실적으로 반영되어 있다. 그러나 이 만화가 단순히 시대적 산물에 그치지 않고 다른 시대, 다른 나라, 다른 상황에 있는 내게도 사랑받는 이유는 '인생의 전환점에서 나는 무엇을 해야 할까?'라는 보편적 질문을 던지기 때문이다.

만화의 그림 풍은 의도적으로 소박하고 단순하다. 화려한 연출이나 극적인 서사보다는 시즈오의 일상과 내면에 집중하면서 독자가 그의 감정을 천천히 따라갈 수 있게 한다. 여기에 재치 있는 유머와 독특한 대사, 그리고 캐릭터들의 인간미가 더해져, 독자로 하여금 '나도 저럴 수 있을까?' 하고 생각하게 만든다.

결국 《아직 최선을 다하지 않았을 뿐》은 완벽하지 않아도 괜찮고, 실패 속에서도 계속 시도하는 것이야말로 인생의 진정한 의미라는 메시지를 전달한다. 처음에 만화를 읽기 시작했을 때는 시즈오의 태도와 실력에 한숨을 쉬고

(출처: ⓒ 세미콜론, 《아직 최선을 다하지 않았을 뿐》 1권, 아오노 슌주 저, 송치민 역, 2014년)

살짝 짜증이 났지만, 만화 속에 일단 빠져 들고 나니 어느새 그의 서툴지만 진지한 도전을 응원하고 있는 나를 발견하고 깜짝 놀랐다. "내가 이런 인물을 응원한다고……" 동시에 나도 아직 하지 못한 무언가를 떠올리게 되었다. 그리고 슬그머니 내가 시즈오가 되어버렸다.

버블 경제 붕괴 이후의 일본

1980년대 후반 일본은 부동산과 주식 시장이 급격히 팽창하며 이른바 '버블 경제'가 절정을 이루던 시기였다. 그러나 1990년대 초 버블이 붕괴되면서 일본은 장기적인 경제 침체에 빠졌다. 버블 붕괴 이후 많은 회사들이 구조 조정을 단행했고, 일자리 안정성이 크게 흔들렸다. 이전 세대가 누렸던 종신 고용과 연공 서열 중심의 직장 문화는 점점 약화되었고, 중년층에게는 더 큰 생존의 압박이 가해졌다. 안정적인 직장을 유지하는 것이 곧 사회적 성공과 책임의 상징으로 여겨졌기 때문에, 직장을 떠나거나 다른 꿈을 좇는 것은 '무책임하다'는 인식이 팽배했던 시기는 끝나고 말았다. 잃어버린 10년이 시작된 것이다.

시즈오는 이 시기의 전형적인 중년 회사원이다. 안정된 직장에 다니고 있지만, 그는 직장 생활에서 아무런 성취감도 느끼지 못한 채 무기력한 삶을 살아간다. 버블 붕괴 이후 기업들은 직원들에게 더 많은 희생과 헌신을 요구했고, 이러한 분위기 속에서 직장인들은 개인의 꿈이나 열정보다는 조직의 요구를 충족시키는 데 집중해야 했다. 하지만 시즈오는 자신의 평범한 회사 생활이 더 이상 의미가 없다고 느끼고, 과감히 그만두는 결정을 내린다. 그의 결심은 당시 일본 사회에서 매우 이례적이지만 이른바 '중년의 위기'를 겪던 많은 이들에게 공감대를 형성할 수 있는 선택이었을 것이다.

일본의 잃어버린 10년은 문화적 변화도 두드러지던 때였다. 버블 경제 붕괴 이후, 젊은 세대는 '열심히 일하면 성공한다'는 신념에 회의감을 느끼기 시작했고, 기존의 직장 중심적 삶에서 벗어나고자 하는 움직임이 점차 나타났다. (아르바이트를 전전하면서 살아가는) 프리터 Freeter, Free+Arbeit 와 (교육을 받지도 취업을 하지도 않는) 니트 NEET, Not in Education, Employment or Training 같은 새로운 사회적 집단이 부상하며 일본 사회에서 중요한 담론의 주제로 자리 잡았다.

시즈오는 이러한 사회적 맥락 속에서 기존의 삶의 방식을 거부하고 새로운 길을 모색하려고 한다. 그러나 젊은 세대가 가진 유연함과는 달리 시즈오는 이미 안정된 직업을 떠나야 하는 중년으로서 훨씬 큰 불안과 책임감을 안고 있다. 이 점은 그가 처한 상황에 현실감을 더해주며, 나로 하여금 그의 도전을 더 절박하게 느끼게 만들었다.

당시 일본 사회는 중년 남성들에게 강한 책임감을 요구하던 시기였다. 그들은 가족을 부양하고, 직장에서 성실히 일하며, 사회적 역할을 충실히 수행해야 했다. 시즈오가 안정적인 직장을 버리고 만화가가 되겠다고 결심했을 때, 아버지를 비롯한 주변 사람들로부터 무책임한 행동이라고 비난받은 것은 이러한 시대적 가치관을 반영한 장면이다. 뭐, 그때만 그렇겠는가? 중년의 (여성이라고 다르지는 않겠지만) 남성은 동서고금을 막론하고 비슷한 처지다.

작품 속 시대적 배경은 단순한 배경 설명에 머무르지 않고, 주인공의 내적 갈등과 사회적 비난, 그리고 끊임없는 실패를 통해 강렬히 드러난다. 작품은 이러한 시대적 분위기 속에서 개인의 열망과 사회적 기대 사이의 충돌을 생생히 그려내며 "중년 이후에도 꿈을 좇을 수 있을까?"라는 질문을 던진다.

1990년대 일본과 닮은 2020년대 한국

2020년대 한국은 시즈오가 살던 1990년대 일본과 너무나 닮았다. 치열해진 경쟁과 불확실한 미래로 인해 특히 청년 세대는 강한 압박을 받고 있다. 고학력 시대가 도래했지만 졸업 후 안정적인 일자리를 얻기란 갈수록 어려워지고 있으며, 극심한 주거비와 생활비 상승은 청년들의 독립과 자립을 가로막는 요인이 되고 있다.

이러한 현실은 시즈오가 느꼈던 무기력함과 큰 맥락에서 맞닿아 있다. 시즈오는 안정적인 직장이 있음에도, 매일 반복되는 일상 속에서 '이대로 괜찮은가?'라는 의문에 사로잡혔다. 오늘날 한국의 청년들 또한 안정적인 직장을 얻고자 발버둥 치면서도, '내가 진짜 원하는 건 뭘까?'라는 질문에 명확한 답을 찾지 못하는 경우가 많다.

'청춘의 유통 기한'이라는 슬픈 말이 회자된다. 이십 대 후반이나 삼십 대 초반에 접어들면 이미 "인생의 방향이 정해져야 한다"는 사회적 압박을 받는다. 그런데 시즈오는 마흔이라는 나이에 만화가가 되겠다고 결심한다. 그는 "그 나이에 가능하겠어?"라는 주변의 냉소와 비웃음에도 아랑곳하지 않고 자신의 길을 걷는다. 흔히 '나이가 경쟁력'이라는 말로 압박받는 청년들에게 시즈오의 모습은 '꿈을 꾸기에 너무 늦은 시점은 없다'는 희망을 제시한다.

한국의 젊은 세대는 실패에 대한 두려움이 크다. 한 번의 실패가 '인생의 낙오자'로 낙인찍히는 사회적 분위기 탓에 새로운 도전을 망설이는 경우가 많다. 그러나 시즈오는 끊임없이 실패하면서도 묵묵히 나아간다. 출판사에서 원고를 거절당할 때마다, 가족에게 비난받을 때마다 그는 좌절하기보다는 오히려 자신을 되돌아보고 다시 시도한다.

시즈오는 성공을 위해 완벽을 추구하지 않는다. 그는 자신이 부족하다는 걸 알고, 실패를 겪으면서도 스스로를 미워하지 않는다. 시즈오는 한국 청년들에게 중요한 메시지를 던진다. "완벽하지 않아도 괜찮아!" 최근 한국 사회에서 부상하고 있는 욜로YOLO나 퇴사 열풍 같은 트렌드도 이러한 맥락과 연결된다. 시즈오의 도전은 단순히 무책임한 탈출구가 아니라, 자신이 원하는 삶을 찾아가기 위한 꾸준한 실험이다.

나는 왜 시즈오가 좋은가?

나는 1963년생이다. 산업화와 도시화의 중심에서 자랐다. (나는 아니지만) 내 친구들은 어린 시절 가난과 불안을 경험해야 했고, 이른 나이에 가족의 생계를 일부나마 감당해야 했으며 성인이 되어서는 경제 성장을 이루기 위해 열심히 일해야 한다는 시대적 요구를 받았다.

이게 다가 아니었다. 한편으로는 '성실하면 성공한다'

는 믿음으로 학업과 직장 생활에 몰두하면서 가족을 부양하느냐, 아니면 군부 독재와 싸우면서 조국을 민주화하고 노동자의 노동 조건을 개선해야 하느냐 하는 갈등 속에서 살아야 했다. 직장은 단순히 돈을 버는 수단이 아니라 사회적 인정과 자신의 가치를 확인할 수 있는 공간인 동시에, 투쟁의 현장이었다.

이런 시대를 살았던 내가 보기에 마흔에 안정된 직장을 떠나 만화가가 되겠다고 나서는 시즈오의 모습은 가족에게도 무책임하며 사회에도 어떤 선한 영향을 끼치지 못하는 무의미한 인생으로 보인다. 일본이니까 민주화니 하는 이야기는 의미 없을지라도 "저런 선택을 한다고? (딸은 몸까지 팔고 있는데…) 가족은 어떻게 하라고? 다 떠나서 자기 앞가림이나 할 수 있겠어?" 같은 질문이 자연스럽게 떠오를 수밖에 없다.

그럼에도 불구하고 시즈오가 자신의 안정적인 삶을 내려놓고 꿈을 향해 도전하는 모습은 1960년대생 한국 남자들이 젊은 시절 이루지 못한 꿈과 이상을 대변하는 캐릭터로 보였다. "나는 왜 나이 마흔에 저런 용기를 내지 못했을까?" 시즈오에 대한 애정은 단지 (대책 없는) 용기 때문만은 아니다. 그의 어설픈 행동과 순수한 자기 합리화, 그리고 주변 상황과의 아이러니에서 나오는 유머에서 기인한다.

시즈오의 유머는 이런 식이다. 시즈오는 어느 날 자신의 원고가 연달아 거절당하자 이렇게 결심한다.

"이건 내 작업 환경이 문제야! 만화가는 만화가다운 환경에서 작업해야지!"

그러고는 작업실을 마련하겠다고 진지한 얼굴로 가족에게 선언한다.

"작가라면 작업실이 있어야 한다고 생각하지 않아?"

아버지와 딸이 황당하다는 듯 쳐다보지만 그는 아랑곳하지 않는다. 결국 그는 집 근처 카페에서 작업을 시작하는데, 문제는 카페에 도착하자마자 커피만 마실 뿐 만화는 한 컷도 그리지 못한다는 것. 그는 스스로 위로한다.

"좋아! 창작은 이런 여유로운 분위기에서 우러나오는 거야. 오늘은 마음의 준비를 끝냈으니 내일부터 본격적으로 시작하면 돼."

며칠이 지나도 결국 카페에서 돈만 쓰고 작업은 진척되지 않는다. 하지만 그의 얼굴에는 자신만만한 미소가 떠오른다.

"이 정도면 내 창작의 기초 공사는 탄탄히 다졌어."

시즈오가 출판사에 낸 원고가 또 거절당하자 그는 예

상이라도 했다는 듯이 담담하게 집으로 돌아온다. 딸이 비꼬듯이 묻는다.

"이번에도 거절당했어? 역시 안 될 줄 알았지."

하지만 시즈오는 태연하게 대답한다.

"응, 아니야. 그건 내 만화가 너무 앞서갔기 때문이지."

"앞서갔다고?"

"그래! 독자들이 내 작품 가치를 알아볼 준비가 아직 안 됐대. 한 10년쯤 뒤에 보면 '이 작품이 혁명적이었구나' 하고 감탄할 거라나."

어이없어 하는 딸을 뒤로 하고 시즈오는 혼자 흐뭇하게 웃으며 자기 방으로 들어간다. 그는 진지하게 원고를 다시 보며 중얼거린다.

"그래, 다음 원고는 이걸 더 발전시켜 보자. 천재는 원래 당대에 이해받지 못하는 법이니까."

그의 유머는 실패를 가볍게 넘기는 태도에서 비롯된다. 그는 내게 "실패해도 괜찮아."라는 메시지를 웃음과 함께 전달한다. 시즈오의 어설픈 행동과 낙천적인 자기 합리화는 나로 하여금 그를 응원하게 만들고 "나도 이런 낙천적인 자세를 배워야겠어."라는 다짐을 하게 한다. 참, 앞에 쓴 카페와 원고 거절 에피소드는 실제로 만화에 등장하는 장면은 아니다. 만약 내가 만화가라면 삽입했을 것 같은 에피소드일 뿐이다. 시즈오는 그런 사람이니까.

딸과 시즈오 그리고 아버지

딸과 시즈오 그리고 아버지의 관계는 아무리 당대 일본을 이해하려고 해도 쉽지 않다. 가족에게는 비밀이 있다. 제5권 마지막 두 편에 그 비밀이 나온다. 그 이야기를 여기서 할 수는 없다. 그리고 7년 후 세 사람이 어떻게 변했는지도 나온다. 이 이야기는 얼마든지 할 수 있다. 아버지는 여전히 건강하시고 딸은 핀란드로 유학을 다녀왔고 시즈오는 아직도 만화가의 꿈을 꾸고 있다.

《아직 최선을 다하지 않았을 뿐》은 어설프고 부족한 주인공 시즈오를 통해 내게 묻는다. "당신은 정말 최선을 다하고 있습니까?" 하지만 결코 나를 압박하거나 비난하지 않는다. 오히려 스스로 삶을 돌아보게 하고, 아직 늦지 않았다며 위로를 한다. 시즈오는 실패 속에서도 웃을 수 있고, 어제보다 나은 오늘을 꿈꿀 수 있는 용기를 전한다.

시즈오의 엉뚱하지만 진지한 삶은 내게 말한다. "아직

최선을 다하지 않았을 뿐, 너도 지금부터 시작할 수 있어."

그렇다. 작가에게는 작가다운 공간이 필요하다. 일단 조용하고 따뜻하며 향이 좋은 커피를 내려주는 카페를 찾아보자.

나는 왜 우주비행사 만화를 보는가?

《오디세이》

이게 사실 오해에서 시작된 건데……. 내 인생에서 가장 가슴이 뜨거웠던 날은 1969년 7월 20일이었다. 잠결에 우리 집이 들썩이는 걸 느꼈다. 동네 사람들이 죄다 우리 집 안방에 모여서 탄성을 지르는 거다. 아폴로 11호 우주인들이 달에 착륙했다. 그날 닐 암스트롱이 "That's one small step for [a] man, one giant leap for mankind(이것은 한 명의 인간에게는 작은 발걸음이지만 인류에게는 위대한 도약이다)."라고 말하는 웅얼거리는 소리를 나는 분명히 들었다고 믿었다.

2020년쯤 확인한 바에 따르면 내가 TV 중계로 본 것은 1972년 12월 11일 오전 11시경으로 아폴로 11호가 아니라 아폴로 17호였다. 이때야 우리 집에 TV가 생겼다고 하니 맞을 것이다. 그러니 내가 닐 암스트롱의 멋진 웅얼거림을 들었을 리는 만무하다. 그럼에도 불구하고 항상 내 귓전에는 닐 암스트롱이 웅얼대는 소리가 들리는 듯했다.

그렇다면 나는 우주비행사가 되었을까? 천만에! 우주비행사는커녕 비행사도 되지 않았다. 공군사관학교에 진학한 친구도 하나 없으며 항공대학교를 나와 팬텀기 조종사가 된 친구가 하나 있지만 그 친구는 전역 후 여객기를 몰지 않는다. 나는 우주 또는 비행과는 아주 먼 사람이 되었다. 기껏해야 꽤 많은 항공 마일리지를 모아서 잘 쓰고 있으며, 최근 항공대학교에서 비행기 제작을 가르치고 연구하는 친구가 생겼을 뿐이다(다행~이다). 대신 우주비행사 만화를 본다.

나는 왜 우주 만화에 끌렸을까?

우주 만화책에는 단순한 이야기 그 이상의 매력이 있다. 내가 우주를 배경으로 한 만화에 끌리는 이유는 인간의 본능적 호기심, 꿈과 도전, 그리고 현실 도피가 결합되어 있기 때문인 것 같다.

우선 우주라는 미지의 공간은 내 호기심을 자극한다. 끝이 보이지 않는 광활한 우주는 언제나 탐험의 대상이자 신비로 가득한 세계다. 지구라는 한정된 공간을 벗어나면 수많은 가능성이 열린다. 우주라는 무한한 상상력의 공간은 만화라는 매체를 통해 더욱 자유롭고 풍부하게 표현된다. 나는 만화 속 등장인물들과 함께 새로운 별을 탐험하고, 외계 생명체를 만나며, 우주의 비밀을 풀어나가는 여정에 동참한다. 이 과정에서 나는 지구에서는 경험할 수 없는 상상의 나래를 펼친다.

둘째, 우주인이 되겠다는 꿈과 도전의 이야기는 강력한 공감을 불러일으키면서 나에게 지구에서 뭔가를 이뤄내야 한다는 동기를 부여한다. 우주를 배경으로 한 만화들은 흔히 개인의 성장과 도전, 실패와 극복이라는 보편적 주제를 다룬다. 예를 들어 《우주형제》(코야마 츄야 저, 유유리 역, 서울문화사, 2024년 10월 44권까지 출간됨. 도대체 언제 끝나는 거냐?)의 1993년생 형 난바 뭇타와 1996년생 동생 난바 히비토처럼 주인공들은 매번 현실의 한계에 부딪히지만 결코 포기하지 않고 꿈을 향해 나간다(에이! 왜 동생이 먼저 우주비행사가 되는 거야! 형이 동생보다 앞서 걸어야지! - 4남매 중 첫째인 내 심정이다). 난바 형제가 우주로 가는 여정을 지켜보며 감동하는 이유는 그들이 겪는 과정이 내 삶과도 닮았기 때문이다(뭐, 결과는 심히 다르지만……).

셋째, 우주 이야기는 현실을 벗어난 도피처로 내게 위로를 준다. 딱히 우주 만화가 아니라고 하더라도 만화 속 이야기는 현실의 복잡함을 잊게 하고 새로운 세상으로 나를 데려간다. 특히 김도윤 작가가 곤충학자의 길을 걷기 전 갈로아라는 필명으로 그린 《오디세이》, 야기누아 고의 《트윈 스피카》(김동욱 역, 세미콜론, 2014년, 전 8권), 그리고 《우주형제》처럼 따뜻하면서 철학적인 작품은 꿈을 좇는 인간의 모습을 섬세하게 그려내며 잔잔한 감동을 주었다.

넷째, 과학과 상상의 조화가 만들어내는 흥미로움은 우주 만화의 큰 장점이다. 만화는 복잡한 과학 개념을 직관적이고 감각적으로 풀어내며 내 이해를 돕는다. 우주 공간의 물리적 한계, 무중력 상태, 시간의 왜곡 같은 요소들은 만화에서 새로운 상상력과 창의력의 도구가 된다.

예를 들어, 《우주형제》에서는 무중력 상태의 생활과 우주비행사 훈련 과정이 매우 현실적으로 그려진다. 주인공들이 국제우주정거장ISS에서 경험하는 무중력 상황은 웃음과 긴장을 동시에 주며, 만화적 상상력을 더해 일상 속 문제들을 독특하게 해결하는 장면도 등장한다. 이를테면 물이 둥둥 떠다니는 상황을 이용해 식수를 관리하거나, 무중력 공간에서 도구를 잃어버리는 사건이 발생한다. 무중력이라는 물리적 한계를 창의적으로 활용한 예다.

우주여행을 준비하는 소년소녀들의 이야기를 다루는 《트윈 스피카》는 물리적 한계와 더불어 감성적 요소를 결합하여 우주를 단순히 과학적 탐험의 장소가 아니라 인간의 꿈과 희망이 담긴 공간으로 묘사한다. 이 과정에서 로켓 추진력, 지구 중력권 돌파 등 현실적 과학 요소를 만화적 상상력으로 풀어냄으로써 독자인 내가 우주에 한 발 더 가까워진 느낌이 들게 했다. 《오디세이》에서는 전갈자리의 아크라브로부터 신호가 수신되는 장면이 나온다. "절대강도가 이미 190잰스키를 넘습니다. 라디오로 잡을 수 있을 만큼 엄청 강력해요!" "주파수는 8.7기가헤르츠, 대역너비는 500헤르츠 정도예요.", "이건… 마치 전파가 지구를 향해 보내진 것처럼 선형으로 편광되어 있어요!", "자연적인 현상이라고 치기엔 너무 인위적이군……." 나는 이 장면에서 가슴이 터지는 줄 알았다.

우주 만화는 내 꺼진 호기심의 불씨를 지피고, 꿈꾸는

(출처: 《오디세이》 1권, 김로아, 레진엔터테인먼트, 2018년)

법을 다시 가르쳐 주면서, 현실에서 벗어날 쉼터를 제공한다. 이게 바로 내가 우주를 배경으로 한 만화를 사랑하는 이유다.

우주비행사가 되지 못한 성은하

《오디세이》의 두 주인공 이름은 성은하와 한성운. 은하와 성운이라니…. 너무 빤하잖아(뭐 성은하 박사 덕후의 이름은 이

하늘이더라). 뭐 이름이야 어때? 일단 읽고 보자. 두 주인공은 당연히 잘생겼고 공부도 잘했다. 하지만 꿈이 우주비행사라는 게 큰 흠이다. 왜 아니겠는가? 대통령은 열세 명이나 나왔지만 우주인은 여태 한 명밖에 나오지 않은 한국에서 우주비행사를 꿈꾸는 게 가당키나 한 말인가!

하지만 꿈은 노력을 불러오는 법. 은하와 성운은 체력 훈련과 수학, 영어에 온 힘을 쏟는다. 둘은 NASA의 주니어 우주비행사 훈련에 도전한다. 그리고 둘 다 1, 2차에는 합격하지만 3차 관문은 통과하지 못한다. 힘겹게 각 과정을 통과하다가 결국에는 불합격하는 장면은 《우주형제》와 《트윈 스피카》에서도 지겹게 반복된다. 아니, 지겹다기보다는 당연하다는 듯이 반복된다. 아마 이 만화 세 편을 모두 본 사람이라면 우주비행사 되는 일은 포기할 성싶다.

어느 날 성은하는 시력에 문제가 있다는 사실을 알게 되면서 우주비행사가 되기를 포기한다. 그리고 15년 후! 이래서 《우주형제》보다 《오디세이》를 좋아한다. 스토리가 팍팍 나간다. 《우주형제》는 같은 훈련 과정을 무수히 반복한다. 일본에서 한 과정을 미국에서 하고, 똑같은 과정을 러시아에서도, 유럽에서도 한다. 나라는 바뀌지만 결국 같은 이야기를 반복한다. 다음 페이지에 뭐가 나올지 충분히 짐작할 수 있을 정도다. 현재 44권까지 나왔지만 나는 32권까지만 읽고 그만두었다. 완간되면 그때 마저 보기로 했다.

15년 후! NASA 과학자인 성은하 박사는 외계 생명체에 대한 지나친 관심으로 징계를 받는다. 한 달간 연구 정지! 그리고 안과 의사가 된 한성운을 만난다. 이어서 성은하 덕후 이하늘이 등장한다. 이하늘은 태양계에서 가장 큰 위성인 (내가 자주 갈리메데라고 잘못 부르는) 목성의 달 가니메데가 혜성 같은 것과 충돌하는 장면을 촬영했다고 한다. 하하하! 이걸 이하늘만 봤을까? 미국의 NASA와 국방부도 이 사건을 알고 있다. 그래서 연구에서 배제하기 위해 성은하 박사에게 연구 정지 징계를 내린 것이다. 이어지는 이야기는 각자 읽으시라······.

《오디세이》와 SETI 프로젝트

SETI 프로젝트 Search for Extraterrestrial Intelligence 는 외계 지적 생명체를 탐색하기 위한 과학적 시도다. 주로 전파망원경을 이용해 외계에서 오는 신호를 포착하거나, 외계인이 보냈을 가능성이 있는 메시지를 해석하려고 한다. SETI의 핵심은 우주에 우리와 같은 문명이 존재할 가능성을 탐구하는 것이다. 인간의 존재와 우주에 대한 근본적인 질문을 다루며, 과학, 철학, 그리고 기술이 결합된 프로젝트라고 할 수 있다.

칼 세이건Carl Sagan은 미국의 천문학자이자 우주 생물학자로 SETI 프로젝트의 비전과 철학을 대중화하는 데 크게 기여했다. 그는 우주에서의 생명 존재를 과학적 논의의 장으로 끌어올렸고, 《코스모스》를 통해 세계 교양인들에게 SETI 프로젝트의 중요성을 알렸다.

또 1970년대에 NASA의 보이저호에 태양계 밖으로 보내는 메시지를 설계하기도 했다. 보이저 골든 레코드Voyager Golden Record는 지구 생명과 문명의 모습을 담아 외계 문명에 전달하고자 한 시도다. 세이건은 이를 통해 "우리는 혼자가 아니다."라는 믿음을 과학적으로 실험하려 했으며, 이 프로젝트는 SETI의 철학과 맞닿아 있다.

한국에도 SETI의 비전을 이어가는 인물이 있다. 바로 삼청동 과학서점 갈다 대표 이명현 박사다. 이명현 박사는 한국에서 천문학을 대중화하고 과학적 소통을 이끄는 대표적인 과학자 중 한 명으로, 특히 SETI 프로젝트와 외계 문명 탐사에 대한 연구를 해왔다. 이 박사는 '우주에서의 지적 생명체 탐사'라는 주제의 강연과 저술 활동을 통해 한국인들에게 칼 세이건의 정신을 전달하고 있다.

이명현 박사는 SETI를 단순히 외계 생명을 찾는 활동이 아니라, 인류가 서로 다른 문명과 소통할 수 있는 가능성을 탐구하는 과정으로 해석한다. 그는 과학과 인문학이 만나는 지점에서 우주의 광활함을 이야기하며 우리가 지구와 인간을 넘어선 존재에 대해 사유하도록 이끈다.

SETI 프로젝트는 단순한 외계 생명 탐사가 아니다. 칼 세이건이 꿈꾸었던 우주의 신비에 대한 끝없는 호기심과 이명현 박사가 이어가는 과학적 소통의 철학이 어우러져 SETI는 인류가 우주 속에서 더 큰 존재를 발견하는 여정이다. 이 탐사는 우리에게 "우리는 누구인가?"라는 근본적인 질문을 다시 던지게 하며, 우리의 시야를 지구에서 우주로 확장하게 만든다. 이 모든 이야기가 《오디세이》의 성은하, 한성운, 이하늘을 통해 펼쳐진다.

실패해 본 나라, 대한민국

1969년 7월 20일은 아직 내 가슴 한구석을 차지하고 있지만 내 심장에는 다른 날짜가 새겨져 있다. 2022년 10월 21일이다. 무슨 날일까? 누리호 1차 발사에 실패한 날이다. 나는 당시 국립과천과학관 관장이었다. 그러니까 대한민국 과학기술정보통신부의 고위 공무원이었다는 말이다. 온 국민이 누리호 발사 성공을 기원하고 있을 때 공무원들은 나름대로 타임라인에 따른 대처를 염두에 두고 있었다.

현장에는 과학기술정보통신부 장관이 와있었다. 그리고 공개되지는 않았지만 대통령도 현장에 있었다. 시나리오 1. 발사 성공. 대통령이 국민들에게 발사 성공을 알리고 축하한다. 시나리오 2. 발사 실패. 대통령은 조용히 헬기를 타고 돌아가고 장관이 대국민 사과문을 발표한다.

이게 상식이다. 그날 목표인 700킬로미터 고도에 안착했으나 궤도 진입에는 실패했다. 많은 전문가들이 "이 정도면 성공이지. 어쨌든 원하는 높이까지 올라갔잖아."라고 이야기했지만 실패는 실패였다.

그런데 놀랍게도 실패 발표를 대통령이 직접 했다. "대한민국의 우주 시대가 눈앞으로 다가왔다. 대단한 성과를 냈다. 아쉽게도 목표에 완벽하게 이르지는 못했다. 더미 위성을 궤도에 안착시키는 것이 미완의 과제로 남았다." 그날 뒤에 서 있던 과학자들의 표정을 잊을 수 없다. 죄스러운 표정이 아니라 우리는 할 수 있다는 자신감이 보였다. 나는 2022년 10월 21일, 우리나라가 드디어 과학 선진국이 되었다고 느꼈다. 실패를 부끄러워하지 않아도 되는 나라가 된 것이다. 우리는 전 세계에서 일곱 번째로 독자 추진체 발사에 실패해 본 나라가 되었다.

2023년 6월 21일 우리나라는 한국형 발사체 누리호 KSLV-II 발사에 성공했다. 특별히 이날 때문에 가슴이 뛰지는 않는다. 6개월 전의 실패의 기쁨이 너무 컸던 탓이리라. 이날 당시 대통령 윤석열은 국립과천과학관에서 발사 중계 장면을 전국에서 선발된 청소년, 청년과 함께 보기로 되어 있었다. 꽤 큰돈을 들여 준비한 행사였지만 그는 나타나지 않았다. 왜 안 왔는지 아직도 모른다.

입과 귀는 정직해야 한다. 닐 암스트롱의 말을 잘 들어 보시라. 그는 "for a man"의 a를 실수로 빼먹고 "for man"이라고 말했다. 그래서 많은 웹페이지에는 그의 말을 "for [a] man"이라고 기록하였다. 최초로 달에 내린 위대한 닐 암스트롱이 빼먹고 말해도 우리는 알아서 들어야 한다. 그게 예의다. 하지만 표기는 정확하게 하자. for [a] man이라고.

크리에이터의 인생만화

1판 1쇄 인쇄 2025년 3월 10일
1판 1쇄 발행 2025년 3월 31일

지은이 곽재식, 이연, 이충녕, 김거울, 수신지, 김영대, 오세연, 김중혁, 이정모

발행인 양원석 **편집장** 차선화 **책임편집** 차지혜
디자인 조윤주, 김미선 **영업마케팅** 윤송, 김지현, 이현주, 백승원, 유민경

펴낸 곳 ㈜알에이치코리아
주소 서울시 금천구 가산디지털2로 53, 20층 (가산동, 한라시그마밸리)
편집문의 02-6443-8862 **도서문의** 02-6443-8800
홈페이지 http://rhk.co.kr
등록 2004년 1월 15일 제2-3726호

ISBN 978-89-255-7378-6 (03810)

※ 이 책은 ㈜알에이치코리아가 저작권자와의 계약에 따라 발행한 것이므로
  본사의 서면 허락 없이는 어떠한 형태나 수단으로도 이 책의 내용을 이용하지 못합니다.
※ 잘못된 책은 구입하신 서점에서 바꾸어 드립니다.
※ 책값은 뒤표지에 있습니다.